稲田将人
Masato Inada

# 戦略参謀の仕事

## プロフェッショナル人材になる79のアドバイス

Requirements and Skills for
the Strategic Management Staff

ダイヤモンド社

# はじめに

## 参謀役は経営トップへの登竜門

日本経済が低迷状態に陥ってから、もはや「失われた20年」を超えて30年になろうとしています。

この間の我が国の経済成長率は、今まさに成長中の国だけではなく先進諸国に比べても低い状態が長期にわたって続いており、これはもはや「バブル崩壊の後遺症」だけで説明できるものではありません。

国の経済をけん引するのは、そのエンジンとなる企業の積極的な活動です。

成長課程にある国々のみならず先進国と比較しても、今の日本は、そのエンジンを操るドライバーたる経営トップが、他国のように手腕を振るい、挑戦を続けられている状態にはなってはいない、その一点が理由と言っても過言ではないでしょう。

経営者のリーダーシップを待望する空気感もあり、一時期、日本においても「プロフェッショナル経営者」という言葉がマスコミでも使われました。

しかし、残念ながらこの国にはまだ、プロフェッショナルな経営者を目指す者たちが腕を磨くことのできる土俵は整ってはいないのが現実です。

一部の外資系企業で横行しているような、単年度の数字づくりを繰り返す「点取り」のテクニックばかりを磨き、たとえ、社外に向けてのプレゼンテーションには熱心であっても、肝心の事業の、本当の成長力、収益力を高める腕を持った、真のプロフェッショナルと呼べる経営者の数は、残念ながら、まだそう多くはないように思えます。

米国の上場企業では、株主の意向のもと、事業価値を高める腕のある経営者が求められ、それゆえに本人の意志とイニシアティブさえあれば、経営者としての腕を磨く土俵があります。

さらに、GE（ゼネラルエレクトリック）のような一部の優良企業では、有能とみなされた社員には、早い段階から予算とPL（損益計算書）の責任を負わせ、段階的に責任範囲を広げることで経営者として育て上げる制度もあります。

一方、日本では、自ら起業する場合を除くと、一般のビジネスマンが経営者としての腕を磨くことのできる機会は極めて少ないのが現実です。これが上を目指すビジネスマンにとっての、米国との大きな環境の違いとなっています。

それでは日本企業には、経営者としての腕を磨くプログラムは企業内にも存在していないのかというと、そういうことでもありません。

いくつかの優良企業では、企業内での社長や事業責任者の機能の一部を代行する、「参謀」役として経営視点での事業課題に取り組み、腕を磨き、社内からも信望を得ていく方法をとっています。

今でも日本企業では、高度成長期のように、現業において実績を上げた方がトップの地位に立つことが多いようです。

ところが、長期にわたる低成長状態が続く中、ピラミッドの形を維持するための、ふるい落とし式の減点主義が定着してしまった企業においては、結果的に、挑戦というリスクを取った人材の方が、評価上は不利になってしまいます。

そして、そのような中では、手腕の差と言うよりは、たまたま相対的に他の候補者よりも見た目の実績が上がっている事実だけでトップの座に就いてしまう例もあります。

このような環境の下では、大胆な挑戦の経験のない経営者が増えてしまいます。挑戦の場数が不足し、未知へのチャレンジの判断に「自信」が持てない経営者が企業変革、あるいは新市場への進出などの挑戦ごとの先送りをしてしまうのは、ある意味必然と言えます。

さらには、前任のトップが次の社長を指名する際に、社内の調和を重んじる点、あるいはコストへの規律などの厳しさの感覚ばかりを重視して、肝心の事業を伸ばす「攻め」の経営感覚を鍛えていない人材を選んでしまう例。

そして、もっとひどい場合には、現トップが自身の影響力を残した院政を敷きやすいように、能力面ではかなり見劣りするイエスマンを後任に選ぶ事例もいまだに散見されます。

市場も企業もグローバルにダイナミックに動き、さらにＩＴという新たなる開拓すべき基軸まで加わった今の時代には、経営者としての腕や視点を鍛えたものだけが、企業の健全な成長をリードすることができます。

社内での駆け引きや政治力だけ、あるいは単年度のＰＬの見栄えづくりばかりに長《た》けて、本当の経営の腕を十分に磨いていない者がトップに立った企業は、判で押したようにその成長が頭打ちになり、例外なく低迷状態に陥っていきます。

結局、ビジネスマンたるもの、経験を通して地道に、そして着実に手腕を磨いていったものだけが事業を繁栄に導き、真の成功への切符を手にします。実際に、そういう真のプロフェッショナル人材たちは、同じ一企業の中にとどまっていたかどうかは別にしても、皆ほぼ一様に、最高のビジネス人生を過ごされています。

多くのビジネスマンにとって、いちばん身近にある選択肢は、現在の企業において経営トップ、あるいは事業トップの課題の一部を代行する「参謀」役として動き、腕を磨くことです。実際に人や組織を動かし、事業で成果を出すという実践を通じて経験を積み、そして早晩、目の前に訪れるチャンスをつかむ道です。

本書は、企業と自身の成功を確実なものにする「参謀」役の、本当の姿を伝えられればと思い執筆しました。

これまで私が一緒に仕事をしてきた様々な業界の参謀役の方々の現実、そして実態をもとにこの本はまとめてあります。

さらには、私がこれまでに指導してきた若手の参謀候補たちの、血と汗と涙の「戦い」の現場でリアルに起きていたこと、そして私自身の数々の企業内外の参謀役としての経験から得てきたものがベースになっています。

・参謀役を全うして成功し、その後に経営者となり活躍されている方は、何を大事にしてきたのか
・参謀役としてうまく機能しなかった方は、一体何を見落としていたのか
・参謀役として活躍し、いったん失脚したのちに再び返り咲いた方は、何を悟り、大成していったのか
・机上の空論を超えて、実践につながる良質の戦略立案を行う人は、どういう思考とアティチュード(姿勢、態度)を持っているのか

このような方々の実態から「参謀」役の基本的なスタンス、考え方、習得していったスキル、成功要因、失敗要因からのやるべきこと、やってはいけないことを明らかにしていきます。

もともとこの本は、ビジネス小説として企業改革の際にリアルに起こる出来事、そしてそれをどう克服するかを描いた拙著『戦略参謀』『経営参謀』(ダイヤモンド社)の各章末に書き加えた解説が、多くの方から好評だったことから、取り組みが始まりました。その章末解説では、世に語られる経営手法について私の実体験からの見方を描き、今回も「現実には」という視点からすべてをまとめました。

企業参謀と聞くと、いちばんに問題解決の手法に長けていなければいけない印象を持つ方は多いと思います。

この書では、「参謀」役に求められる問題解決の技術を解説する第5章において、フレームワークを「てんこ盛り」にして説明するようなことはしていません。

まず、目の前にある現実と数字にいかに取り組むか。

つまり、実際に我々プロが新しいプロジェクトに着手する際に行うことであり、そして新たに組まれた改革のための参謀チームに最初に指導する、技術や思考の進め方だけに絞って解説しました。

第7章では、拙著『PDCAプロフェッショナル』（東洋経済新報社）を補足する形で、日本企業に必要な組織のPDCAのあり方、考え方とその背景。

第8章では、あまり語られることのないものの、企業改革において必ず直面することになる人間の「業」への対処について述べました。ユニークな章ですので、もし延々と続くノウハウの解説に飽きてきたら、先にこの章に飛んで、読んでいただいた方が面白いはずです。

この本はすべて、実際に起きたこと、起きていることをベースに描いています。

ただし実際の社名、実名を出せない例が多いため、書いても差し支えのないほどに、時のたった事例を除いて「ある企業」「ある方」と抽象化して表現しています。1つひとつは独立したエッセイのように書きましたので、他のパートでも扱った話題を引用している部分もあります。

また、方法論の考え方や手順については、表現や話が抽象的に進む部分が多々あります。

言葉は選んでいるつもりですが、もし読みにくいと感じられましたら、そこは無理をせずに遠慮なく読み飛ばしてください。いつか必要になった時に「そう言えば何か書いてあったな」と改めて参照いただき、「ここに気をつけろと言っていたのか」と確認いただければ、この書の役は果たせると思います。

企業の参謀機能を強化することは、日本経済を活性化させる突破口となる日本式経営における本当のリーダーシップの姿を取り戻すことにつながります。これに取り組むチャレンジに面白さを感じる人材が、1人でも多く世の中に出てきてほしいと思っています。

企業内でまっとうに腕を磨き、自分で考えて動くことのできる参謀役は経営トップへの登竜門であり、必ず社内、そして世の中で認められます。そういう人材が数多く現れて経営者となり、今後の日本企業と経済をリードしていく時代が来ることを願ってやみません。

2018年2月

稲田将人

CONTENTS

## Chapter 2
# なぜ、参謀機能が必要になるのか?



## Chapter 3
# 参謀の基本姿勢とマインドセット

## Chapter 4

# 戦略とは何か

Chapter 5

# 問題解決の基本は、MECE×ロジックツリー+仮説思考

## Chapter 6 必修の経営知識と実践知

# Chapter 7

# 組織のPDCAを正しく起動し、事業運営力を磨き続ける

Chapter 8

# 人間の「業」に対処する

Chapter 1

# 企業における
# 参謀とは、
# どういう存在か

What is
Why
required
Mindset
and To Be
Strategy
Problem
Solving
Knowledge
PDCA
Egoism

# Part 1

# トップの手がまわっていない事業目線、経営目線の課題や業務に対応する

What is

企業の参謀役に求められるものとは、何でしょうか？

おそらく多くの読者の皆さんが想像されるのは、**問題解決力**、**戦略思考力**、**事業構想力**などの戦略立案や問題解決に関する能力ではないかと思います。確かに参謀役を、プランニング専任のための役割と位置付けるならばその通りなのですが、現実の企業や組織の参謀役には、それら以外の重要な役割と能力が求められます。

はじめに、参謀の能力としてプランニング能力が強調されるようになった、その背景について、少し俯瞰した視点から考えてみたいと思います。

私たちがビジネス書などで目にする経営理論のほとんどは、米国発のものです。皆さんがよく知るメジャーな経営理論の中で米国以外の発信のものは、フランスのインシアードビジネススクールのW・C・キム、R・モボルニュの発表した『ブルー・オーシャン戦略（原題は、ブルー・オーシャン・

シフト)』くらいではないしょうか。

米国発の経営理論の前提にあるのは、米国流のディレクティブな(指示・命令的な)マネジメントのスタイルです。

それらの経営理論は、基本的には米国企業という「土俵」の上でさらに磨かれています。

米国における組織運営の基本は、上に立つ者が指示を出して組織を動かす「人治」式です。

そして米国の上場企業では、事業価値を高めること、つまり十分な配当を出せる収益性、あるいは将来的に期待できる成長性による株価のアップを株主から強く求められます。

いったん低迷状態に陥った企業の経営者には、できるだけ短期間で成長軌道に戻し、かつ十分な配当が出せる収益力を発揮できるような采配が求められます。

昨今、日本の大手企業でもコンサルタント会社の勧めなどにより、トップの給与が米国企業にならって軒並み上昇する傾向があります。しかしながら本来、彼らの高給は、事業価値をさらに年率+十数%レベルで向上させることに対する株主からの報酬であり、社長というポジションだから支払われるものではないのです。

そして、同じくその多くが米国発祥であるマッキンゼーやBCGなどの戦略系コンサルティング会社は、企業、あるいは事業を診断して「戦略」を策定し、それをもとにトップが自らPDCAを廻して組織を動かし、舵取りや方向修正を行う「戦略」などのプラン、すなわちPDCAのPを提供するサービスを始めました。

たとえばインテルでは議事録は、会議出席者の最上位職が書くという決まりごとがあります。これも、会議参加者の実行へのコミット（誓約）をトップの意志として明らかにするための作法になります。

米国流のディレクティブなマネジメントスタイルで、かつ論理的な思考力を鍛えられたトップ自らが改革の際に、経営目線でのＰＤＣＡを廻すために、「理」にかなった戦略シナリオとその論拠が手元にあれば、大幅な時間の短縮につながります。

このようにして米国では、論理的に導かれた解である戦略立案を請け負う戦略系のコンサルティングサービスが、その外注先であり、外部の参謀役として発達していきました。

## なぜ、日本企業は「和」を重視するのか？

ところが、日本企業のケースを見てみれば、創業者によく見られるワンマンタイプを除くと、どんなに実績があり優秀なトップでも、米国スタイルのディレクティブなマネジメントを行う方は極めて少数です。

トヨタ自動車（以下トヨタ）や花王のように、長期間にわたり健全な発展を続けてきた優良な日本企業を見ると、米国式のディレクティブな組織運営ではなく組織の各階層で事業の方向性の理由を腹落ちさせたうえで、むしろ各部署が自律的に動く、「人治」に対してルールや手順という意味での「法治」式のマネジメント文化をつくることで成功してきたことがわかります。

日本企業のマネジメントにおいて、「和」が前提になっている点は、しばしば経営学でも議論の対象となり、時には批判の対象にもなってきました。

そもそも日本企業は、なぜ「和」を重視するのでしょうか？

日本の歴史を遡ると、我々が教科書でその長文の一部を学ぶ、古代の飛鳥時代に聖徳太子が制定した「十七条の憲法」に起源の一端を見ることができます。

その第一条は「以和爲貴（和をもって貴《たっと》しと為す）」からはじまります。

聖徳太子は自ら大陸文化と接し、当時としては秀でた国際感覚を持ち、比較文化の知見に長けていたと言われます。聖徳太子は、組織の強みを最大化するためには、議論を通して課題の構造を明らかにし、方向性を決めるという「和」を大前提にした組織運営がこの国の文化には最も有効であると、当時、すでに結論づけていたのです。

日本で「和」が重視される背景については、諸説あります。

ユダヤ教、キリスト教、イスラム教など一神教のもとでの価値観やディレクティブな指示が与えられることが当たり前である文化に対して、多神教である「八百万《やおよろず》の神」のもとで、是々非々の議論で物事を解決しようという文化が日本には価値観として根付いているというのも説得力のある説明だと思います。

私自身も、これまでに事業立て直しのために社長や事業責任者のポジションについた際、当時の直属の上司にあたるワンマン創業者、あるいは外資系コンサルティング会社の諸先輩たちから「トップというものは居丈高に振る舞い、無理やりにでも組織を動かすべきだ」とアドバイスされたことがあります。

しかしながら、トヨタにおける、事業を進化させる企業文化を身をもって知り、その後もいくつもの企業で改革チームを率いてきた経験から、このアドバイスには毎回、かなりの違和感を抱いたものです。

多くの日本企業においては、勤めているほとんどの人たちは、心の底では前向きな仕事をしたいと思っているのが現実です。

もし、彼らが仕事を挑戦的に進めることをしていないとすれば、それは上からの理不尽な指示や要求があったり、あるいは周りに様々な配慮をしながら、安全を考えて自身の行動を縛らざるを得ない環境を、マネジメント側が放置してしまっているからであると考えるべきでしょう。そして、「リスクを負って挑戦しない方が、結局は得。身を守り、言われたことだけやっておけばいい」という認識が時と共に共有され、やがて企業文化となり、社員にとってそれが当たり前になってしまっているのです。

また、世に横行する、ワンマンが行き過ぎた「恐怖政治」型のマネジメントのもとではさらに、例外なく組織は委縮し、従業員は思考停止状態を強いられます。

## 「参謀」機能の有無で、トップのパフォーマンスには大きな差が生じる

事業のV字回復が求められる局面においては本来、様々な有効なアイデアを見出して、再度の成長

軌道入れに挑戦しなければなりません。

その場合、事業の現状把握を行ったうえで、「理」にかなったアイデアを試し、その結果から市場の反応を探り、さらに修正するPDCAを廻していくことは、必須中の必須となる基本動作です。

このPDCAサイクルを複数、優先順位を明確にしたうえで短期間に精度高く廻し、打ち手の成功確率を高めていくためには、組織の中でまさに「眠っている」知見やアイデアを上手く表面化させ、活用しなければなりません。

私自身は、複数の企業のV字回復の現場で「参謀」の役割に携わってきたため、事業責任者として立て直しを請け負う際も、マネジャー業務を行いながら、一方で「参謀」機能のディレクター役として、現状把握や帳票作成、情報収集の指示も出し、自身がマネジメントを行うために必要な環境を整えてきました。


しかし一般的には、経営トップを適切に補佐する**「参謀」機能の有無で、トップのパフォーマンスには、天と地ほどの差が出ます。**

企業における**「参謀」の役割は、現状の実態把握や方向性出し、様々な課題発見や対応などを含めた、全社や事業目線での業務や課題の分業であり、その一部の代行**です。

良くも悪くも「和をもって貴し」が根底にある日本企業においては、参謀役が果たすべき役割も、日米のマネジメントのスタイルの違いに伴い、問題解決のためのプランニングだけにはとどまらなくなります。

トップ業務の分担という視点で、多くの場合に必要となる代表的な参謀業務のテーマを「堅い」表現を使って記述すると、たとえば次のようなものになります。

・全社視点での課題の特定と、それらの優先順位の明確化
・部門をまたぐ全社視点、事業視点の課題プロジェクトの推進役
・各部門が健全に組織のＰＤＣＡを廻し、事業力を高めるための適切な検証と方針立案の支援と指導
・事業の現状の適切な把握のための情報収集と分析、戦略や方針の起案

これらの業務に、現場の肌感覚、言い換えれば事業観を持ったうえで、経営の視点を持ち、自らイニシアティブを発揮し、事業や会社をあるべき形に持っていくために、各局面での課題に取り組むのが「参謀」役の仕事です。

現実の「参謀」機能は、必ずしも経営企画室、経営戦略部などの部署だけで担うわけではありません。トップからだけではなく、社内からも人望のある役員や「腕利き」の部長などの幹部社員が、トップの特命に応じる形で機能している場合も多々あります。

そのため日本企業においては、参謀役が経営層への登竜門となっている場合も多く、現実にこのポジションで実践の腕を磨いた人材は、他の企業からも引く手あまたになります。

私が株式会社豊田自動織機製作所（現株式会社豊田自動織機）の自動車事業部に在籍していた当時も、トヨタグループの自動車組立工場には、役員候補者にとって登竜門のポジションとなる**「生産準備室」**という部署がありました。

これはモデルチェンジ、マイナーチェンジの際に、部門長間の調整を行い、無事に量産に移行するための、事業全体目線での最適化を推進する難易度の高い業務です。

並みいる強者《つわもの》の部門長たちから、言いたい放題に言われる立場に立ち、かつ生産工程全体をより良い状態に進化させるための様々な課題や問題をクリアしながら、最適な着地を実現するための采配を振らなければならない仕事です。

「自分は社長（あるいは事業部長）の代行である。よって自分の言うことは社長の言葉ととらえるように」

このような言い方で他人を動かそうとしても、そのような組織ではまず通用しません。

虎の威を借りることなく、自身への信頼と問題解決力で最適解に導く――。

これをやり切ることができれば、「うるさ方」揃いの部門長たちからも、その腕を認められ、その上に立つことのできる「切符」を手にすることになるのです。

Point

**経営層への登竜門となるのが「参謀」という仕事。**

Part 2

# 参謀が果たすべき3つの役割

What is

トップの意思決定の精度を上げ、マネジメントをサポートし、かつ組織の業務精度を高めるという観点からとらえると参謀役の基本的な役割は、大きく分けて次の3つになります。

## プラニングの起点は、五感を通して得られた事業実態についての情報

1つめが**「トップの意思決定の精度を上げるための、事業方針に関する現状分析と起案」**です。これはトップの意思決定、判断の精度を上げるために、事業運営や事業そのものについての現況分析（必要な情報の収集と、そこからの意味合いの抽出）と企画、提言を行う役割です。

仕事柄、企業の経営会議に同席する機会は多いのですが、「この資料でトップに意思決定を迫るのは、あまりに酷《こく》だ」と思う場面には、結構な頻度で遭遇します。

トップの「エイヤ！」という博打《ばくち》のような意思決定。起案者の顔を覗き込み、「（お前を）信用して

良いんだな」と心で訴えながらの気合の決裁を頻繁に強いる会議は、事業規模が大きくなるほど危険を伴うことになり、好ましい状態ではありません。参謀は、過去や現状について上手な「見える化」を進め、ことの因果を解きほぐし、取るべき方向性を検討できる状態をつくります。そして必要に応じて、全社や事業の方針の企画、戦略の立案などを行います。

これを行うために参謀役は、分析や「見える化」の技術や作法、そして社内外のスタッフに的確に指示できる知識や能力を、必要最低限のレベルは習得しておく必要があります。

必要に応じて、外部のコンサルタント会社などと一緒に、事業低迷の原因の追究や、海外などの新市場進出の際の初期仮説としての戦略の立案や、場合によっては、現事業の活性化のための現状診断から戦略立案も含めたプロジェクトを行うこともあるでしょう。

その場合、トップと同じ全社視点で課題をとらえるのはもちろんのこと、それに加えて、たとえ**言語化されていても外部の人間には、十分には伝わらない事業現場の実態について、そのリアルなイメージを自分の言葉で言語化する努力をして伝えること**が求められます。

しかしながら現実には、独りよがりのエリート意識によって、現場との距離ができてしまっている、本部やトップ直轄組織のメンバーを見かけることは多いものです。

そもそも事業の価値というものは、市場との接点である現場における「真実の瞬間」（顧客が企業の価値を判断する**瞬間**のこと）において「具現化」します。

仮に、せっかくの参謀役という大任の機会を得たとしても、自分がエリートの仲間入りを果たしたような気になり、良質の仮説を立てるための「足で稼ぐ」ことがおろそかになれば、その任務の成功には至りません。頭の中の、いわば「閉じた空間」だけで考えたプランは、往々にして現場の実情を描くには不十分な状態です。実践段階において、必ず、読みちがいが数多く露呈し、そのままでは効果的に機能することが難しくなります。

さらにそこで、もし身勝手なエリート意識が鎌首をもたげ「現場のレベルや意識が低く、ちゃんと実行しないのが問題だ」などと言い始めようものならば、現場とのかい離は止まらなくなります。そういう参謀組織を「頭」に載いた事業では、市場視点でとらえれば理不尽な意思決定がまかり通り始め、やがて組織の機能不全が始まります。

一般的に、若い頃から「エリート然」としたプラニングのデスクワークばかりで過ごしてきた人材は、50歳代後半あたりから企業内では使い物にならなくなると言われます。

現場経験の乏しいままに経営企画室に勤務する人によく見られるケースですが、手元に届く数字や言語情報だけで事業をとらえ、それがすべてであるという一種の錯覚を起こしていることがあります。

それゆえに頭の中で描いている、「閉じた空間」では抽象度が高く、正しく思えても、実は本質的な課題を的確にとらえてはいないということが起きます。そして結果的に市場起点のＰＤＣＡが廻らず、事業に関する「学び」が、組織において深まっていかないのです。

現場からの情報の流れを正しいものに整えていくためにも、顧客に価値を提供する現場で何が起きているのかを、原体験として分かっていなければなりません。

結局、**すべてのプラニングの起点は、ロジックを論じる前段階の、五感も含めて得られる事業の肌感覚であり、その上でプランナーの頭の中に描かれるイメージ**なのです。

たとえば、あなたの会社が製造業ならば「製造現場に立つ」「営業マンに同行して顧客に直接会う」。小売業であれば「週末だけでも実際に売り場に立つ」など、データや報告書に言語で書かれている以外の情報を常に自身の五感で理解していることが、将来的に経営層入りを期待される「参謀」の仕事の精度を上げ、結果の成否を分ける大きなポイントになるのです。

## 思考の流れの「見える化」は、「理」にかなわない判断の横行を食い止める

参謀の役割の2つめが、**「社内の『神経系統』づくり」**です。

これは、市場や社内の実態についての情報が経営層にまで適切に共有されると共に、経営の意思を各部署に展開するための指示・報告系統が正しく機能し、さらに各部署が自律的に判断して動ける状態をつくり上げる仕事です。

一般的に、年度の事業方針、部門方針のとりまとめは経営企画や経営管理室が行います。

しかし、単に計画をとりまとめて数字の整合性をとるだけではなく、各マネジャーが自身の組織内でPDCAを健全に廻させ、組織が挑戦を通じて、言語化された「学び」を続けている状態をつくらねばなりません。

その際の鍵になるのが、報告や会議で使われる帳票の書式です。

各部門の成果の検証C（Check）と企画P（Planning）のための発表用帳票フォームや、報告の場となる会議の設計が行われますが、まさにここでは、その巧拙が表れます。

「帳票の設計」と称して報告フォームだけを作って、さっさと配っているスタッフをよく見かけます。

しかし実際に、そのフォームに記入してみると、

「書きにくい」

「枠組みの作りがアバウト（大枠）すぎて、何を書いていいのかわからない」

「書式内の因果の流れがおかしい」

などのことが起きるものです。

現場からの改善を求める声を握りつぶして、「私は正しくフォームを設計した。それをちゃんと書いてこないマネジャーのレベルが低い」などと現場のせいにするのは「無謬性（＝自分は常に正しい。ゆえに、どの案件においても自分は間違っていないというスタンスに立つ傾向）」を起こしている典型的な状態です。

ここでの「参謀」役のミッションは、「（それらしい）帳票を設計する」ことではなく「マネジャーが帳票を使ってＰＤＣＡを廻し、組織全体が学習を積み重ねる状態をつくる」ことです。

**帳票は、結果である過去や現状の検証Ｃから次の企画Ｐにつなげる、思考の流れを「見える化」するためのもの**です。

そこに表現されるべきは、
- 読み通りの結果になったかどうかについての、事実の適切な「見える化」
- 読みと結果の差から読む、意味合いの抽出

- 必要に応じて、さらなる分析と深掘り
- 検証Cからの学習ポイントの明確化と、修正された次のP、あるいは次のPのための押さえどころ

です。

PDCAを機能させるためには、マネジャーや実務担当がこれらを記入することで考えることのできる帳票を設計した後に、当該業務のマネジャーと共に、帳票の修正作業（PDCAのAに相当）を繰り返すことが求められます。

ゆえに重要なのは、まるで数学の公式を扱うかのように行われる「帳票の設計」ではなく、設計の際に盛り込むべき事業における問題解決に必要な「思考の流れ」の表現です。

報告してほしいこと、意味合いの抽出をしてほしい点については、そのガイドとなる帳票が、精度高く適切に設計されていないと、期待通りのPDCAが廻るかどうかは、かなり怪しくなってきます。

たとえば、全体展開の前に、テスト的に代表のマネジャー数人に実際に記入してもらい、使い勝手を確認して修正を施すのは、PDCAの実践精度を上げるために行うべきことの1つです。こういう試行のないままに帳票を発信するなどは、「無謬性」を起こした本部の「押し付け」以外の何物でもありません。

丁寧な気配りのない状態で帳票を現場展開すると、記入する側からは「よくわからないから、とりあえず適当に埋めておけばいいさ」と扱われるか、「（自分たちの評価を上げるために、あるいは下がら

ないように）アピールしたいことだけ書いておけばいい」とみなされます。

**帳票の上に表現されるべき、思考の流れの「見える化」**は担当者の偏った判断や見落とし、上に報告したくない不都合な実態の隠ぺいの横行を食い止めるけん制機能も果たします。これらがなされていない場合には、組織としてPDCAが機能しているかを確認する場（会議）の形骸化が起こりやすくなり、企業が健全に機能し、学習するために必要な「神経系統」の健全な発育が止まります。

生物がアメーバのような原生動物から、プランクトンのようなシンプルな生物、そして哺乳類、人間、と高度な有機体に進化していくためには、よりレベルの高い「神経系統」が発達していかねばなりません。社内の情報が、求められる精度で的確に伝達され、各部門長レベルでの自律的な判断、そして上下への翻訳が適切になされる状態を、全社視点を持つものが意志をもって進化させていく必要があるのです。

## 事業規模が大きくなるにつれて、意思決定の精度は下がるもの

そして3つめの役割が**「課題の優先順位付けと課題プロジェクトへの対応」**です。

これは、新規のＩＴシステム導入や物流対策など、トップ視点にてとらえて取り組むべき、様々な経営課題を明らかにすること、そして必要に応じた特命プロジェクトへの対応です。

企業には、大事故につながる品質問題など、予期していなかった突発的な出来事への対処が必要になることがあり、そこではトップと同じ目線を持ったものによる対応が必要になります。

それ以外にも、人事制度の企画やマーチャンダイジングの分析や管理など、本来、求められる業務精度を実現するための新しい情報システムの構築や導入、大型投資案件や企業買収、物流体制の整備、効率化など、様々な経営課題への対応が必要になります。

トヨタの今の強みも、トップのもとで合理的な生産の考え方とノウハウの躾を現場に浸透させていった大野耐一という実践的な参謀役の活躍の賜物《たまもの》と言えます。

たとえば企業は、その事業規模が大きくなるにつれて、従来のやり方のままでは今のビジネスに求められる精度の情報把握が難しくなり、意思決定の精度が下がるものです。

社長にとっても、事業の規模の小さい創業期は現場だけを見ていればよかったものが、事業規模が大きくなるにつれ、自分の視界に入る情報だけでは事の因果の把握が困難になります。

同じようなことは、各部門の中で起きます。商品の仕入れにおいても、事業規模の拡大と共に、品目数や、特性の違うチャネルが増え、それらの実態を的確に把握して、売れ筋を追いかけるためには、それぞれを正しい意思決定に必要な角度から把握できる仕組みが求められます。

これに対応できる精度の高いＩＴシステムの構築などは、現業部門にだけ担当させるには負荷が高すぎるため、特命のプロジェクトとして参謀役が推進することになります。

Point

**特に、社内の定例業務のＰＤＣＡにおいて使われる帳票は、結果である過去や現状のＣから次のＰにつなげる思考の流れを「見える化」するためのもの。**

Part 3

# 思い込みを排し、「議論の空中戦」を地上戦に引きずりおろす

What is

「わが社は10年ビジョンをつくり上げるため、役員全員参加の合宿を数か月繰り返してきました」

こう言われて、ある会社の「ビジョン」が描かれた資料を拝見したことがあります。

参加者の想いをまとめたものであり、討議した内容として自分たちの夢や願望、つまり「ありたい姿」を、いくつかの概念図と文章で示したものでした。

純粋な想いの詰まった資料でしたが、そこには必要な数字や現状分析による裏付けがほとんどなく、自分たちの熱い「願望」だけを書き連ねたこの「ビジョン」は、案の定、実際の業務には何ら反映されずに机の上に積まれておくだけになりました。

また、営業目標の未達理由を明らかにするという明確な目的がある会議であっても、資料づくりを含め、まっとうな議論に必要な材料がそろっていなければ、着地は難航することになります。

そもそも会議は正しく仕切られなければ、いともたやすく「思惑」と駆け引きの交錯する場になっ

てしまいます。
企業改革小説である、拙著『戦略参謀』（ダイヤモンド社）の第2章にも、一見、活発に会議が進んでいるかのように見えていて、実は何の問題解決もなされていない典型的な議論の様子を、主人公の上司の視点から描きました。

- **自分が認識していること、自分が思っていること、現場で見聞きしたことを、ただ言い放つだけ**
- **上手くいかない責任を回避するため、あるいは矛先をかわすための発言の横行**

などが、その典型的な例です。

特に、部門をまたいだ課題の討議は、1つ上の立場からの仕切りがしっかりとできていないと、駆け引きや、主観的な意見を主張するだけの、まさに**「議論の空中戦」**が展開されます。

また、単に仮説をぶつけ合うだけの「議論の空中戦」状態のもとでは、仮にそこで参加者の同意が得られたとしても、実は事実の裏付けのない仮説の上に、さらに仮説が積み上げられているだけで、「砂上の楼閣」状態のロジックを重ねていることになります。この状態では、上手くいかなかった時に、どの部分に読み違いがあったのかの特定や、修正すべきポイントがとらえにくくなり、「とにかく、本件は失敗」となり、「うちには新規事業を行う能力はない」「海外進出などやるものではない」「責任者に能力がなかった」などの、なんとも荒っぽい「どんぶり」総括になってしまいます。

ここでのポイントは、仮説を仮説のままで放置するのではなく、ファクト（事実）ベース、つまり事実に基づいて、どこに問題があるのか、どこに課題があるのか、それがなぜ適切と言えるのか、どのような条件付きになるのかなどを明らかにする議論、検討が行われる企業文化をつくることです。

事実に基づいた冷静な議論が行える状態をつくるためには、以下のことが必要です。

- 必要なファクト(事実)を把握する(適切な数字などが取れない場合は、代替指標を見る)
- 適切な形、切り口で、チャートなどを使いファクトをうまく「見える化」する
- そこで表面化した変化や差異の理由、意味合いを追いかける
- 新たな仮説が想定された場合、その真偽についてファクトをもって確認する(仮説の証明)
- 課題の真因に到達するまで、上記を繰り返す

課題ごとの着地目標を明らかにする、進行の責任者を明らかにすることに加えて、これらを行うことで、話が嚙み合っていない「議論の空中戦」を、同じ土俵の「平面」の上で議論を嚙合わせることができる「地上戦」に持ち込むことができます。

よほど人間関係がこじれてしまっていない限り、事実をわかりやすく「見える化」した資料が提示されれば、

「そうだったのか」

「こういうことになっていたのか、気が付かなかった」

から始まり、蛇行なく、前向きな議論を進めることができます。

## ファクトベースの議論の文化をつくる

営業や商品に責任を持つ部門は、一般的には責任者も担当者も、自分の業務をこなすだけで手いっぱいの状態が多いものです。ライン業務の実態や課題を、事実に基づいて適切な角度から「見える化」できる状態をつくるお手伝いは、本来はとても喜ばれるものです。

**階層ごとのマネジメントの判断のスピードと精度を高めるために、ファクトベースの議論のできる環境と、その文化をつくる。**

たったこれだけのことで、組織運営の中に隠れている莫大な時間のムダはなくなります。意思決定に当たっては、適切な形で事実を見て「理」にかなった形で因果を解いていく。ここでさらに、チャートなどを上手く使った「見える化」のちょっとしたスキルを習得するだけで、どの企業でもファクトベースの議論は可能になります。

なお、低迷状態にある企業では、事実とその因果を見せつけられても、それを認めない、あるいは受け入れようとしない幹部社員が経営層に陣取っていることがあります。その場合、事業に求められる変化を起こすためには、トップによる人事判断が必要になることもあるかもしれません。

ある数百億円規模の小売チェーンの商品部門で、隠れている機会損失を「見える化」することにより、発注精度を高める新しい発注方式を実際に試行してみました。

そこで得られた実験の結果から、売上向上効果が、最低でも＋30％程度は見込めることが明らかになりました。

ところが、自部門にふれられたくない部門の責任者が、社内への押さえの甘いトップに対して「考え方は理解しました。ここからは自分たちだけでやります」と進言しました。

結局、この企業ではＭＤ（マーチャンダイジング）の改革プロジェクトはスタートせず、新発注方式も徹底されず、その後は従来通り、数字が上がらない言い訳を繰り返す元の状態に戻り、いまだに売上は低迷状態を続けています。

Point

**ファクトベースで「見える化」した情報の共有は議論を噛み合わせ、そして組織のコミット（意思の確約）につながる。そして、そのコミットを徹底させる躾《しつけ》はトップの役割。**

Part 4

# 全社の課題と、その優先順位を定期的にトップと議論し、必要に応じて自ら課題に着手する

What is

新卒で入社して働き始めてまだ間もない頃に、「どうして企業は上に行けば行くほど、現場の認識とのズレが大きくなるのだろう」と不思議に思ったことがあります。

現場は、事業の提供する価値を具体的な形にする最前線の場です。

現場とマネジメントとの距離感は、当時の自分の目には、どうにもまどろっこしく映りました。

しかし当時は、その状態を改善するために、具体的にどうしたらいいかのイメージを持てず、違和感をいだいたままの状態でした。

また、ある会社で私自身が常務取締役に昇格した時のことです。

役員人事発表の前日まで私に嚙みついていたある営業部長が、その翌日には手のひらを返したように「おっしゃる通りですねえ」と言い出す「態度の豹変」を経験したこともあります。

組織の中では、職位や立場が変わると見える景色がガラリと変わることがあります。

新しく見えるものがある一方で、気が付かないうちに見えなくなっているものもあります。おそらく、私が常務取締役になったとたんに、一取締役の時には入っていた生々しい情報のいくつかが、もう私の耳には入らない状態になっていたと思います。

企業は常に、実に多くの経営課題を抱え、企業のトップ目線の重要な仕事として、それらの全社課題について優先順位をつけ、適切に手を打つことが必要になります。

しかしながら、社内課題の重要性に関する認識については、トップと現場の間に大きな隔たりがあることが少なくないのです。

急成長状態の企業や、初期の成功体験だけで、ある程度やれてきた企業では、社内のオフィシャルな「神経系統」となるべき指示・報告のための階層的なPDCA系統が未発達なものです。

市場が形成される急成長ステージの初期においては、荒っぽいトップダウンのマネジメントであっても、そもそも、そのユニークな製品やサービスが市場から強く求められている状態であることも多く、その事業運営が少々「難あり」でも、市場はしばらくの間は寛容なものです。

しかしその一方で、その市場を狙う競合企業が、市場が存在することを証明してくれたことに感謝しつつ、その事業領域の検討を始めます。そして、俗に言う「参入障壁」を築かぬ限りは、提供する価値をさらに一歩前進させて、早晩、強力な二番手となって出現してきます。

## 2週間に1回程度は、全社視点の課題についてトップと確認を行う

古い話になりますが、かつて、世界初の一眼レフのオートフォーカスカメラαシリーズをヒットさせたミノルタは、遅れて市場に参入してきた二番手のキヤノンEOSに1位の座をとって代わられ、結局、カメラブランドとしては消滅し、今や、その技術はソニーブランドのものになってしまいました。トップの業務を補完する立場にある参謀役は、トップと同じ経営目線を持ったうえで、かつトップよりも生々しい実務上の問題を把握できます。

当時のミノルタも、今後、間違いなく現れる二番手の競合を想定した対抗策を事前に検討し、準備ができていれば、カメラブランドとして消滅するまでの事態は避けられたでしょう。トップの意思決定を補完すべく動く「参謀」役が、残念ながら機能していなかったと考えられる事例です。

また、古今東西の歴史を振り返ってみても、**組織の情報はナンバー2に集まるもの**です。私の懇意にしている社長の右腕の役割を担う参謀役の方々の多くは、週1回、あるいは2週間に1回程度、少なくとも2~3時間はしっかりと時間をブロックして、全社課題について社長ととことん議論を行うようにしています。

共有して議論すべき内容は、例えば、

- 現時点での上位課題の重要性、緊急度合いなどの優先順位(A、B、Cなど)付け
- その見直し、変更とその理由の明確化

・現状対応中の課題の進捗状況
・新たに浮かび上がってきた課題と、その緊急性
・まだ潜在的な課題ではあるが、中長期的に対応が必要なテーマ

などになります。

これらを議論していくと、社長と参謀役の間だけでも、これだけ課題への意識やとらえ方に差があるのかと思うくらい、頭の中にあるイメージが違うことに驚かされるものです。双方、どちらかだけに見えていること、そしてどちらかだけが気が付いていることがあることがわかります。

この議論を通して参謀役は、社長の経営に関する考え方に触れることもできます。また、社長は自分よりも現場の実態の声が入りやすい参謀役のフィルターを通して事業の実態や課題認識を得ることができます。

もちろん、その参謀はトップの「茶坊主」ではなく、現場から信頼を得ていることが大前提です。そしてこの課題の優先順位の話し合いの場で議論される内容には、その後の低迷状態を招く危険への打ち手につながる課題が必ず含まれています。

成長期の忙殺されている状態の中でこそ、この議論の場を持つことは重要です。

## 社長には自分よりも優秀な参謀を使える器量を持つことが求められる

本来、トップの視点からすれば、このような議論のできる参謀役の幹部社員がいることはとてもありがたいことです。

中には、自分の好きなように会社を振り回し、自社の経営に関しては人に意見などされたくないというタイプの社長もいます。これは特に、創業者タイプのワンマン社長によく見られる傾向です。

社長は、自分よりも優秀な「参謀」を使える器量を持つことが本来必要ですが、まずは、まっとうな「参謀」役と一体化した経営体制が、トップ自身のパフォーマンス向上にもっとも有効であることに気が付いてもらうことが何より重要です。

「参謀」役が、社長の頭の中にどこまでも踏み込んでいく必要はありません。

しかし、社長というものは、事業が発展するにつれ、社会や社員への影響力が増え、より公的な存在にならざるを得なくなってくるのも事実です。

その際に、社長の判断の精度を上げ、その判断を「理」にかなった説明可能な状態にしていくために、トップと共に頭をひねって課題を鮮明なものにし、取り組むのが「参謀」役です。

**Point**

**全社視点の経営課題については、トップに見えていることと「参謀」役に見えているものが違っている場合が多々ある。少なくとも2週間に一度程度は、トップの時間を押さえて、課題の認識と優先順位付けを行う。**

# Part 5

# たとえ、首根っこを押さえつけてでも、事実をもとにトップと現実の認識を共有する

What is

数年前、ある業界の複数企業の役員候補や若手幹部候補が集まった研修の場で、ファシリテーションを行ったことがあります。この業界は、1強＋2フォロワーが国内市場の過半数のシェアを押さえており、その他の企業にとっては、その環境下でいかに戦い、独自のポジションをとっていくかが大きな課題となっていました。

回数の限られた研修の中、まずどこの会社も、それまでやっていなかった自社の事業実態の「見える化」から着手しました。各企業とも、どの商品カテゴリーが伸び、どの商品カテゴリーが大きく落ちているのか、その理由は何か、どこに活路があるのかを、「理」にかなった形で詰めていきました。最終日には、各社のトップに向けて、研修を受けた企業の幹部や幹部候補からのプレゼンテーションの場を設けました。限られた時間の中で出した結果でもあり、検証や深掘りをもっと行うべき余地が残ってはいました。

しかし、経営陣も全く気が付いていなかった点がいくつも浮き彫りになり、どこの企業にも取り組

みの余地が、まだ残っていることが明らかになり、各社とも先々への希望を感じさせる発表となっていました。

自社のメンバーの発表内容について、多くの企業トップから「なるほど、そうだったのか……」という講評がありましたが、低迷状態が長く続いている、ある会社の2代目社長からは、次のようなコメントがありました。

「もっと画期的な、大胆なプランが発表されると思っていた。期待外れだ」
「今、発表があった分析の結果は、僕の認識と違う。データを見直すように」

実は、このようなことは研修の場に限ったことではなく、低迷している企業においては、たびたび見られる現象です。

その原因には、マネジメントが次のような状態にあることが想定されます。

- どこかに今の状態を打開する夢のような秘策、魔法があると期待している、チルチル・ミチルの「青い鳥」症候群
- あくまで自分が思っていることが正しいと主張する「プライドへの固執」症候群
- 事実としての数字の意味合いが適切に抽出できていない帳票の氾濫に慣れてしまい、数字を的確に読み取ることが不得手になってしまっている「数字や分析チャートに不慣れ」症候群

もし、この業界をリードしているトップ企業の経営幹部層が今回の発表内容を見ていたとしたら、間違いなくこう言ったでしょう。

「この数字を見る限り、そこにビジネスチャンスがありそうだ。すぐに検証を行い、やれそうならばテスト販売を行い、あたりを見よう」

## 参謀には、トップを動かす工夫と情熱が必要

「企業はしょせん、トップ次第」というのは、まぎれもない事実です。

ある企業で、在庫過多の状態を解消しなければと考えた「参謀」役が、営業企画会議において、「この夏のセールでは昨年よりも粗利率を下げて、増加しつつある商品在庫の消化促進を図りたいと思います。粗利率は下がっても粗利高は上がるシミュレーションが成立しています」と分析を伴った夏のセール商戦の案を創業者トップに具申しました。

この提案を聞いたトップは一瞬の沈黙の後、「いやだっ!」と叫んで、皆を驚かせました。出席者全員が唖然とする中、トップの長時間に渡る演説が始まりました。

どうも彼が言いたいことは、まだ資金に余裕がある状態なのだから、ＰＬ（損益計算書）の見え方にこだわりたい、それがわからないお前らには、経営者のセンスがないという趣旨のようでした。

実は、粗利率を下げて在庫の換金を促進することをトップが嫌がるであろうということは、会議前

から皆が読めていました。

上場している手前、ＰＬの見栄え、仕上がりにこだわりたい様子は、普段から皆が感じていました。

「会議で、この方向性の提案をしようと思いますが、いかがでしょうか」

本来なら、会議の前にこうトップに伺っておいた方がよかったはずです。

私も会議前に「参謀」役の彼から提案内容を聞き、事前にトップに説明に行くことをすすめたのですが「時間がないので、ぶっつけ本番で行きます」と笑顔で話されました。

あくまで推測ですが、その「参謀」役の彼は、もし事前にこのプランの確認を行っていたら、会議に上程すること自体が否定されると考えたのではないかと思われます。

したがって、彼は反対されることを覚悟したうえで、増える一方であった在庫に対処することが重要であることを、皆の前で明らかにしたいと考えたのでしょう。

参謀役をしていると、トップの言動に唖然とすることなど一度や二度ではありません。

笑っていられるうちはいいのですが、早晩、あまりに呆れ、憤りのあまり自分の手が冷たくなることさえあると覚悟しておいた方が良いでしょう。

しかし「少々難あり」状態のトップでも、企業を良くすることについては誰よりも真剣に考えているものです。

**参謀には、現場の事実を適切に理解してもらうと同時に、トップの気持ちを動かすための工夫と、会社全体の幸せの実現につながる熱意（パッション）が必須**です。

「やってられない」と匙《さじ》を投げる前に、やれることは数多くあります。

万が一、それでトップが動いてくれなくても、そこまでの過程での前向きな努力と行動は、間違いなく自身の腕を磨き、胆力を鍛えます。

ビジネスマンの本来のあり方は、磨いた自分の腕で、企業を通して世の中に貢献することです。やれることをやり切れば、結果が見え、否が応でも自分自身の腕は磨かれます。

さらに言えば、トップに対して、呆れ、怒りがこみ上げるくらいまでに、同じ目線で事業、会社のことを考えることができているならば、間違いなく経営者としての疑似体験をしていることになります。磨いたその腕を披露する場は、社外にまで視野を広げれば、世には腐るほどあり、あなたの腕は、自身の人脈や一流のヘッドハンターを通して切望されることになります。

我々の健康寿命はますます長くなり、50代後半以降に外部から声がかかるかどうかは、自分で磨いた、自身の「腕」のみにかかります。

どうぞ、安心して様々な挑戦をし、やれるところまでやり切ってみてください。

はるか昔の時代と違い、改革を仕掛けたことで命を狙われることなど、まずありませんし、企業の中の改革であれば、社会的に抹殺されるレベルの罠を仕掛けられることも、まずありませんから。

Point

**トップの重要な意思決定のサポートは、その心情を察したうえで避けることなく行う。そこで磨いた腕は、ほかの多くの企業などのビジネスの土俵で重宝されるもの。**

Part 6

# 実践に裏打ちされた企業の「自信」を培うため、組織のPDCA力を高める

What is

人も企業も、そして経営者も、大きく育っていくために必要なのは、実践を通したリアルな体験と、そこでの学習によって得られた「自信」です。

「自信」を失った状態の企業は、様々な重要な意思決定の場で、大胆なプランの実施に二の足を踏んでしまい、さらに低迷状態から抜け出しにくくなっていきます。

「自信」を失っている状態とは、自分たちの強みや弱みが一体何なのかを見失っている状態です。

混迷期のワンマントップによく見られる行動として、どこで仕入れてきたのだろうかと思うような、思い付きレベルのアイデアを連打することがあります。

「儲かるらしいぞ」とトップが言い出し、本業とは関連のないセルフスタイルのうどん屋を、郊外で唐突に始めたものの、1年でやめた上場企業もありました。

今の会社が持っているノウハウと、そこで求められるノウハウが同じではなかった、あるいは、小売業では最も難しい課題である立地選定が不適切だったのかもしれません。

この手の打ち手は多くの場合、成果にはつながらず、あとになっても社内では「あれは一体、何だったのか」となります。

これは、トップなりに突破口を求めて焦っていて、藁《わら》にもすがるような気持ちで、可能性に賭けようとあがいている状態です。

本来、ここで重要なことは、たとえトップの思いつきであっても、どういう必然性の下にその意思決定をするのかを企画の作法（後述）に則って参謀役がまとめておくことです。

多くの場合、周りの部長連中からは「もう決まったことだから、企画書などまとめなくていい。時間のムダだ」と言われます。

また、成功しなかった時に、その総括を行おうとするとトップから「過去をどうのこうの、あげつらって言うんじゃない。もっと前向きな仕事をしろ！」と恫喝されることもあるでしょう。

しかし、そのような思いつきの企画であるからこそ、企画Pの体裁を整えること、そして失敗したポイントを総括Cしておくことが重要なのです。

**組織としての「学習」を行うためには、「理」にかなった形で「言語化」をした表現が必須**です。作法に則って企画をまとめるがゆえに、失敗した時にどこに読み違いがあったかが明確になります。それが言語化されて初めて、組織の「学習」になります。

どんな事業活動も、たとえその根拠が希薄であっても、ある程度の勝算を期待して乗り出します。当然のごとく、大なり小なりの読み違いは起き、それを修正しながら努力が続けられます。

ＰＤＣＡが廻っている限りは、読み違いや失敗があっても、それらは企業にとっての「学習」になり、経験則として蓄積されていきます。

もし、そのプランがトップの思いつきによるものならば、なおさら起案部署を定めて企画書を事前にまとめておき、組織としてのPDCAが廻り、総括が可能な形にしなければなりません。

「学習」がなされていれば、次のPDCAの際には「やるべきこと」「やってはいけないこと」がより明確になっているために、成功の確率は高まります。

これがプロジェクトを成功させるためにPDCAを廻し、企業が「学習」を繰り返している状態です。

組織としてのPDCAが廻れば廻るほど、成功則（そして失敗則）の言語化と「学習」が進みます。それにより成功の確率は高まり、いずれ成功の果実が得られ、それだけではなく、根拠の明確な、健全な「自信」が得られ、蓄積されていくのです。

**Point**

**人も企業も、そして「参謀」も、情熱をもって謙虚に課題に取り組みPDCAを廻すことで学習し、財産となるノウハウを蓄積して「自信」を培う。**

Part 7

# 社内に「神経系統」をつくり上げ、進化させ続ける

What is

もともとアメーバのような原生生物だった地球上の生命体が進化を繰り返し、やがて高度で複雑な知的生物である我々人類にまで進化を遂げました。

高度に進化した人類のような生命体においては、個体としてのバランスが取れていることが重要です。

筋力だけがいかに優れていても、あるいは心肺・消化機能がいかに丈夫でも、脳だけがいかに高度に発達していても、一個体としてバランスが取れていなければ、その動きは不安定なものとなってしまいます。

たとえば、軽自動車のボディにフェラーリのエンジンを積めたとしても、危険極まりない車が出来上がりますし、軽自動車のエンジンをメルセデスベンツに載せた時、果たしてまともな走りが実現するのかは、かなり疑問のあるところです。

皆さんの会社は、バランスの取れた一個体として、健全に機能できているでしょうか。

我々人類に至るまでの生物の進化の過程の中には、おそらくバランスの取れていなかった進化の形も多数、存在していたに違いありません。

しかし種を存続させ、繁栄できたのは、環境変化にも対応し、しなやかに強く生き、かつ健全に子孫を残すことのできた個体だけだったはずです。

これを、企業体に置き換えて考えてみましょう。

「あの携帯キャリア企業、どこでも電波がつながるってテレビのCMで言っているけど、実際には、すぐに切れるんだよな」

「あそこの会社、販売は強力なのだけど、製品の性能はいまいちだ」

商品力に先行して広告ばかりに力が入っていたり、トップ周りの本部機能ばかり優れていたりしても、全体としてのバランスが崩れた企業では、市場側から見れば、なんともちぐはぐな印象のある事業展開としか見えません。

結局、企業の進化の過程で重要になってくるのは、内部の「神経系統」が健全に発達しているかどうかに他なりません。

- 経営層と市場と接する現場までの階層で、指示・報告の双方向の情報の流れが上下に的確に行き来し、階層ごとに適切なPDCAサイクルが機能している
- そのためには、問題や課題がファクトベースで「見える化」され、表面化される工夫がなされ、対応の判断がタイムリーに下され、修正と学習がなされる

・各機能組織が、自律的に動き、素早く課題に対処できている

参謀がトップと共に取り組むのは、こういう状態づくりです。

## 大きくなった組織を、1人ですべて判断して統括することなど不可能

組織と言われると、誰でもツリー状に描かれた「組織図」を頭に浮かべます。

ただし、企業の成長過程において発達が必須となる「神経系統」については、組織づくりにおける「べき論」はあっても、実践的な方法論は意外に語られていません。

特に「イケイケどんどん」状態の創業者は、かつてのフランスのナポレオンと同じように「全部、俺のところに持ってこい。俺がすべて決める」という個人への中央集権型のマネジメントの姿勢を取りがちです。

しかし、このやり方は、ある限られた規模までしか通用しません。

かつて日本最大の小売業者であったダイエーグループを築いた、今は亡き中内功氏も「案件は、すべて自分のところに持ってくるように」と、このナポレオンと同じスタイルのマネジメントを行っていました。

ダイエーの経営企画室にいた経験のある私の元部下は、ある時、中内氏に呼ばれ「タイへの進出を検討してくれ」との指示を受けました。

彼は上司と共に、出張前に日本国内でタイ市場の情報収集と分析作業をすべて済ませて「時期尚早」という結論の資料作成を終了させてから、タイに向かいました。

早く帰国すると中内氏に怒られるため、とりあえず1週間タイに滞在したうえで事前につくってあった資料に現地で撮った写真を添え、若干の修正を加えて予定通りに「調査の結果、時期尚早です」と報告をしたそうです。

当時のダイエーには、他にも中内氏の想いを組織運営の視点から適切とは言えない形で忖度《そんたく》し、中内氏の息子を特別扱いし、社内人事に重要なフェア（公正）さを崩壊させていった人事部の動きもありました。

大きくなった組織を、1人ですべて判断して統括することなど、まず不可能です。

よほど上手に単純化された報告ルートでもつくれる天才的な「組織設計のエンジニア」が参謀として側近にいて、すべてが適切に把握できる状態をつくり上げでもしない限りは、単なる願望であり、幻想でしかありません。

Point

**組織が大きくなっていくと、「知力」「筋力」に加えて、大きくなった図体を適切かつ機敏に動かすため、組織分業を全体最適化させる的確な情報の流れをつくり、部署ごとの自律性が機能する「神経系統」の発達が必要。**

Part 8

# トップのリーダーシップとは、社員が前向きに仕事に取り組める舞台づくり、土俵づくり

What is

リーダーシップという言葉は、いろいろな場で聞かれますが、この言葉は使う人が描いているイメージによって、意味合いに若干の違いがあります。

経営コンサルタントの大御所の書かれたものにも「日本企業のトップにはリーダーシップがない」と本や論文を締めくくっているものが、かなり多く見うけられます。

一方で「俺がリーダーだ。お前たちは、俺の言うことを聞いていればいい」というスタンスを示し、マスコミなどにも登場するワンマンタイプのトップもいます。

前述したように、そもそも我々が目にする経営理論のほとんどが米国発です。

その米国でのマネジメントの前提にあるのは、いくつかの例外はあるものの、米国式のマネジメントの原則である、有能な上位者が明確に指示して組織を動かすという「人治」を前提とするトップダウン式、ディレクティブなマネジメントです。

このマネジメントのスタイルのもとでは、部下たちは自分の上位者の指示に従って動くことが求め

られ、トップが自身の裁量で、経営レベルのPDCAを廻します。

したがって、誤解を恐れずに言い切ってしまえば、我々が目にするほとんどの経営理論が前提としているのは、部下が「イエッサー（Yes,Sir）」と唱えるディレクティブなマネジメントです。

ところが、多くの日本企業においては、上位者が自分の組織をいちいち自ら指示して動かす米国のようなディレクティブなマネジメントは一般的ではありません。

リーダーシップという概念を、恐怖政治スタイルも辞さずに自分の意志通りに組織を動かすワンマンタイプのマネジメントのことであるとして、自分を正当化するトップやマネジャーもいます。

では、現実にそういう組織が、本来持っている力を十二分に発揮できる状態なのかと聞かれると、かなり疑問があります。

基本的にはトップの能力の限界が、その組織の限界となり、その方の引退後に残るのは、思考停止状態を強いられて、自ら考えて実践する訓練が不足、あるいは欠落してしまった組織になります。

日本リテイリングセンターの故渥美俊一先生が**「リーダーシップとは敬服される状態を言う」**と秀逸な表現をされ、感服した覚えがあります。**リーダーシップとは、敬服され、その信頼感によって生まれる状態**と考えるのがよさそうです。

## 社員が前向きに力を発揮できる環境をつくる

現在、50代後半以降の方の中には、80年代に日本でTQC（全社的品質管理）活動が流行した時代を覚えていらっしゃる方も多いと思います。

そこで展開されたことの1つに、会社や事業部の方針に沿って、自部門の方針（P）として展開する「方針管理」があります。これが社内の動き全体を「理」にかなったものにすることに貢献しました。

残念ながら、その流行の後期にTQC活動を導入した企業の一部では、企業の体質強化よりも、デミング賞を受賞すること自体を最優先とする本末転倒のケースも出てきました。

そういう企業では、この活動に多くの時間を割かれることを嫌ったマネジャー層による、資料のねつ造などの「間違った」創意工夫が横行し、活動の形骸化が起きてしまいました。

当時、活動の指導にあたっていたのは、その多くが大学の先生たちでした。

TQC活動の流行に伴って指導する先生の数も必要となり、先生によっては企業の実務の実態に精通していないままで指導に出向いたため、それが本当に企業内部で実施されていることなのかどうかを見抜くことのできないケースも起きてしまいました。確かに「理」をもって各部門の方針を展開し、アクションプランの策定を行い、かつ総括も行うサイクルの起動は、当時、その基本動作を怠っていたすべての企業で大変な負荷がかかりました。

しかし、それでも自分たちのすべきことは、現場に責任を持つ自分たち自身で起案し、それをPとしてPDCAを廻すというスタイルは、日本企業の文化に浸透しやすかったということがあるのでしょう。

ＴＱＣ流行の初期の段階でデミング賞を受賞した企業の、現実の「ビフォー・アフター」の変わり具合は本当に素晴らしいものでした。

私も実際に目の当たりにしましたが、受賞前の状態に比べると、各部門が何を課題として考え、何に取り組んでいるのかがとてもわかりやすい状態になり、経営視点、現場視点からも社内の見通し、風通しが良い状態になっていました。

「参謀」役がトップと共に目指すのは、方法論は別としても、かつて本来のＴＱＣ活動が目指したように、各階層が上下間の翻訳を適切に行い、問題解決に取り組むことにより、社員が腹落ちできたうえで、**存分にその力を発揮して学習することのできる土俵づくり**と言うことができます。

これをもって、企業活動においてのリーダーシップが存在している状態と言えるでしょう。

その状態ができている企業では、トップの意思は曲解も少なく社内に伝わり、間違いなく社内から敬服されている状態にあり、求心力が発揮できています。

Point

**社員が前向きに力を発揮できる舞台、環境をつくることで、トップが「敬服される状態」ができる。これが日本企業において、最も有効なトップのリーダーシップの姿。**

Chapter 2

# なぜ、参謀機能が必要になるのか？

What is
Why required
Mindset
and To Be
Strategy
Problem
Solving
Knowledge
PDCA
Egoism

Part 1

# 企業の成長鈍化や低迷の原因は、組織の「機能不全」にある

Why required

企業の売上高などの推移をグラフにしてみると、図表2－1のように、ほとんどの場合S字形の曲線を描きます。一般的に事業は、ユニークなビジネスのアイデアを開花させようと初期のメンバーたちが、様々な試みを繰り返す**「黎明期」**から始まります。

まずこの時期は、限られたお金と人手を貴重な資源として、成功するビジネスを具現化させるために様々な挑戦を行います。人件費も家賃も、日々出ていきますので、事業を成功させるために、いわゆるPDCAを精度高く、そして素早く廻しながら成功への道筋を模索します。

そしてある時、市場の「つかまえ方」を見出して、事業が見事に開花すると、実をつけて樹も大きく育つ**「成長期」**を迎えます。

成長期の初期段階は、規模の小さな社内は昂揚感にあふれ、前向きな試みを繰り返します。黎明期に「学習」した経験則は、小さな組織内では共有しやすく、それを踏まえたうえでの挑戦が行われるため、成功の確率は高まります。

図表2-1　企業成長の一般的な形

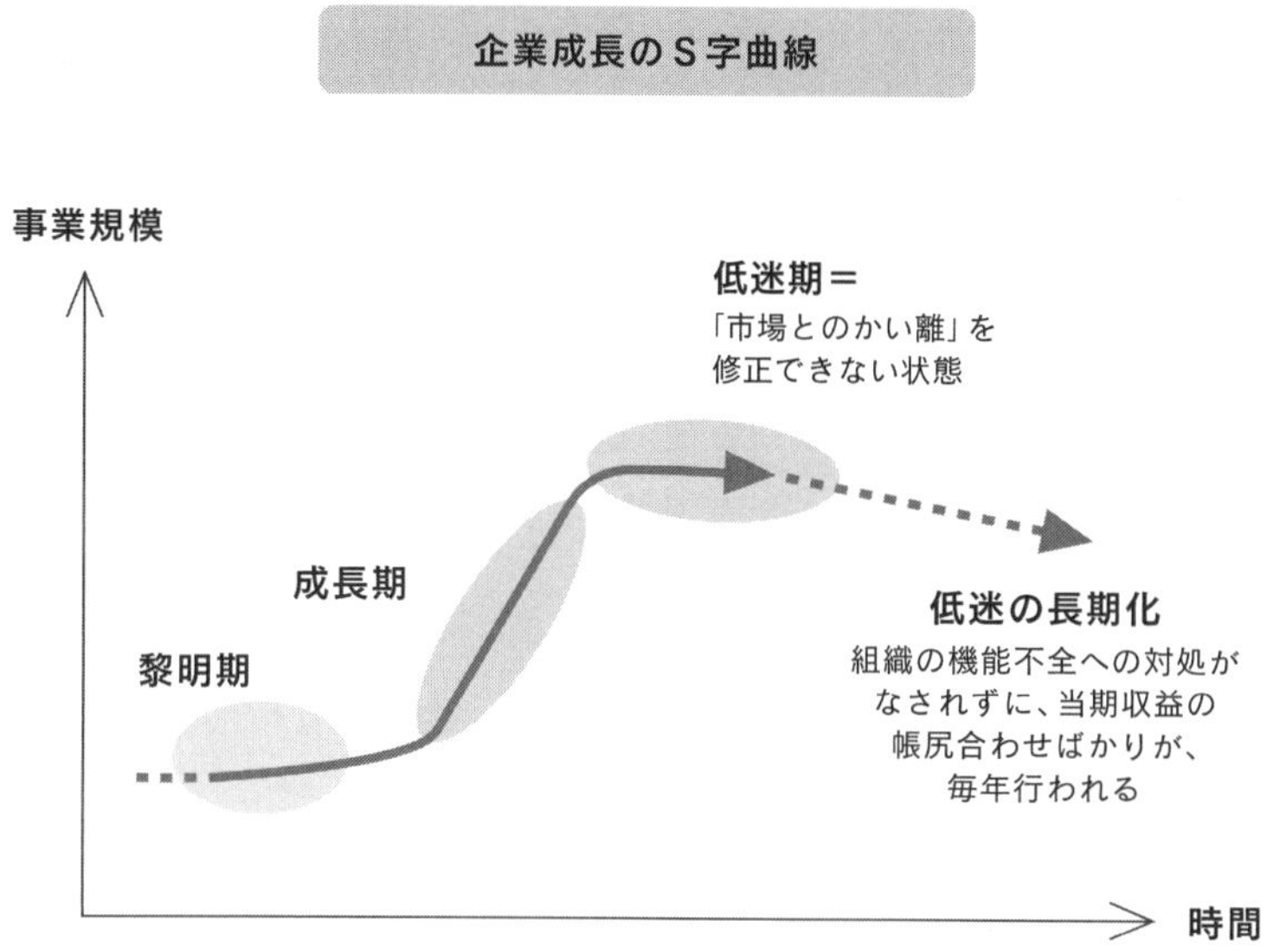


また「失敗」があったとしても、それが致命的なことにさえならなければ「失敗」から得られることに大きな価値があることも「暗黙知（言葉にしては語られないが、知識や智慧として、理解、浸透されているもの）」として皆が理解しています。

何よりも成長自体が「失敗」のインパクトを、良くも悪くも覆い隠します。

ダイエー創業者の故中内功氏も、それを**「売上はすべてを癒やす」**と表現しました。

やがて事業が大きく成長し、それにつれて組織の規模も大きくなり、組織の分業化が進みます。

経営学で言われる「組織論」とは、要するに企業の成長に伴い、あるいは市場や事業の競争状況の変化に応じて、いかに適切に社内業務を分業させるかについての方法論のことです。そしてその運営の考え方は、トップのマネジメントスタイルによっても変わります。

一般的には、営業や商品開発、仕入れなどのいわゆるライン系の機能、そして経理や人事などの管理系の機能の専門化、分業を行い、より大きな事業が運営できるように進めていくのです。

## 「市場とのかい離」は、組織の「機能不全」により起きる

一方、事業が成長すればするほど全社視点で考えて手を打つべきこと、つまり社長の業務や課題は膨れ上がります。

社長は、事業が健全に発展を続けるために判断を行い、組織に必要な指示を出します。

前述のごとく、世に出回っている経営理論のほとんどはディレクティブな米国式マネジメントを前提としています。我々がよく目にする組織図も、人の能力に依存する「人治」式の組織運営を前提として、各部門長の責任範囲を明示するための書式です。そして社長は事業運営の実態だけではなく、組織全体が健全に機能しているかを把握するための「神経系統」をつくる必要に迫られます。

社長は実行した施策の結果を確認し、そこで得られた「学習」を踏まえて、さらに磨きをかけた次の一手を考え、事業を伸ばそうと手を打ち続けます。

これは、社長自身が経営目線でのＰＤＣＡを廻し続けている状態です。

しかし、もし事業や市場の反応や機微が的確に把握できず、打ち手がうまくいったのかどうかの、

その因果も見えなくなってくれれば、事業における打ち手の精度はみるみる低下していきます。

社長の仕事が、ある程度の精度を保ったうえで1日24時間の中に収まっているうちに、事業責任者目線のＰＤＣＡが、精度高く分業して自律的に廻っているように、組織の運営方法を進化させることが、本来は必須なのです。

もしこれを怠ると、例えば、

- **顧客は何に満足しているのか、どこに不満を感じているのか？**
- **新製品の投入などの施策がうまくいったのか、製品改善は適切に進んでいるのか？**

などを的確に把握することができなくなり、部門ごとには努力をしていても、往々にして組織全体としては「機能不全」が起き、いわゆる**「市場とのかい離」**が始まります。

この、組織の「機能不全」が起きていることに、トップが気が付いていないことも多いものです。現場の実態の変化について、トップよりも早く気付くことのできる位置にある「参謀」は、トップとその現実を共有し、手を打っていかねばなりません。

しかし、この「機能不全」への対応の重要性に気が付かないまま、事業の舵取りを間違えて、結果的に失敗する経営者も少なくありません。

事業の芽が最初に開花した時点で浮かれてしまい、地に足がつかなくなった社長。

「権限移譲」の美名の下に課題や業務、さらには方向付けや責任までも「丸投げ」してしまう2世トップもいました。
客観的に見ると、せっかく目の前にある大きなチャンスを、成功の大輪の花にまで育てることのできなかった社長は、現実には山のようにいます。

Point

**企業の低迷と没落は、経営レベルで現状を的確に把握する能力や、各機能の自律的な意思決定力の低下などに起因する「機能不全」による自滅がほぼすべて。**

Part 2

# トップ目線で経営課題の優先順位を明らかにし、対応する

Why required

企業というものは低迷期だけではなく、起業時や急成長時など、すべての局面において、実に多くの課題を抱えています。

将来的に、致命的な事態を招きかねない深刻な課題が自社の事業で起こっていることに、経営者自身が気が付いていない企業は驚くほど多くあります。さらに、事業やご本人に勢いがある時などは、課題の存在を認めようとさえしない場合もあります。

本来、企業のトップは事業を活性化させ、成長軌道に乗せて発展させたいと、日夜、頭と神経を使い続けています。

特に、起業家でもある創業者は思いついたアイデアを実践し、試行錯誤によって自身の腕を磨きながら、事業を成功させるべく日夜努力を重ねます。

そして、その中から現れてくる「成功した創業者」は、事業の発展に必要な攻め方、競合への対応、組織の動かし方などの押さえどころを知り、社内の誰よりもそのビジネスの成功則に精通していきます。

## 事業の成長と共に、従来のやり方だけでは「精度の高い判断」が難しくなる

ユニクロを有するファーストリテイリングも、はじめは郊外における路面店舗の展開から事業をスタートしました。

土地の使用料が安い代わりに、店前に通行客の往来がほとんどない郊外立地での店舗展開では、いかにお客を呼び込めるかが事業の成否を分けます。そのため、当時は新聞の折り込みチラシの効果をいかに高めるかが、集客のための最重要課題でした。郊外型チェーン店のチラシ企画に日々従事している「プロ」たちからも、「ユニクロのチラシは完成度が高い」と評価されてきました。

扱っている商材は違っても、郊外店舗のチラシ担当者たちの多くはユニクロのチラシをチェックし、自店チラシの企画の参考にするためにサンプルとして集め、保管している人もいました。

ファーストリテイリングで、創業以来ずっとこのチラシを企画・監修していたのは柳井正会長ご自身です。事業規模が大きくなってからでも、ずっとご自身で確認をしていたとも言われます。

このように経営者は、事業の成長に向けて限りある時間と知恵を集中的に使い、事業の確立に向けて様々な課題への取り組みを続け、市場における自社の強みをつくり上げていきます。

一方で、企業が迎える様々な局面において、その都度の経営判断や対応が求められるものの、自身には明るくない分野、あるいは気付かない課題が生じるのは仕方がないところです。

さらに社長が全社視点で取り組むべき課題や、日々の判断事の難易度や案件数も膨れ上がり、やが

て社長の一日は、ご本人の自覚の有無は別にしても、24時間では足りなくなります。

結果として、かつて規模の小さな頃にはトップ自ら、現地、現品を確認し、課題を見極め、実施した結果も実際の現場でつぶさに見ることによって実現できていた「精度の高い判断」は不可能になります。前節でも述べたように、企業の成長に伴い大きくなるその図体で、事業を健全に発展させるためには、自律性を伴う組織の分業が必要不可欠です。

その際に、さまざまな問題解決に必要な組織の「知力」や前向きな販売などを行う「筋力」の向上に加え、事業全体がバランスのとれた動きを実現するための伝達、翻訳、実態の確認、調整の判断と実施につなげる自律的な「神経系統」も、必要なレベルにまで発達させなければなりません。

しかし、猫の手も借りたい急成長期には、本来は最優先すべき根本的な課題対応になかなか手が回りません。

結果として頻出する様々なレベルのイレギュラーな課題の対応に、優秀な人材の時間も取られ、ひどい時には組織中が「モグラたたき」に奔走している状態にもなります。

ある数百億円規模の食品を扱っている上場企業では、営業マネジャー全員がその時間のほぼ100%を、顧客からのクレーム対応にあてることが、ほぼ常態化していました。イレギュラーな事態への対応には、ある程度、腕のあるものの対応が必要になってしまいます。このように、優秀な人材の大きなパワーロスが起きている状態は、経営目線で誰かがその根にある原因の解決に取り組まなければ、正常化することなどできません。

## 「参謀」はトップと同じ目線で考え、自律的に動く

創業の頃は社員数も少なく、事業運営の課題やノウハウなどを幹部や社員と共有することは難しくはありません。

しかし、組織が拡大してくると、それはかなわなくなり、上手に言語化する技術、事実を指し示して納得できるコミュニケーションの技術と工夫が必要になります。

そしてさらに、それまでトップが自ら取り組んでいた経営目線での課題への対応をはじめ、現状を的確に把握するための情報収集や分析作業などについても、早晩、分業が必要になります。

事業規模が大きくなってくると、それまでの本社部門、管理部門に加えて、「経営企画」「人事管理」「営業企画」など、「企画」と「管理」がついた4文字のスタッフ部門の数が増えてきます。これは、それまでトップが自身で行っていた企画、管理業務についても専門化して、分業して補強する必然性が出てくるからです。

そもそも経営目線の課題は、部門をまたぐテーマが中心となり、これらは個別の部署に担当させることは難しいものです。

さらに例えば、商品構成の最適化を進め、商品の開発、発注、売り切りの判断精度を上げるために必要なマーチャンダイジング・システムの構築や、新人事制度の構築、部門別管理のしくみづくりのように、別途、現行の組織の外に体制を整えなければとても対応のできない課題も増えます。

図表2-2　組織はこう進化する

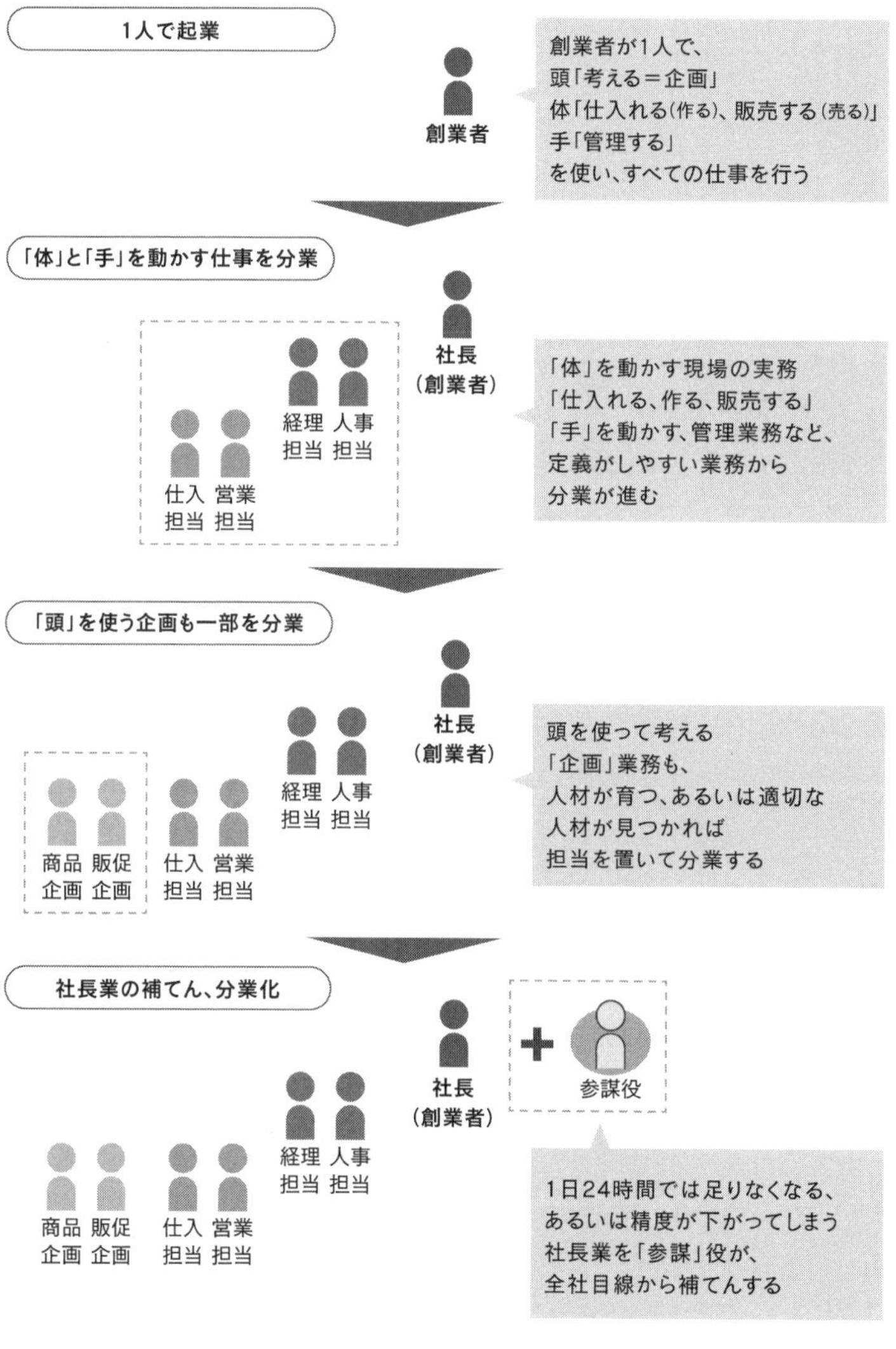

これらの課題は、トップが単純に「やっておいてくれ」「どうだった?」というだけの「丸投げ」の指示だけで解決するものではありません。

分業化された組織内では対応が行いにくい全社目線での課題については、まずその課題を的確に定義し、その優先順位や緊急性を明らかにすることが必須です。

そして、経営目線での企画、管理、そして判断業務だけではなく、必要に応じて自らその課題の推進を行うことさえ求められます。

これらについて、指示を受けて動くだけではなく、自らの意思で自律的に考え、トップ目線の課題を担うことができるのが企業における「参謀」の役割です。

Point

**企業が抱える課題について、優先度も含めて自ら考え、自らのイニシアティブで動くのが「参謀」である。**

Part 3

# 社長業の精度を、今、事業に必要なレベルにまで高める

Why required

営業や商品の仕入れ、開発などのライン系の業務、そして人事や経理などの管理系の業務は、

「たくさん販売して売上を上げる」

「売れる商品を仕入れ、最終粗利・換金額を最大化する」

「社員のやる気を最大化しつつ、人件費率を管理する」

など職責が明確であり、比較的、分業を行いやすい業務です。

それぞれが専門的にうまく分業設計され、かつマネジメント（＝部署内のＰＤＣＡ）が正しくなされていれば、本来は人員が増えるにつれて、業務の精度はより向上していくものです。

しかし、これらの機能が充実し、高められていったとしても、社長業が楽になるわけではありません。事業の成長、発展や競争の激化に伴い、経営の立場での判断や経営課題は、量だけではなく、その内容や質もどんどん、次のレベルに上がっていきます。

社長業の分業が、必然的に最重要課題になるのですが、いかんせん、これについてはそう簡単に話

は進みません。そもそも忙しさは麻薬のようなものです。

自分の忙しさに酔ってしまっている状態は、一般のビジネスマンだけではなくワンマントップにも散見されます。上辺の結果が良い時には、振り返ろうとさえもしなくなります。誰にも指摘されないがゆえに客観性を失い、ひとりよがりのまま、突き進んでしまっている場合もあります。

そういうワンマントップの中には、ロジックを捻じ曲げても、自分のやりたいことを正当化させる企画をつくらせる人がいます。

ある会社で、個性の強すぎるくらいに強い創業者トップから、

「うちの経営企画室長の○○だが、いい学校も出ているし、頭はいいはずなんだが、何かおかしい。ちょっと次の販促プランづくりを○○と一緒に行ってくれないか」

と頼まれたことがあります。

共に作業をしてプランが出来上がったのですが、その時の彼の言葉で、彼自身の問題が明らかになりました。

「このプラン、すごくまっとうだし、『理』にかなっていて非の打ちどころもないいんだけどね。けど、うちのトップが描いてほしいのは、これじゃないと思うよ」

彼は、長くトップの側近として寵愛を受け、全社に発信するプランをまとめる役割を担っていました。そこで彼は「理」にかなったプランをまとめ上げる能力よりも、トップが求めるものを察してまとめる能力を磨いていたのでした。

結局、私は彼の主張を退け、そのプランを上申しました。そしてプランは実行され、上手くいった

のですが、もしこのプランを、彼がひとりで持っていった場合は、通ったのかどうかはわかりません。

社長の業務を分担する参謀役には、社長との相互信頼関係が必須です。

この会社のワンマントップにとって彼は、自分に尻尾を振ってくる愛犬のように、かわいいイエスマンであり、絶対に裏切らない存在としての信頼を得ていました。

しかし、実際にその任に必要な能力という意味では、とても経営を支えることのできるレベルには至っていませんでした。

その後日談ですが、そのトップからまたもや呼び出され、

「○○はなぜ、いまだにおかしいんだ？　どうすれば治るのか？」

と聞かれました。

「そんなのは簡単ですよ。『今後は、俺の方ではなく、市場、組織、そして現場の方だけを向いて仕事をしろ』と伝えればいいだけです」

こう答えたところ、トップは一瞬、考えたうえで、

「うむ、それは無理だな」

この一言で話は終わり、その後、二度とこの相談を受けることはありませんでした。

## 参謀は、トップのイエスマンではない

企業という船における船頭、船長である社長の意思決定は、重責を伴います。

客船の前方に大きな氷山が現れ、激突する危険が迫ってきていても、船長を含め、誰かがそれを認識しなければ、乗員、乗客は楽しく船上パーティに興じているかもしれません。仮にレーダーに氷山が映っていても、誰もレーダーを見ていない、あるいは、その表示が解読しにくく、船長や操舵士が気付かなければ、迂回のための舵取り操作は行われません。

早晩、大惨事につながる危機的状況が進行していても、気付きがなければアクションにはつながりません。

事業規模の拡大や競合状況の変化などで事業のステージが変化し、時がたつにつれて求められる事業の運営力、すなわち「実践力」のレベルは必然的に高度化します。

特に、事業が急拡大している時には、その勢いゆえに売上の推移だけを見れば表面上は順調でも、水面下に大きな課題が存在していることは多々あります。

現場において、黄信号や赤信号が灯っている危険な状態であるにもかかわらず、事業責任者がこれを気に留めていなかったために、その後の惨劇につながってしまった例は、枚挙にいとまがありません。

**長期に渡ってうまくいっている企業は、事業環境を正しく把握し、市場の欲するものをとらえる手順や考え方が整っていて、かつ常にその改善を続けています。**

もしこれができていないならば、**事業運営の機能不全、あるいは社長業そのものの機能不全**が進行している状態にあると考えるべきです。

組織の発展過程において、分業を行うのがもっとも難しいのが、本来、これらのことに未然に対処するなど、全体観をもって、正しい舵取りを行う社長業です。

言うまでもなく、参謀に求められるのは、トップのイエスマン役ではありません。

トップとの関係を悪化させてはいけませんので、気づかいは大切ではあるものの、それとイエスマンであることとは、似て非なることです。

参謀業の存在意義は、企業、事業の運営を最適化するため、経営判断も含めた社長業の精度を、今、求められるレベルにまで高めることです。

そのためには、自律的に考えて自ら動ける「参謀」体制を機能させることができるかという、この一点に集約されるでしょう。

Point

**参謀とは、会社の将来も見据えたうえで、事業最適化を進める視点で自ら考え、自ら動いて社長業をカバーする役割。**

# Part 4

# 多くの企業は、イシュー・デフィニションを誤る

Why required

「ある企業が自分の会社は市場志向が弱いと考え、新設するマーケティング部門の責任者を探しています」

「外資系のファッションブランドが、マーチャンダイジング部門のディレクターを探しています。どなたか心当たりはないでしょうか」

「おせんべいをつくっている老舗メーカーが工場長を探しているのですが」

ヘッドハンティング業界の方から、このような相談を受けたことがあります。

話を聞くと、それぞれ依頼元の会社のトップには、このような問題意識があったそうです。

「うちの会社の商品部や販促部には、どうもマーケティングマインドが不足している」

「うちのブランドの商品構成が良くない。腕の良いＭＤ（マーチャンダイザー、商品責任者）がいれば、他ブランドに対してもっと競争力を持てるはずだ」

「製品の納期遅れが多発している。製造の責任者である工場長の管理が弱いのが問題である」

すでにトップの「人治」色も弱くなった企業において、問題が起きている部署の責任者を替え、新規に中途採用することで果たしてこれらの課題が解決に至るのかについては、かなり疑問を感じます。

たとえば、社長が「自社は市場志向が弱い」と感じている時の解決策が、マーケティング部門の新設とマーケティング経験者の採用で正しいのでしょうか。

日々の業務におけるマーケティング活動は、市場が喜ぶ商品開発や商品の仕入れ業務と、その価値をいかに効果的に市場に向けて発信するかという販促業務の中で行われます。

もし、営業、商品などの主要部署のマーケティング志向が弱いとすると、そこにはやろうと思ってもできない、なんらかの理由があるものです。

- 1人当たりの業務負荷が高すぎる
- 本当は知りたい、顧客の動きや反応に関する情報が、簡単に把握できるシステム投資がなされていない
- 行うべき分析を、今のシステムを使う前提で行うと手間と工数がかかりすぎる

などの理由が、一般的には有力です。

実際に、このような話で大手の広告代理店のマーケティング部から、マーケティングの専門家と称

する方をマーケティング部の部長として招聘した企業をいくつも知っています。

入社当初、予算をとって市場調査を行ったとしても、それを打ち手につなげる戦略シナリオの立案能力については、多くの場合、彼らは素人同然です。

結局、調査結果を実務の役には立てられず、昔取った杵柄《きねづか》で、テレビCMや広告物の提案を行っていると思っていたら、いつの間にか社内からいなくなっている……。このようなことが起きているのは、1社や2社だけではありません。

自社の商品部門において顧客志向の商品仕入れが実現できていないのであれば、はじめに「なぜ、それができないのか?」、その理由を追求することが先のはずです。

もし今の売れ筋を特定し、そこから市場が支持している「キーワード」を発見するための「見える化」を適切に行うMDシステムが追い付いていないのであれば、先ほどの例と同様に、商品企画、商品構成の最適化が十分できないのは当たり前です。

また、工場の納期遅れが多発していた場合、それは工場の責任者だけの問題なのでしょうか。

部品の発注に連動する生産計画がうまく販売計画と連動できているのか、物流との情報のやり取りがどうなっているのかなど、問題点を特定するにあたって、実態の確認は済ませていたのでしょうか。

外資系企業のように「人治」色の強い企業であれば、新しく採用された責任者が販売計画を立案する部署とやりあって、手順を修正することになるのでしょうが、そもそもこの話は業務プロセスを改善することになるはずです。

つまり、優秀な外部人材を採用するという打ち手に至る前に、問題点の根にある部分を明らかにするよう努力して、ことの因果を「理」にかなったものになるまでの追求がなされたのかが、相談を受けるたびに、とても気になります。

## 適切な事実の把握と「見える化」が行われていない

企業の問題解決の現場に携わっていると、企業の規模にかかわらず、トップレベルに近くなればなるほど「ここにわが社の問題がある」という、そもそものイシュー・デフィニション（Issue Definition、課題の定義）の根拠が不十分なままに論じられている、あるいは完全に間違っているケースに出くわします。

表面化している一部の事実だけを見て、あるいは声の大きい人の意見を通して、検証が不十分な「仮説」のままで、企業にとって重要な案件が意思決定まで進んでしまうことがあります。

ここでの問題は、その「仮説」が本当に的確なのかについて、事実を適切な角度から切り込んで眺めて問題の因果を明らかにすることをおろそかにしている点です。

幹部の報告や議論を聞いて対策を検討する際に、適切な事実の把握と「見える化」が行われていないのです。

また、独裁的なワンマントップにありがちなケースとして、本人が現場を見て、あるいは現場の意見を聞いて、「ここが問題だ！」と早々と決めつけてしまうことがあります。ところが、真因は別にあることがわかった際に、「振り上げた刀を鞘《さや》に戻せなく」なってしまう、あるいは、腹に「思惑」を持つ側近の意見を「鵜呑み」にして物事を断じ、そのまま突っ走ってしまっている場合もあります。事実の裏付けが不十分な「議論の空中戦」が日常化し、「勘のみに頼った打ち手」が横行している企業では、最後には問題解決よりも、個人のメンツをかけた勝ち負けの様相を呈していくこともあります。

課題を真っ芯でとらえて問題解決を進めるためには、まず事実に基づいた課題の定義を的確に行うことが必須です。事業の立て直しの場数を踏み、腕を磨いた「プロ」が低迷状態にある企業において、最初に行うのが、イシュー・デフィニションです。

これは、過去や現在の実態についての「見える化」や分析を行い、現状に至った理由や原因を明らかにして解の方向性を見出すために「ここが問題」と断ずることです。

彼らは企業が抱えている問題点の因果を洗い出し、解の方向性を見出していきます。

多くの場合、ファクトベースで行った分析によって「見える化」された結果を見せられると経営層には衝撃が走ります。

たとえば**「時代分析（Era Analysis）」**で過去の施策とその結果を結び付けていくと、

「あの時の方針転換は、こんなに大きな効果があったのか」

「当時の組織変更は、現場にこれだけの混乱を招いていたのか」

などの実態が白日の下にさらされます。

また、入念に組み立てたマーケティング調査を行い、市場のプロファイルを調べてみると、

「わが社の顧客は、当社の製品をまったく想定していなかった他社製品と、比較購買しているではないか」

「わが社の顧客のボリュームゾーンは、昔と比べると半分になってしまっていた」
「会社としては意識が向いていなかった、売上規模の小さい新カテゴリー製品が、実はいちばん、市場から支持され伸びている」

などが明らかになることもあります。

もし規模が以前の半分になっている市場で、自社の売上が微減で済んでいたのであれば、日々トップから叱責されていた各部門は、実は、シェア獲得という大きな成果を上げていたことになります。

トップを支える参謀役のミッション（使命）としては、社内で囁《ささや》かれている現状、現場にて起きている問題点に気付き、真の課題の指摘を速やかにしていかねばなりません。

そのために「参謀」には、社内から良質な情報が入る状態、つまり「信頼」されているという大前提が必要です。

そのうえで事実を正しく把握し、必要に応じた「見える化」や分析を行い、課題の影響力の大きさも含めて的確に特定化し、定義することから始めます。

Point

**企業の経営判断の精度を上げるためにも、まず事実に基づいた的確なイシュー・デフィニションが必要。**

Part 5

# 「思惑」の蔓延が放置された企業は、ゆるやかに確実に衰退する

Why required

先日、精密機器を展開しているある大手メーカーで、このような相談がありました。

「海外での新製品の展開プロジェクトが座礁してしまいそうなのです。どうしたらよいでしょうか？」

社内の状況についてキーマンたちから聞き取りをした内容は、このようなものでした。

・製品開発部門は、自分たちが新規に開発した製品をある国で世に送り出したいと考えている
・しかし当該国の販売子会社は、「そんな安価な商品は自社のブランドとしては展開したくない」と非協力的
・トップの意思を受けて新規事業を支えるはずの本部メンバーは、「組織図にそって動くように」「そんな費用をどこから出すのだ」などの組織の「べき論」を言うばかり。新しい課題が次々現れる、この新規事業プロジェクトへの協力については及び腰
・肝心のトップは「成長のために、新規事業プロジェクトが必要」と言いながら「なぜ、うちは新しいプ

ロジェクトが進まないのか」と首をかしげている

開発者は、直接トップに相談をしに行きましたが、「事業の推進責任者は、物事を強引にでも進めなければならないものだ」と言われてしまえば、確かにその通り。

しかし、未知の市場を切り開き、動かない社内組織を引っ張っていくには、彼は力量不足というよりは経験不足。傍から見ていても、気の毒な状態でした。

この会社のトップは、屋台骨の事業をつくり上げた偉大なる功績のある方です。親分肌で、情熱あふれるエンジニア出身の経営者。社内への押さえも十分に利いていて、別に恐怖政治を敷いているわけではありません。個人、個人を見ると、善人ばかりの集団です。

ただし、それぞれが殻にこもっているような感じで、新しいことに挑戦しない。

とりあえず、いくつかの目の前の壁を越えるために、手を打って前に進める状態にしても、すぐにプロジェクトは止まってしまいます。

## その組織で何が起きているのかを「プロファイリング」する

さて、マーケティングにおいて、もっとも重要な能力は、**市場である顧客のプロファイリング**ですが、これは組織の診断においても、まったく同じです。

その組織で何が起きているのか、その組織は何を重視して動いているかをプロファイリングすることから始めます。

皆、悪気のない人たちですし、このような組織は、普通は上手く火をつけることができて、前向きなことに取り組んでも大丈夫だと確信できれば、動き出すものです。

しかし今回のケースでは、体制を変更したりして動き出したと思っていても、なぜかすぐに止まってしまいます。

さて、ここまでの情報で、あなたならこの組織ではどのような力が作用していると想像しますか？

現実の問題解決においては、特に初期の段階では、情報が不足している中で、適切に実態をプロファイリングできるかが成否を分けることになります。

ある時、このプロジェクトのキックオフ時の会議の議事録の内容を知り、その理由がようやくわかりました。

このプロジェクトは、もともと長い間、トップの側近としてやってこられた「ある方」のプロジェクトとして、トップの承認を得てスタートしていました。

ところが、ほどなくしてプロジェクトはあさっての方向に走り出し、蛇行状態に陥ってしまいました。その様子を見ていた外部組織から出向していた方が、純粋に善意のもと、その国の市場展開にあたり国営の大企業に影響力を持つ助っ人を連れてきて、業務支援の契約を行わせました。

これによりプロジェクトは進み始めたのですが、面白くないと思い始めたのは、その「ある方」です。

この「ある方」は目の前のことにはひたむきに取り組むのですが、いかんせん視野が狭く、頭も柔らかくありません。

他の人が推進役として引っ張ってプロジェクトを成功させてしまうと、自分の手柄にはならなくなると考え、プロジェクトの進行に関して組織内ににらみをきかせ始めました。

結局、新しい方向にプロジェクトが進み始めると、その道をふさぎに行き、さらに様々な横槍を入れます。その結果、プロジェクトの責任者が何度も替わってしまい、そのたびに責任もあいまいになっていきました。

支援にあたるべき本部機能の方々は、個人としては皆、善人なのですが、トップが信頼している、この「ある方」のひがみ、ねたみの対象になることを警戒して、このプロジェクトへの関与には消極的だったのです。

さて、さらにここまでのことがわかった段階で、あなたは、根にある問題を、どのように診断しますか？

この会社は、これまで長年にわたり大枚をはたいて、大手のコンサルティング会社を何社も使ってきました。それでも会社の業績が上がることはなく、長期にわたり低迷状態が続いていました。

組織をいじり、成果主義指標を取り入れ、マーケティング部門を新設するなど、提案に従っていろいろな試みを行ってきましたが、組織の力が強化されることはなく、むしろ、現場からマネジメントへの不信感が募り、士気も下がるばかりでした。

提案がうまく機能しなかったのは、コンサルティング会社からの提案が、ディレクティブな「人治」色の強い米国式のマネジメントを前提にしていたのも大きな理由の1つでした。結果、実績をあげた個人にマネジメントを任せる実績主義の人事が行われるようになりましたが、肝心の経営のための能力を結果、育て上げるしくみは社内に存在していなかったのです。

そのような状態で、この会社のトップは、新規事業については自らの責任のもとに立ち上げなければ何も動かないと考えました。そして、やや「難あり」であることはわかっているものの、自分には絶対的な忠誠を示している、この「ある方」にプロジェクトを任せようと考えました。

ところが、この「ある方」の仕事の仕方に難ありなのはいかんともし難く、プロジェクトはうまく進まず、周りもこのプロジェクトについては「やはり、『ある方』がリーダーでは無理」「できるだけ関わらないようにしよう」というコンセンサスが、暗黙のうちに出来上がっていたのです。

- なんとか事業の突破口を作りたいと、純粋に思っているトップ
- このチャンスに手柄を上げて役員入りを果たしたい、現トップの側近としてやってこられた「ある方」
- 「関わらない方が無難」という暗黙のコンセンサスのもとに、動かない本部組織

そして、そこにさらに加わった新しいプレイヤー2人は、

- 良かれと助っ人を連れてくるという、おせっかいをした外部組織から出向してこられていた方
- プロジェクトを成功させる腕を持っている、業務支援の契約をした方

です。

結局、この新しいプレイヤー2人に対して、「変人」と「悪者」の烙印を押すキャンペーンがトップ向けに張られ、順番にプロジェクトからはずされていきました。

いかがでしょうか?

この事例には、ドラマや映画に出てくるような「巨悪」はどこにも登場していません。唯一、自分の手柄が欲しいが、明らかに能力が不足して視野狭窄な「ある方」がエゴイスト化しているのです。トップはその「ある方」を信用しているので、「ある方」が白いものをクロと言えば、トップもクロだと思います。言うなれば今の彼は、自分のエゴイズムがほぼ通るお墨付きを得て、会社という「ジャングル」を我が物顔で徘徊できる特権を得た状態なのです。

そして本社メンバーは、自分の身を守るために暗黙の抵抗を行いつつも、「人治」前提の上からの指示に従い長いものに巻かれ、かつ「うまくはいかないはず」という腹のもとに、決して自律的には動きません。かくして消極的なエゴイズムも蔓延し、ここには「欲と保身のエゴイズム」が存在しています。

そして、彼らの動機が、どうプロジェクトに作用しているのかを知ることもないままに、自分のイメージできる範囲で考え、何とかしなければと考えているトップが大元にいます。

プロジェクトの総責任者は、このトップですが、今起きていることの因果、そして自分の判断によって波及する効果や作用にまったく気が付いていないがゆえに、この巨大な事業体において、給与の高い方々のマンパワーを中心に、巨大なロスが起きています。

日本企業の組織の非効率性が論じられることがよくあります。その原因は、ものづくりの現場の生産性が高い一方で、こうした「思惑」の放置と錯綜に端を発する、時給の高い方々の莫大なる人件費のムダが根幹にあると言っていいでしょう。

## 権力があるところ、必ず「思惑」の温床となる

部門の責任者たちは否が応でも、次の社長人事にもいちばんの影響力を持つ現トップの顔色を見て、自分への評価を意識して動きます。

トップは、この側近としてやってこられた「ある方」をはじめ、自分に忠誠を示す幹部を「愛《う》い奴《やつ》」としがちですが、そこに「理」にかなわない事業判断が行われていることになり、いわば「思惑」の温床となってしまっています。

この会社は、このような「思惑」がまかり通る状態になってから久しく、事業の低迷状態が長年、続いていました。

多くの人は「賢い選択」という名のエクスキューズのもとに保身に走ります。

また、権力の側近についた「思惑」を腹に持つものは、トップ周りの情報を掌握して操作を行い、自分に都合の良い「床《とこ》」をつくろうとするものです。

そして権力を持ったトップも、これが知らない間に自分の周辺で起き始めることなどは、座学では知っていても、いざ、それが本当に起きていること、そしてそれが組織の機能不全、そして事業低迷の根となっていることには気が付きません。

今のこの局面では、正しく采配を振るべきトップにこの状態を解説し、知らしめる役割がいないことが問題でした。すなわち、プロジェクトが健全に機能していない現実とその理由をトップに進言でき、対策を協議できる「参謀」役。これが、ここで欠損しているピースとも言える役回りです。

結局、私の役回りとして、この状況を事実としてトップに理解してもらうべく、動くことになりました。

多くの場合、トップに「気付き」さえあれば、改善のシナリオなどはいくらでも書きようがあります。米国の上場企業は、不振状態においては事業価値の向上という大義名分のもとに、たとえ創業社長であっても、大株主から有無を言わさず、経営者交代が勧告され、良くも悪くも刷新が起きます。いわば、数字という絶対尺度に基づき、実力を示せない人材は、その根と共に排除される「人治」前提のトップ人事が行われることになります。

ところが、日本企業の場合は、株主がそこまでの声を上げないために、M&Aで優秀な企業に買収されるか、ファンドに買収でもされない限り、体制が完全にリセットされることがありません。仮に一掃できたとしても、その代わりにトップに立てる人材が育てられているか、腕を磨ける土俵があったのかという次の課題に直面してしまいます。

権力があるところは、どうしてもその周辺は、恣意的な「思惑」が絡みやすい「床」、つまり環境が出来上がってしまいます。

松下電器産業（現パナソニック）における創業者である松下幸之助の娘婿、正治氏の力が作用したことによる迷走はよく知られた話です。

これも元はと言えば、偉大なる起業家であった松下幸之助氏が、奥様である、むめのさんの手前、正治氏を経営から外すことを自らの手で行わなかったことが、長期にわたる苦境を招く火種を残してしまったのです。

結局、企業にとっては、このような状態になる前に、いかに「理」にかなった判断を行える文化をつくり、保つことができるかが肝になります。

「思惑」が絡み合い、渦巻いてしまっている状態となり、かつ、それをうまくさばけてもいない企業では、まるで上層部が「事業ロス生成装置」を抱えたままで事業を行っているようなものです。

事業に勢いのあるうちはPLなどには表面化していなくても、企業の伸びる力が削がれれば、早晩、下降基調に入ってしまいます。まずは、トップが正しく組織の因果を理解できるようにすること。「正しい気付き」の後に対策を打ったあと、「理」にかなった意思決定がなされる環境をつくること。これはトップ1人だけでは、なかなかできることではありません。

事業規模の拡大、競合状況の激化に伴い事業のステージが変化してくる際、「参謀」役が必要になる、もっとも根源的な理由がここにあります。

## Point

**マネジメントは、組織における「思惑の蔓延」との闘いという重要な側面を持つ。トップレベルが、事業や自社内の実態を把握するためには、今起きていることの実態とその因果を「的確に」把握できるように、体制の工夫が必須。**

Part 6

# 健全な「参謀」機能を得た企業は、成長軌道に入る道を開く

Why required

「発展した企業を見ると、何かの間違いで入ってきてしまったような優秀な人材が、企業の成長を引っぱってくれているものだ」

亡くなられた日本リテイリングセンターの渥美俊一先生がよく言われていました。

その渥美先生が、外部から採用した幹部人材の代表格として挙げていたのが、先日退任されたセブン&アイ・ホールディングスの鈴木敏文元会長です。

鈴木敏文元会長ほど有名でなくても、トップを支える補佐役、参謀役となって企業の発展に貢献した方は数多くいらっしゃいます。

また、社内の人材でも、営業、商品部などの主要部門を経験し、そして様々な改革を推進した方であれば、社内に対してリーダーシップを発揮して企業の変革を推進し続けて、発展させる力をつけていくことは可能です。

この代表的な方で現在、活躍されているのが株式会社ニトリ、ニトリＨＤの白井俊之社長でしょう。

あまり表舞台には出てこられない方ですが、白井社長はご自身でも「社内で始末書の数がいちばん多かった」と話され、参謀役として常に全社課題に取り組み、様々な挑戦を通して、間違いなく誰よりも数多く失敗を重ねながら腕を磨いてこられた方です。

**「ナンバー2が企業を伸ばす」**

ある規模を超えた企業、あるいは競合状況が激化している事業では、いわゆるそれまでのやり方で「社長業」を社長1人ですべてこなすのは、現実には不可能な話です。と、よく言われます。

本来は、様々な局面で自分と同じ視点を持った者と相談をしたいものですし、自分と同じ目線で事業をとらえて問題発見と問題解決を行ってくれる人材は、のどから手が出るほど欲しいものです。社内にない知恵やノウハウについては、社外に頼らざるを得ないことになりますが、一方、幹部となり、参謀役となる人材は、社内からも育ってきてほしいものです。

どこの会社でも、ただ気合で売上をつくるだけではなく、また奇策に走ることもなく、事業運営のやり方を進化させることで、まっとうな手段でより売れる状態をつくる、より顧客数が増えるようにするなどの改革を先導するリーダーシップがとれる人材は希少であり宝です。

若くてもそういう「芽」のある人材には、さらに次の機会を与え、経営目線で考えて判断し、実際に自ら動き、結果から学ぶ機会を得る「参謀」としての職務を与え、成長の機会をつくるべきでしょう。

刹那的に単年度の数字を上げる「あざとい」手法をとることなく、市場への価値をさらに高める変革を推進する人材を、社内はリーダーとして認めるようになります。

トップの側近としての活躍ができるようになれば、トップにより近い立場で、「トップとしては、日々何を考えることになるのか」

「自分がトップだったらどう判断するのだろうか」

「なぜ、トップは自分とは違う判断をするのだろうか」

このようなことを考えながら参謀役としての腕を磨き、そして経営者としての視点や考え方を培っていきます。

日本の組織では、これが経営者にとっても最もありがたい参謀機能であり、かつ、ベストの経営者人材の育成の方法であると言えます。

ただし、その参謀機能が健全であればあるほど、すでに巣くってしまっている「思惑」組にとっては、参謀機能は最優先に排除すべき対象になります。もしトップが、社内に適切な参謀体制が育たないと感じていたら、最初にその「思惑」組の存在と動きを疑ってみるべきです。

もっとも彼らは、トップへの正しい情報を遮断する手腕については、驚嘆すべきレベルにまで長けているものですが。

Point

**トップよりも、業務の現場に近い生々しい声が入り、情報を持ったうえで、トップと共に全社視点でフェアに課題を考え、課題に対応ができる役割、人材や体制を「参謀」としてトップ周りに配置できるかどうか。**

Part 7

# 適切な「見える化」を進めるだけで、経営判断の精度を高められる

Why required

少し前の話になりますが、一部上場企業である大塚家具において、経営の主導権を巡り創業者の会長と、その長女である社長の対立がマスコミでも大きく取り上げられました。

権力や金が目当ての欲がむき出しの泥沼化した争いではなく、事業をふたたび成長軌道に入れたいという、極めて純粋な想いの父と娘。この双方の間で、なぜこのような主導権争いが起きてしまったのでしょうか。

大塚家具の創業者である父の勝久氏は、コンシェルジュ型の顧客向け提案式の販売方式を突き詰め、個々のお客様の家の中の家具に関する「問題解決」を行い、客単価と満足度を高める業態を一代で作り上げました。

その後、家具業界ではニトリとＩＫＥＡの2社による、「低価格」という最も強力な差別化ポジションを先に陣取ることに成功した勢力が現れ、「買いやすい」「もし飽きたら捨てても良い」という気軽な気持ちで買い物ができる心地よさに魅かれた顧客層が、この2つの店に流れました。

これによって起きた市場の変化により、マスコミに取り上げられた当時でも、大塚家具はピーク時より売上をすでに3割ほど落としていました。社長のポジションを引き継いだ長女の久美子氏は「もっとカジュアルに買い物ができるように」と高額品以外の製品の展開や、さらに気楽に一品買いができる新業態の展開にも乗り出します。

しかしながら、この方向性を、父である創業者は「お気に召しません」でした。

父も娘も、大塚家具を再度成長軌道に入れたいという想いに変わりはありません。

一方、事業を成長軌道に入れるためのシナリオは複数ありますし、すべての意思決定は、最後は意思決定者の主観で行われます。

創業者の会長は、自分自身で大塚家具の事業のＰＤＣＡを廻してきていますから、他の誰よりも今のやり方の事業イメージができていますし、何よりも自分が成し遂げた実績への自負、つまり「自信」があります。

ところが、新社長である娘は、競合状況が変わったことにより市場構造が変化していると認識しています。こうして、それぞれが頭の中に描いている「大塚家具の再浮上のシナリオ」が異なったまま、お互いの考えを公の場で主張することになってしまったのがこの騒動です。

これを「後釜選び」に失敗したとか、あるいはワンマン体制を否定する「集団指導体制」が悪い、などという議論に持って行くのはお門違いの話です。

組織の上位に立つ人は、概してエネルギーレベルが高く、それゆえ自分の意志もしっかり持っています。このエネルギーを正しい方向に導くことのできる「見える化」された判断環境を整えることが必要です。

戦略的な方向性を見失っている時は、市場の実態がうまく「見える化」されていないことがいちばんの問題です。

また、問題が「見える化」されたとしても、父と娘ではその生い立ちや経験から、イメージできる得意手も異なるわけですから、再度の成長軌道入れを実現するために描くシナリオの選択は、舵取りの責任者による主観的なものとなるため、必然的に異なってきます。

これは、どちらの道を選んでも、PDCAを的確に廻して「何を読み間違っているのか」「その理由は何なのか」を素早く、精度高く追求し、方向性の修正と戦略の精度向上ができる前提のもとであれば、実行の難易度には差があっても、道は開けるものです。

## 現状の問題を「見える化」し、その意味合いを言語化する

父方の、従来からの方向性である接客型業態も、そのレベルを上げて、狙うターゲットに合致した適切な価格設定を誤らずに、ターゲットの嗜好性を求めてPDCAを廻して業態を進化させていければ、間違いなくその市場を深耕していくことができます。

医者などの高所得層のみならず、これから、まだまだその数が増えていく、ある程度以上の金融資産を持つ高齢層。年齢を重ねると共に眠りは浅くなり、睡眠障害を抱える人の数も増えます。寝具についての積極的な問題解決の提案により、深耕できる余地は大です。

さらにこれからもっと増えてくる、ITを使った新しいビジネスのアイデアで成功した起業家層。そして従来から安定して存在する、50代中盤あたりで執行役員になり、当面の安定した高所得が読める状態にとどいた、大企業に勤務する「勝ち組」群への滑り込み層。彼らは、若い頃に郊外に建てた家を売って、都心部に引っ越す傾向があり、この層の引っ越し、買い替えの新需要を明らかにすることができれば、その市場も間違いなく取り込めるでしょう。

また、娘側のシナリオの狙う、よりカジュアルに買い物をしたい層は、ポジショニングマップ上に間違いなく存在します。ただし価格帯が下がれば、市場規模は大きくなる一方で、そこでビジネスをしているプレイヤーの数も増えます。その層の市場規模を押さえたうえで、購買能力、嗜好性を把握し、現存する競合プレイヤーの間隙を縫って勝てる差別化のイメージが明確に描けるのであれば、攻めていく価値は十分にあるはずです。

結局、父が事業の指揮を執るならばこちらのシナリオ、娘が指揮を執るならば別のシナリオという落ち着き方になるのは当然です。

- 事業規模がある程度大きくなった企業では、市場、事業の現状は事実に基づいて「見える化」されていないと、とるべき戦略の議論は収拾がつかなくなり「議論の空中戦」が起きる
- 特に創業者は、自身の持つ成功則を十分に言語化できていないことが多く、市場が変化した際に、新しい市場と競合状況の姿を、頭の中にうまくイメージできなくなることがある
- 一方、ワンマン体制の下で、自分で考えて行動することをせずにロボット化して長い期間を過ごし

た幹部にとっては、すべての責任を被って指示してくれるワンマントップに従う方が、ビジネスにおける余生を楽に過ごせると考える

・さらにはコンサルタント会社もやっていた才女である久美子社長の「理」にかなっている（はずの）プランであれば、変化した市場には有効に違いないはずと思いこむ「理屈」で考える層

このような様々な与件と思惑の中、株主としては、父娘のそれぞれの方向性に関して、ご自身たちの持つイメージを、ファクトとその意味合いをわかりやすく「見える化」したうえで説明してもらったほうが、どちらのシナリオを「買う」べきかの判断はしやすかったでしょう。

事業実態の「見える化」は、かなりのレベルまで精度を高めて行うことができますが、最終的な意思決定は、責任者による主観的なものにならざるを得ないものです。

結局、2人の争いは久美子社長が大塚家具の舵取りを行うことを株主から認められた形になり、お2人は袂《たもと》を分かち、勝久氏は自らの勝ち残りイメージを具現化すべく、価格帯も頂点レベルに特化させる「匠大塚」を始動させました。

久美子社長は広報・IR系のコンサルティング会社を経営されていたとのことです。

しかし、社内での会議の際に提示された資料が、事実を元にした「見える化」で創業者を納得させることのできる現状分析になっていたのかどうか。

あるいは、それを見てさえもらえない、聞く耳を持たれないほど関係がこじれていたのか、ここは当事者でなければわかりません。

## 事業運営のPDCA力が成否を分ける

大塚家具ほど大きくなってしまった組織、そして競合状況が激しくなってしまった市場においては、まず現状の問題をチャートなどで「見える化」し、その意味合いを言語化して、精度の高い意思決定の与件として提示したうえで議論をする環境を整える。本来は、これが、何よりも最初にするべきことです。

これができる状態をつくる参謀・スタッフ体制は、本当にそれが必須になるタイミングに、都合よくさっとつくれるものではありません。

事業が成長し始めたら、早い段階からその体制を立ち上げ、事実を元に議論が行えるようにすること。

いったん躓いた後に蛇行が始まり、そこから抜けることができなくなる企業は、これを怠っていた企業です。そして気が付いた時には、なぜ、今自分たちの事業が躓いているのか、何がその本当の原因なのかを的確に把握することも、打ち手を断ずることもできない「市場とのかい離」が起きた状態になっています。

今、ここに至っては、父、娘、双方がそれぞれのシナリオ、つまり戦略で事業を展開しています。現時点では、価格帯を下げた路線をとる大塚家具は、２０１６年度で売上高４６３億円（前年対比マイナス20％)、営業利益は46億円の赤字と苦戦が報じられています。

狙った市場はニトリにより価格帯の下側から侵攻され、想定していたよりも縮小してしまっているのでしょう。かつ、この価格帯の市場は競合も多く、攻め方を具体的にイメージして描くには、まだ経験が不足していたわけです。その市場にいる競合に対する優位性を発揮できる強みを手にできるまで、時間がかかってしまうことになるでしょう。

また、父方の「匠大塚」はかなりの高価格帯中心の展開を行っており、極めて狭いターゲットを狙った形になっています。

早晩、この状況から「戦略の間違い」とたたくコンサルタントや評論家も出てくると思います。

しかし、結果がわかった後の評論は「後出しジャンケン」と言わざるを得ません。

ここからは、最初の仮説のどれが正しく、どれが外れていたのか検証しながら、無用な「幼稚なプライド」に囚われることなく、謙虚に舵取りを続け、事業運営の視界を広げていくPDCA力が、それぞれの本当の成否を分けることになるでしょう。

## Point

**次世代の経営陣への最高の贈り物は、社長の周りに、意思決定の精度を高めることのできる参謀体制、つまり機動力があり、かつ信頼して乗れる「神輿《みこし》」をつくり上げること。**

What is
Why
required
Mindset
and To Be
Strategy
Problem
Solving
Knowledge
PDCA
Egoism

# Chapter 3

# 参謀の基本姿勢とマインドセット

Part 1

# 「火中の栗」は自ら拾う

Mindset and To Be

「火中の栗を拾う」は、もともとはフランスのラ・フォンテーヌの寓話です。

ある時、ずる賢い猿にそそのかされた猫が、火の中で焼けている栗を拾ってやけどをしてしまい、その栗も猿に食べられてしまうという話です。

この元の寓話の本来の意味するところは、「危険なことは、人にやらせろ」、あるいは「だまされて、人に使われることのないように」というような意味です。

しかし、日本ではうって変わって「他人の利益のために、あえて危険を冒す」という意味で使われます。

参謀役には元来、そういう日本で使われている意味合いでの「火中の栗拾い」の側面があります。

囲炉裏《いろり》の前にいる猫が、その場にいる「思惑」を持った、たった一匹の猿のためだけにやけどを負うような目にあうのは、あまりに滅私的であり、献身的すぎる行為であり、賢い行為とは言えないでしょう。

しかし、企業における参謀役の置かれるポジションは、この猫とはだいぶ異なります。

その背負っているものは、市場から支持される事業とその運営に磨きをかけること、そしてその発展を通じて、そこで働く社員の人生を充実させることなのです。

コメディアンの大御所である萩本欽一さんが、成功するためには「皆にわかりやすいように努力すること」が大事と言われました。

参謀役は、トップや社内から信頼されるべきポジションですから、その信頼に応えるために、皆が手を出したがらない難しい課題への着手も期待されます。

仕事柄、企業の社長と話をする機会は多いのですが、一般の社員が思っている以上に、トップは誰が社内の将来の幹部候補人材なのかについて、常に最新の情報を把握できているものです。

私が改革のディレクター役として企業の中に入り、V字回復や企業活性化のプロジェクトをスタートする際には、社長にそのプロジェクトメンバーとして、30~40代の将来の幹部候補からの人選を依頼します。

この時にいつも驚くのが、どこの企業に行っても社長、あるいは事業責任者は、幹部候補人材の名前を即座に挙げることができ、それぞれの特性、強み、弱みなどを的確に話される点です。

「お天道様」は見ていないようで、実はとてもよく見ているものです。

自分で考え、自らの意志で「火中の栗」を拾いに行く。

これには半端ではないプレッシャーもかかりますし、時として首を洗ってのぞまねばならない気分になることもあります。

しかし、結局、これが他の人が経験することのない貴重な場数となって、自身の能力を鍛えることにつながります。企業の中で秀でた存在になっている方は、40代までに、苦境に立たされた経験のある方が多いものです。

古代や中世の頃とは違い、今の世の中であれば組織で改革を推進しても命を狙われることなどなく、特に企業の中の改革ならば、社会的に葬られることも、まずないでしょう。

仮に、火の粉を被ってやけどをしたとしても、その傷が癒えた後には、結果として得たものの方が多く、そして大きいことを知ることになります。

我々が生きている現代社会であれば、挑戦により命を失うようなことは、まずありません。

「挑戦するかしないかなどを考えているうちに、行動に移したもの勝ち」というのは、どうも真実のようです。

Point

**「皆にわかりやすいように努力する」(萩本欽一)。**

**誰も見ていないようでも「お天道様は見ている」もの。**

# Part 2

# アートをサイエンスし、そしてエンジニアリングする

Mindset and To Be

「アートとサイエンス」という表現があります。

直訳すれば「芸術と科学」となりますが、その意味するところは「まだ十分に言語化されていない対象であるアートと、言語化することにより再現性を持たせるサイエンス」という2つの概念を対比させた言葉です。

そもそも、この世の中の事象のすべてが、言語で説明できているわけではありません。サイエンスは、物事を言葉によって説明できる状態にして再現性を持たせ、法則性を見出す挑戦とも言える立ち位置にあります。

言語化できるから、自分の知りえた上手いやり方を他の人に伝え、他人でも再現できるようにしたのが、我々、ホモサピエンス特有の能力であり、人類発展の鍵となったサイエンス（＝科学）を行う能力なのです。

そしてさらに、サイエンスにより言語化がなされた後、それをさらにより良いものに改良して、

つくり上げるのがエンジニアリングです。

大学の理工学部の英語名称は、一般的にはDepartment of Science and Engineeringです。つまりこれは、「言語化し、事象の因果を明確にする。そしてそれをより良いものに作り上げる」というテーマを追求する学部であることを意味します。

この、サイエンスとエンジニアリングという考え方は、事業活動でもまったく同じです。

もし、あなたが1人で商売をしているのであれば、自分で考えたことを実行し、結果を確認して、黙々と修正を行えばよいだけで、せいぜい自分がわかる程度にメモでも残してあれば十分な話です。

しかし、これが組織となると、他者に伝えて理解して動いてもらうことが必要となります。

企業内で起きている課題が何か、なぜなのか、どう対応するのかを言語化し、対策を講じねばなりません。

ただし、この言語化、そして法則性を見出す際には、注意が必要な点があります。

たとえば戦略は、企業がさらなる成長を実現するための道筋、シナリオです。その構築の考え方や方法論をまとめた「戦略論」を書籍などで読むと、人によっては、あたかもそれで事業の成功についてのすべてを語れるような錯覚をしてしまう場合があります。

しかし、この「戦略論」を含む巷の経営理論は、それぞれが経営に有用な技術論、あるいは企業の方向性を明確にするための方法論のある一部を言語化し、説明したものにすぎません。

経営学も科学（＝サイエンス）の分野の1つであり、経営に有用な様々な法則性を事象から導いていく学問です。これが科学である前提のもとに、まだ「言語化」され、それまで説明されていない事象に、「因果の解明」というスポットライトを当て、理論化が進められていきます。

## 真実(Truth)と事実(Fact)、そして「因果」と「相関」

ここで、まず1つめの重要な視点を挙げておきます。それは、比較的歴史の浅い経営学の分野においては、**理論化されていない、説明されていないことが、まだ「無限の彼方」にまで存在する**という点です。

実証主義が前提となる「科学」の分野においては、事実をもとに「言語化」がなされ、その因果が正しいという裏付けを行います。

映画「インディ・ジョーンズ」シリーズにも、インディ教授が教室で考古学の教鞭をとる場面があります。そこでは「我々は真実（Truth）ではなく、事実（Fact）を求める」と彼の教える考古学が実証主義を基本とすることを語ります。

この方法論をとるがゆえに、文献の発見や、発掘調査での新たなる発見があると、我々が、学校で習った歴史が変わるということが起きてしまいます。

経営理論の歴史を見ても、ある理論が提唱され、実践されると現実にはいくつも課題が表面化します。そして次の理論が現れて、結果的には、蛇行しながら進化が進むのが現実です。

また2つめの視点は、このアプローチの宿命として、その「理論」が確立していく過程においては、時として**「因果」ではなく「相関」関係にあるものが、「因果」のごとく扱われ、世に出てしまう**ことがあります。

今から35年ほど前、記事ネタの少ない年明けの日の主要4紙の1面に「味噌汁を飲むとがんにならない」という論文が発表されたという記事が掲載されました。

「毎朝、味噌汁を飲んでいる人は、がんの発症率が低い」という事実から導かれた論文でした。味噌汁の中にある成分が、がんを抑制するのかもしれませんが、当時の高度成長期の日本では、食のバランスも今ほど意識されず、さらには酒席も多いモーレツ社員が数多くいた時代です。

朝、味噌汁を飲めるくらいの余裕のある生活ができている方は、栄養のバランスのいい食生活を実現していたであろうという点も無視できないでしょう。よく考えればこれは、**「因果」なのか「相関」なのか**、その点を明らかにしなければならないことに気付かされる話です。

## すべての理論には前提条件がある

さらに3つめの視点として挙げられるのが、すべての理論には常に、それが有効であると導かれた時の前提があるのですが、それが必ずしも明文化されていないということです。

『逆説の日本史』シリーズで知られる井沢元彦氏も、史学においては書面に残されたものを事実として扱う実証主義をとるため、その時代には**常識であり「当たり前」であったがゆえに書面には書かれなかった背景や裏事情などの出来事の前提にあることが無視され、見過ごされがちである**点を指摘しています。

前述のように、米国と日本ではマネジメントスタイルが異なりますが、米国発の組織論の書では、わざわざそのことに触れた説明などは、なされません。

経営コンサルタントも経営学者も、このマネジメントのスタイルの違いがあることは頭ではわかっていても、ご自身でその日米両方の実体験のある方の数はかなり限られています。それが、前提の違いの重要さがあまり語られてこなかった理由の1つなのでしょう。

この実証主義の科学的なアプローチをとるがゆえに、経営学も「医学の進歩」と同様に、それより前にあった、定説と思われていた仮説を覆しながら進歩していくのです。

まだ歴史の浅い経営学の分野において、我々が目にする経営理論・手法でも、同様のことが起きます。経営理論の歴史を見ても、多くの場合、従来発表されたものの不備を指摘し、次の新しい経営理論が登場します。本来「この部分を修正しましょう」と進化させ続けたいところなのですが、今の経営理論の世界では、スクラップアンドビルド式に新しい理論が発表されていくことが一般的になっています。

たとえば、それまでは「差別化」と言われていたものが「それならば、プレイヤーがいない市場セグメントで商売をした方が、効果も高く、効率もいいですよ」と欧州で「ブルーオーシャン戦略」に進化したのは、「エンジニアリング」的な改善のアプローチが施された珍しい例とも言えるでしょう。

経営学者は、新しいコンセプトを学説として発表して評価を受け、足跡を残したいと考えます。

一方、コンサルタントは仕事を受注するために、企業が興味を示すような新しい名前の付いたコンセプト、手法のパッケージを次々と開発します。経営学者の場合はともかく、コンサルタントが新コンセプトを打ち出すその背景には、常に「青い鳥」を求め、「魔法」に期待してしまう企業の存在があります。

「社名の信頼性で仕事を受注する」という、ブランドビジネスの側面をも持つコンサルティングビジネスとの付き合いにおいては、企業側も自社に何が必要なのか、それが本当に有効なのかをしっかりと見極める力が必須と言えるでしょう。

また、新しい方法論を取り入れる際には、新製品には初期不良の発生確率が高いのと同じ理由で、リスクが内在していることを意識しなければなりません。

さらに加えて事態をややこしくしているのは、コンサルティングサービスや経営のためのシステムパッケージを販売している企業は、概して多額の対価を求めることになっている点です。

そのために、そこで適用した理論、考え方の問題点について、前述の「無謬性」を起こし、「あれは間違っていました。すみません、修正が必要です」とは言いにくい状況になります。

もちろんグローバルレベルで見ると、最先端を走っているコンサルティング会社は自社の進化も続けています。コンサルティング会社すべてが、この状態であるとは言えないでしょう。

我々のとるべき基本姿勢としては、コンサルタントが手法やアプローチの説明に来た時、もしカタカナ言葉で概念的な説明が続く場合は、いっさい格好をつけないでこう言いましょう。

「話が抽象的であり、まだよくわからない。もっと具体的に、わかるように話をしてください」

その手法が現場で正しく機能しているイメージを持てるまで、妥協なく聞き続けてください。

高額の買い物には、うまい販売テクニックが常に伴っているものです。

先日、ある家具店でペルシャ絨毯のフェアを覗いた時のことです。とても美しい絨毯を見かけて眺めていると、熟練の販売員の方が寄ってきて、

「どうです、安いでしょ。見慣れている金額ですし」

と販売トークが始まりました。私が見ていた絨毯は500万円(!)、さらにその後ろにかけてあった大型のものは2000万円でした。

この販売員は、高級外車の価格と比較した話をしているようでした。

「5年たつと、これ以上に価値は上がります。お値打ちものですよ」

最初に、これは安いと言い切り、買えば価値が上がり投機目的にもなるという、なかなか上手なトークをするものだと感心しました。

参謀役には、それらの手法が自社にとって本当に有効かどうかを見極める目と、そのための執念が必須です。そして導入後には、適切に機能しているかを実際の現場で確認し、臆面なく、必要な調整を行うという基本動作が必要なのです。

Point

**①世の中には言語化されていないことの方が圧倒的に多く、そもそもサイエンスは言語化への挑戦である、②因果と相関は混同されることがある、③理論の前提部分は、すべてが明文化されているわけではないことを忘れてはいけない。**

Part 3

# 参謀体制は、人望のあるリーダーと分析力に加えコミュニケーション力に長けたスタッフで構成される

Mindset and To Be

参謀機能と聞いて、多くの人がまず思い浮かべるのは、経営企画室などのスタッフ部門のことでしょう。

たとえば、経営企画室にはパワーポイントやエクセルを使いこなし、企画立案や分析業務に長けていたり、マーケティングが得意だったりする、いわゆる「知的作業」が得意な人材がいるもの。あるいは、経営計画の取りまとめなどの経営レベルの様々なイベントの事務局役などを行っているイメージを持たれます。

しかし、まず参謀役はトップと同じく、経営者の目線を持っていることが、大前提として求められます。これは社内の各部門からの主張に囚われず、あくまで会社全体の視点でフェアに考えられるか、そうした思考の習慣があるかないかということです。

そのうえで、トップの意思決定の精度を高めることだけではなく、社内の特定部門に対応させることができない全社視点での課題には、必要に応じて、自らその任も請け負います。

巻の「参謀」論では、問題解決力によって経営に貢献する能力がクローズアップされがちです。

しかし、組織内の効果的なコミュニケーションが求められる「和」を前提にして組織が動かされる日本企業では、「参謀」の仕事は、机上で数字を分析したり、企画を立案してトップに持って行くだけでは十分ではありません。

それゆえに、単にビジネススクールを出ているからとか、経営学を学んできたからというだけでは、まだ、参謀の役割の一部は果たせても、この機能を率いる任にはあらずということになります。

スタッフ・参謀機能でもリーダー格になる人材は、経営目線で物事をとらえ、経営者の判断業務をも、その一部を分業して精度を上げるサポートを請け負います。

事業を本質的に理解できていて、社内からも認められ、さらには必要に応じて全社的なプロジェクトを引っ張っていく統率力も求められます。

もちろんトップ側近の業務として、様々な経営数値の「見える化」を行い、経営判断の精度を上げる重要な役目もあります。

特に、このスタッフ・参謀機能が求められて新設される時、あるいは企業が低迷状態にある局面では、判断に必要な多くの経営数値が十分には見えていないものです。そういう局面には、事業の実態の「見える化」が必要になります。

このように参謀機能は、トップと同じ目線を持つ幹部レベル、あるいは幹部候補となる人材と、「見える化」を推進する分析作業などにも長けたスタッフメンバーから構成するのが理想です。

しかしながら、その彼らであっても、数値データを扱うだけではなく自ら現場に足を運び、情報を収集し、自身で仮説を立案し、検証する作業が求められます。

当然ながら、現場との接点が多くなるはずですから、そこで双方、前向きな議論が行える、つまり意義のあるコミュニケーションが行える能力であるEQ（Emotional Intelligence Quotient、感情指数、心の知能指数とも言われる）力を持っていることが必須となるでしょう。

Point

**参謀役は、分析力や問題解決力に長けているからといって務まるものではない。トップと同じ目線、同じ価値観を持ったうえで、そしてさらに、より現場に近い位置で事業をとらえ、判断し、動けること。**

Part 4

# 今、直面している問題の解は、すでに世の中のどこかに存在するという前提に立つ

Mindset and To Be

企業は、その発展の各ステージにおいて、必要となる経営ノウハウを習得し、事業運営力を作り込んでいきます。たとえば、トヨタの場合は、市場や現場を見て傍目にも、組織の上から下まで「愚直に」ＰＤＣＡを廻し続ける企業文化を持っています。

ここでいつも面白いと思うのは、話をしているとご本人たちは真面目に「愚直じゃいかん。クリエイティブにならにゃ」と言われるのですが、傍から見ている分には、やはりどこよりも「愚直に」物事に取り組んでいる点です。これは、自らの改善すべき点に意識が向いていることを象徴している発言であると言えるでしょう。

このように、すでに文化となって根付いてしまっていることは、必ずしも社外の者にわかりやすく言語化されているものではないということは、企業研究の際に、かなり重要な視点だと思います。

さて、そのトヨタですが、ものづくりにおいては、コスト、品質、デリバリー（納期）を改善して自事業の運営システムを徹底的に強化していくＰＤＣＡのＡ（Action）を継続し、それにより中間在庫

が極端に少なく、市場ニーズの変動にも柔軟に対応できる体制を持ち、それをさらに磨き続けています。

トヨタは、自社で様々な事業に必要な方法論を独自に開発して実践する状態にありますが、多くの企業では、このような絶対的な優位性を築くレベルにまでは至っていません。前述の日本リテイリングセンターの故渥美俊一先生は「人類の経験則に学ぶ」という表現をよく使われていました。

今、ほとんどの企業が直面している課題の多くは、企業というものがこの世に登場して以来、生き残ってきた企業が発展の過程で壁にぶつかり、何らかの解を見出し、克服してきたことばかりです。

つまり今、皆さんの会社を含めて、すべての企業の問題の解決策は、まず間違いなく、すでにこの世に存在しているということです。

マッキンゼー出身者には、1年以上在籍したものを対象にしたアラムナイ（同窓生）のネットワークがあり、そこでは様々な良質な情報が行きかいます。

東日本大震災、そしてあの原発事故が起きたのは2011年3月11日の金曜日でした。その2日後、13日の日曜日の朝には、すでにMIT（マサチューセッツ工科大学）の教授の書いたA4数枚分のレポートが日本語に訳されて、アラムナイネットワークに流れていました。

そこには、事故の詳細な解説に続き、「チェルノブイリの時のような大災害になることはない。ただしその後、長い期間にわたり大量の汚染水の問題に悩まされることになるだろう」と締めくくられていました。

当時は、一体どうなるのかと、特に東日本に住む国民の全員が不安でいっぱいで、報道される情報に食い入るように見入っていましたが、このレポートを後になって読み返すと、起きていることの解説と、その後の見通しが、すでに的確に描かれていました。

当時も、行政機関は質の良い情報を把握できていたと想定できます。

ただ、当時の政権の責任者たちが、正しく的確な情報をもとに意思決定を行えていたのかどうかは、我々にはわかりません。本来、国の意思決定の精度を高めるために機能すべき参謀役たる省庁と政党との関係、つまり「神経系統」が、適切に機能しているとは言えなかったのかもしれません。

- 質の良い「人類の経験則」を手繰り寄せることのできる良質な情報経路や人脈
- 得られた手がかりやアイデアが本当に適切かどうかを見定めることのできる、自身の事業観と感性、論理的な思考
- 自身が見極めた「人類の経験則」を組織において納得させ、動かし、状況を見ながら調整することのできる力

これらを自ら開拓、強化していくことが、参謀役には求められます。

Point

**「人類の経験則」を社内外に求める。信頼できる、そのネットワークづくりを常に意識する。**

Part 5

# 常に良質のアドバイザー、メンターを得ることができる「自分」を目指す

Mindset and To Be

未知の課題に取り組んでいる時には、自分の考えに行き詰まりを感じて、どこかに突破口を求めたい局面があります。

また、通常の仕事をしていても、文章の書き方や作図の仕方から始まり、仕事の進め方、あるいは新規プロジェクトの設計の方法まで、課題の見出し方、様々なところで「どうしたらいいのか」と戸惑うことは多々あります。

この場合、単に知識レベルの話であれば、ネットで調べて解決することも多く、聞きやすい人に聞いて話を済ませてしまうことも多いことでしょう。

しかし今、直面している課題の方向性が見えない時、自分の求めている情報やアイデアを得るためには、まず**「困った時は人に聞け。それも適切な人に聞け」**が仕事の鉄則です。

仕事に限らず、ちょっとした悩みごとなどがあると、つい身近にいる聞きやすい人に聞きたくなる

ものですが、本質的な解決が求められる時の鉄則は、
「聞きやすい人ではなく、（たとえ怖くても）聞くべき人に聞け」であり、「人類の経験則」を求める際は、なおさらこの原則に従うべきです。

問題の構造を把握できていない人、先を見通すことができていない人、実は知らないくせにもっともらしい話をする人、あるいは一見、そう見えなくても現実には思考停止を起こしている人もいます。

特に、参謀たるポジションにいる人、あるいは目指す人にとっては、良質な情報ソースの確保は必須ですし、それが、自身が社内で発揮できるバリューを高めることにもつながります。

社内であれば、話を聞きに行くことはさほど難しくないはずですが、社外の場合、講演の場などで挨拶をする、質問をすることから始める、あるいは人の紹介や、ご本人に直接アポをとって会いに行くということでメンターやアドバイザーのネットワークをつくる、はじめの一歩になるでしょう。

しかし、ここで大切なことは、会った時に再び会う価値のある人間であると、相手に感じてもらえるかどうかです。

優秀な経営者や、腕の良いコンサルタントや弁護士などの士業、そして上級レベルのビジネスマンなど、あるレベルに至っている方は、気難しそうに見えても、概して人に対しての好奇心も強いものです。

そしてそれに加えて、この方たちは、時間というものの価値も人一倍、理解しています。

よって、自分の人生の限りある時間を使って話をする価値がないとみなされれば、２回目以降のチャンスはなくなり、ネットワークにはなりえません。

ここで言う価値とは、必ずしも彼らにとってのビジネス上のメリットのことばかりではありません。ビジネス経験の浅い人の中にも、会ってみると興味深い方はいます。

その一方で行動力だけがあっても、話していることの意味合いを察知するアンテナや回路が働いていない人であるがゆえに、少なくとも今時点では、再び会う価値はないと感じさせる人もいます。

ただし、一所懸命に聞く姿勢を見せ、「今のお話はこういうことでしょうか」と確認を行い、それをだんだんと的を射た話に近づけていくことができる人には、話をする側も意義を感じ、時として発見を得られることもあります。

つまり、謙虚さとアンテナの感度、そして、一所懸命に一歩でも前に進もうとする真剣な姿勢が伝われば、ネットワークは自然にできるようになっていきます。

2016年に大ヒットした「シン・ゴジラ」の冒頭でも、生物学の権威と言われる学者を集めて意見を求める場面で、未知の生物への対応という問題解決のためには何も価値のない発言だけを聞いて終わる会議の様子が、御用学者の「保身と責任回避の発言の滑稽さ」として描かれています。

必ずしもマスコミなどで名が通っていて、オーソリティのようになっている人が良い見解を提示するとは限りません。

また、だからといって、いつ良いアドバイザーとなる方にお目にかかれないとも限りません。

常に「そもそも」を考え続け、本物を見分ける目を養う習慣。そして言うまでもなく、人間の器量を広げるためには、日常業務の自分の土俵において、常に自分自身を磨き続ける努力は必要です。

そうした努力のうえで、真摯な「ファイティングポーズをとれている」限りは、仮にあなたに未熟な部分があっても、あなたの想いは何割かの相手に伝わり、その人脈の幅は広がっていくことでしょう。

**「アホの一念、岩をも通す」**

個人的には、もっとも気に入っている言葉です。誰でも最初は素人です。謙虚に真摯に向き合っていれば、勘の良し悪しや、学びの遅い早いはあっても確実に力はついていきます。

Point

**困った時は、聞きやすい人ではなく、ハードルが高くても、最も適切な答えをくれそうな人に聞く。そして、そういう優れた方々に相手にしてもらえる「自分」をつくる努力をする。**

Part 6

# 「謙虚」に自分の非を認め、素早く次のアクションにつなげる習慣を強く意識する

Mindset and To Be

古今東西、「勉強ができた方」であり、かつ「プライドの高い方」は、自分の非を認めたがらない傾向があります。入学時の偏差値の高い学校を出、学歴の高い人材が組織に入ると、エリート扱いされて本部組織に配属される場合があります。ただし、この組織の配属の行い方には、前提の違いに起因する、ちょっとした「思い違い」があります。

米国企業の場合であれば、企業の戦略担当のクライアント、つまり顧客として仕える相手はトップです。「キレッキレ」の判断をするトップが、自身の意志のもとに「使い」「考えさせ」「動かす」ための組織であり、そのようなディレクティブな組織運営の前提となるのが戦略スタッフです。そこでは、トップが満足する企画や戦略を練り上げる高い対応力、分析力、問題解決力が戦略担当には求められ、それらをトップ直轄という環境下で鍛えられることになります。

しかし日本企業では、コンサルティング会社などからの組織提案を受けて社内に戦略担当を配置しても、戦略担当をそのように扱えるトップなど、現実にはなかなかいるものではありません。

米国企業のトップ側近の戦略担当は、外部スタッフを含めて、大きなプランをトップと一緒になって練り、トップにかなり近い位置で、当事者感覚を伴った事業に関するPDCAを廻すことになります。

しかし、自らの強いイニシアティブを発揮することの少ない日本企業のトップの下にいる戦略担当は、トップの権威のもとにあるものの、立ち回り様によっては責任を問われることなく過ごせる、ただの安泰なポジションとなってしまいます。

**「官僚の無謬性」**という言葉があります。これは「官僚は（そもそも優れているのだから）間違いは犯さない（と自らを正当化する傾向がある）」というような意味です。PDCAのP、すなわち企画したことが上手くいけばいいのですが、通常は、アイデアが画期的であればあるほど、あるいは経験のないことに取り組む場合は、必然的に読み違いした部分も増え、舵取りと調整が必須になります。

ところが、たとえば行政の政策を振り返ると「失敗であった」という総括になっているものにお目にかかることは、まずありません。人類の歴史を見ても、大国が滅亡の道を走る際に共通しているのは、施策の非を認めずに、現場や市場の実態とはかい離したまま、正しい判断が行えない状態です。

スタッフ機能には、経営管理のようにトップに対してサービスを提供するマネジメント向けのスタッフと、営業企画のようにクリエイティブ機能も含めた事業系へのサービスを提供するライン向けのスタッフがあります。

前述の通り、戦略担当の参謀機能の場合、本来、そのクライアント（価値を提供する先）はトップです。しかし、日本の組織のトップの多くは、本来、ディレクティブに指示を出し、組織を動かすために考えられた戦略担当というポジションを「使い倒す」ことはなく、良くも悪くも「和」を意識した組織運営を行います。この例外となるのは、独自の事業観を自分自身で描く、創業者などのワンマントップくらいのものです。

そのような組織文化のもとで、「私、頭を使う人、あなたたち、体を動かす人」という位置付けに置かれた戦略担当は、往々にしてトップの権威のもとに、「実質的な権限は自分に、ただし（うまくいかなかった時の）責任はトップ（の承認事項だからとうまくいかない時は知らん顔）」を実践してしまい、結果として「知恵ものの臆病さ」を露呈していきます。

かくして「果敢な、実践的な攻めのプラニング」を行うべきという本来の求められる使命からは、かけ離れた「さして評価されないエリート扱い」のままで、定年までを過ごすことになります。

一方、実際にビジネスの本質を追い求める文化を持つ企業に目を向けると、

- 創造した価値を提供する先である市場の意向
- 価値の源泉を作り上げる現場の力

を最も大事にし、そこでのパフォーマンスを最大化することを最優先に考えます。

たとえば、自動車や家電などの製造メーカーは、新卒の社員は大学院卒であっても基本的に全員、現場の作業員としての研修をある期間、経験させます。

また、電鉄系の企業も、その後の正規の配属先のいかんにかかわらず、全員が駅のプラットホームに立っての「右よーし、左よーし」からキャリアを始める文化が残っています。

## すべてを市場起点にし、価値を生み出す現場を最重要と位置付ける

ＰＤＣＡにおいて、企画Ｐの読み違いについては、責任を追及するだけが目的の「野蛮」なＣ、あるいは数字を結果ではなく目的としてしまうゆがんだＣではなく、どこに読み違いがあったのかを明確にするという謙虚な姿勢が必要です。

もし企画Ｐにおける読み違いにより、想定した結果が出せなかった時に、Ｃを行うよりも、まず責任を追及してしまうならば、どうなるでしょうか。評価を下げることばかりを先行させ、かつ浮上の機会がなくなるような企業であれば、ＰＤＣＡにおける「失敗からしか、人は学ぶことができない」という前提のもとでの、ＰＤＣＡの本来の目的である学習が機能しなくなります。

ちなみにジャック・ウェルチの時代からＧＥには、失敗は2度までというルールがあったそうです。さらに言えば、ただ振り落としていくためだけの目的で人の評価を行う企業には、未来などありません。短い人生の貴重な時間を使って働くのですから、よく考えた方がいいかもしれません。

Point

**読み違えなど、一切、恥じることはない。読み違いに気が付いたら、どこに問題があったのかをすぐに特定して対応する。皆がこれができる企業文化づくりも、参謀の目指す状態の1つ。**

Part 7

# 組織図のツリーなど、飛び越すことをいとわない

Mindset and To Be

かつて、SBI社長の北尾吉孝氏がマスコミからの質問で、

「北尾さんは、もしダメな上司の下についてしまった時はどうされますか？」

と聞かれた時に、こう答えました。

「そりゃ、決まっています。その上司を飛び越して、社長に話をしに行きます。それでも話が通らない時ですか？　そんな会社には、いてもしょうがない」

「自信」に満ちた明瞭な回答でした。


会社勤めをしていると、時には質《たち》の良くない上司の下につくこともあるでしょう。

手取り足取り親切な上司がいい上司ということではありませんし、特に若いうちは、上司の本当の良し悪しについて、自分自身では判断がつきにくいものです。

しかし、急成長で大きくなった会社には勢いに乗って偉くなってしまったマネジャー、あるいは成

長が止まっていても悪平等式に横並びで偉くなったような、明らかに疑問符のつくマネジャーもいるものです。

**・プライドや我ばかりが強く、正論がまったく通らない**
**・筋論を理解しようという気がない**
**・自分の保身ばかりを優先する**

我々は全員、自身の人生という限られた時間を使って、世の中や会社に価値を提供する仕事をしています。そこで意義を感じられない、あるいは「理」にかなわないストレス状態に自分の身を置くのは、短期間ならいざ知らず、長期にわたる場合はどうかと思います。

時には、保身型の上長が自分の上に来ることもあるでしょう。

その場にいることによって、自身にとって、弱みの克服などの意味合いがあるならば、まだ意義はあります。

しかし、そうとも考えられない状況は、企業にとって最も重要な「組織開発」が機能していないことになります。

そもそも現状の組織図が、適切であるという保証など、どこにもありません。

組織図は、責任範囲の上下関係を描いた書式ですが、その組織構造が「理」にかなったものであるかどうかや、さらに、そのポジションに配置されたマネジャーがその任に適格であるかなど、保証されているものではありません。

組織はシステムの1つですが、システムとは往々にして不完全なものであり、継続的な改善が必要な対象です。

参謀を目指す、あるいはその任にある限り、その目線は、組織の総責任者であるトップと同じです。

理不尽なことが起き、対処が必要な状態であれば、組織図に囚われている必要はどこにもありません。

そもそも「参謀部」という部署が描かれた組織図など、見たことがありません。

そうです。参謀は一般的には組織図には表れない、非公式な役割なのです。

非公式であるがゆえに、自分自身のイニシアティブが重要であり、トップと組織から認められてさえいれば、なんでもありと考えるべきと言えます。

北尾さんのように、自分自身に「自信」がある前提においては、その上へのダイレクトな具申もありでしょう。

しかし、こう聞いて「ならば自分も」と行動を起こせますか？

ほとんどの方は「言うは易しだけど、現実にはねえ……」と思われるでしょう。

もちろん、これを行動に移すためには、あなた自身も襟を正し、かつ徹底的な理論武装もし、時には「首を洗って」動かねばならないでしょう。

また、これを読んだ人事部の方は「余計なことを言わないでくれ。皆がそんな話をしに来たら、たまらない」と思われるでしょう。

心配いりません。それでも多くの方は動きません。

これを読んで行動に移す人は、よっぽどのおっちょこちょいか、本当に自分のキャリアを真剣にとらえ、かつ行動力ある人材のどちらかです。

この2つのタイプは、もし自身にとって居心地が悪く、将来が見通せないと思えば、この本を読む、読まないにかかわらず、いずれ会社からは出ていきます。

世の中で頭角を現し、活躍する人は、概して若い頃には、当たり前のことにしっかりと取り組む生真面目さを持つと共に、一方では、傍目には図抜けておっちょこちょいにも見える行動力を持っています。怖いもの知らずのように見え、そして誰よりも真剣に考えたうえで、思い切った行動のできる人です。

もし、自分自身の有効利用方法を人事の責任者に理路整然と説明しに来る度胸とプレゼンテーション力のある人材が、数多くあなたの会社にいたのならば、あなたの会社は、将来有望です。

## まっとうな成果を得るためには、そのための手順が必要

昨今、「健康経営」という言葉が多くの企業で聞かれ、従業員のメンタルヘルスチェックも義務付けられるようになりました。

しかし、中間管理層のメンタルヘルス問題の原因の多くは、経営側、組織図の上の方から求められ

る、根拠も段取りもない数値目標、ＫＰＩ（Key Performance Indicator）達成の無理強《むりじ》いと問題解決のための指導の不在、いわゆるマネジメントによる「丸投げ」が、現場の実情との矛盾を起こしているがゆえに起きていると言えます。

事業活動において、まっとうな成果を得るためには、そのための手順の組み立ては必須です。大体、現事業が軌道入り、あるいは安定成長の軌道入りするまでにどのくらいの時間がかかったかを振り返ってみれば、まっとうな打ち手など一朝一夕に功を奏することがないことなど明らかです。もしそれが可能であるならば、単に、前任者が大きな機会（チャンス）を見逃していただけの話です。

その必要な手順の組み立てもなしに、成果だけを出せというのは無謀な話です。

企業の活動、すなわち組織の運営を健全化させることも「参謀」の役割です。もし中間管理層の「メンタルヘルス」に課題ありという「気付き」があったのならば、その人の上長の問題というよりも、組織運営の仕方の課題としてのアクションにつなげるべきでしょう。

「こいつの言うことは筋が通っているし、枠組みを飛び越すこともいとわない」と思われると一目置かれ、同時に、いい意味で警戒されます。

「こいつの話は聞いておかなければいけない（無視すると、あとでまずいことになるかもしれない）」そうです。しっかりと対応すべきと思われる人材になるということです。

もしその上の上司や、場合によってはさらに上と話をし、どうしても話が的を射ないと思った場合、さて、どうすべきでしょうか。

私は「理」にかなった動きをしない上司の下で仕事をし続けるのは、良くないストレスがたまり、健康のためにも、とても良くないと思っています。

参謀のポジションにいる場合は、それを是正すべく「行動」に出る。

もし、そうではない場合も、思い切ってさらに上位への働きかけなどの、改善に向けた行動に出る。そこまでやったうえであれば、自分自身を活かす別の道を考えることもありでしょう。

人生には、あなたにとって「ワクワク」する選択肢が、まだまだたくさんあるはずですから。

Point

**参謀役は、全社の組織運営の健全化という視点から、組織の枠組みに囚われることなく、人事制度やマネジャーのマネジメントの問題も課題として受け止める。**

Part
8

# 「理」にかなったマネジメントの実現には、「理」にかなった議論の行える土俵づくりから

Mindset and To Be

米国では上場企業の場合、事業を発展させることができず、増益基調を実現することのできないCEOは、たとえそれが偉大なる「成功した創業者」であっても、株主の代表たる取締役会から交代を迫られます。

かつて米国のアパレル業界でも、世界最大のアパレルチェーン、リミテッドを築いたレスリー・ウェックスナー会長、最近では顧客満足度の高い、接客型のメンズ衣料業態のチェーン店「メンズウェアハウス」の展開に成功したジョージ・ジマー会長なども、株式市場から退任を求められて退くことになりました。

事業を心から愛する創業者が解任された後、次の事業の発展はどのように実現するのか。米国の上場企業の場合は、次の事業責任者を選定する株主の代表たる取締役会の「眼力」に依存することになってしまいます。

いったん上場してしまえば、高配当と株価の上昇を求める株主の存在が前提となる米国のような経

営環境は、そのあり方についての議論が分かれるところです。

取締役会から指名されたCEOは、できるだけ短期間に事業を成長軌道に入れ、増益させようと、自分が執行を行いやすい体制をつくり、力強いリーダーシップを発揮します。

しかし、日本企業では創業者によく見られるワンマンタイプを除けば、ディレクティブなリーダーシップを発揮する経営者は稀有な存在です。

もともと日本では、高度成長期から今にいたっても、社内からの生え抜きの人材が社長に昇格していく人事が主流であるため、米国のようにプロフェッショナルな経営者が腕を磨いて育つことのできる土俵は出来上がっていません。

もちろん、例外はあるものの、今の日本でヘッドハンターから社長としてのオファーの話があるのは、事業の健全な成長性よりも、当座の数字を上げることばかりが最優先で問われる外資系企業、あるいは自分の意に添い、使える人材かどうかで判断がなされる創業家オーナーなどのワンマントップのもとでの、名ばかりの雇われ社長のポジションが多いのが現実です。

## プロフェッショナル経営者と呼べる腕を持つ経営者は、現実には少ない

特に外資系企業のトップには、マスコミなどでその存在は目立っていたとしても、自身の評価のために、奇策の展開も含めて手段を選ばずに当期の数字づくりの知恵や技に長け、その腕ばかりを磨いている人もいないわけではありません。

マスコミにも時折登場する外資系企業のある日本人トップは、確かに行動力のある方でした。個人的な好き嫌いに大きく左右される米国本社のマネジメントのもとで、彼はまず、本国側に好かれる動きを徹底したうえで、毎年新しいテーマを複数挙げて取り組みを行いました。

当然、うまくいかないテーマもあり、その場合は、そのプロジェクトの責任者の腕がなかったと本国には報告し、その責任者を降格や左遷の対象として総括をします。

テーマは複数揃えますので、そのうちのいくつかは成功し、開花してPL上の帳尻は合い、結果的に本国から彼への評価は上がります。

要は、彼は自分を中心としたポートフォリオ型のプロジェクト管理をしていたのです。

プロジェクトがうまくいかずに捨て石にされる責任者はたまったものではありませんが、事業体をただのキャッシュマシーンととらえ、「人治」的なマネジメントを中心とする、いかにも米国式経営の下で起きそうな話の一例です。

特に本国の本社との物理的な距離がある場合は、これに類したことが起きやすくなります。

ちなみに日本企業でも、海外の子会社に対しては、どうしても数字ばかりを見る傾向が強くなりやすく、この手の荒っぽいマネジメントが行われることもあります。

こうやって日本のマネジメント人材市場の実態を見ていくと、事業を健全化させ成長軌道に入れることができるという、まっとうな経営手腕を磨いている、名実共にプロフェッショナル経営者と呼ぶことのできる人材は、現実にはそう多くはないように思います。

## 日本の経営トップは、リーダーシップに欠けるのか？

一方、多くの日本企業のトップは、良くも悪くも「和をもって貴しと為す」という基本を重んじて、合意をもって意思決定を行い、事業運営を行います。

よく「日本の企業のトップは『和』を意識するばかりで、リーダーシップに欠ける」と言う方がいます。

以前、ブリタニカ国際大百科事典の初代編集長であり、歴代首相の外交顧問を務められた加瀬英明氏から、日本には古来、英語で言うところのリーダーシップに相当する概念が存在せず、組織運営の前提には「和」があったと伺ったことがあります。

ディレクティブなマネジメントスタイルが一般的ではない日本企業においては、施策に「理」が通っている状態をつくり、社内の方向性をまとめるステップは、とても重要です。

前述の、聖徳太子の「十七条の憲法」の中でも議論の重要さは、ことさら強調されます。

それでも、まっとうな改革を進めようとするとそれを否定する上層部の幹部が、必ず現れるものです。

その意見は多くの場合、「トップがいろいろと振り回すから」、あるいは「人件費ばかり削るから」という自分には非がないという理由を盾にして「そもそも、今やるべきことがやり切れていない。まず、それをやってからではないか」という趣旨の話になります。

しかしながら、建前はどんなに「理」にかなっているように聞こえても、その動機は、

「今の自分の仕事の仕方を変えてほしくない」

「そんな改革をやられたら、自分がやるべきことをやっていなかったという証明のようなものだ」

「今、手にしている様々な既得権益が失われるのでは」

など、単に変化そのものへの不安に端を発している場合が大多数です。


実は、この人たちにとってトップや経営層、あるいは人事部は、駆け引きの相手とはなっても、信用できる対象にはなっていません。

よって、改革が起きると自分の身が保全できなくなる可能性を読み、まず自身の保身を優先させているのです。その状態から始まる改革において、特に日本企業の場合は、まず「理」をもって、企業としての改革の必然性を説くことから始めることになります。

## 周りに対するリスペクトが大切

新しいプランの展開に当たっては、現場に精通した、事の本質を見通す力のある方との議論から始めるのも1つの進め方です。

大きな改革であれば、分科会などの討議を経るなどステップを踏んで、考え方と具体的な施策の精度を上げながらも浸透を図り、段階的に「世論」を形成していくことなども大切な手順設計です。

たとえば一般的に、日本では敵対的な企業買収は、買収後にうまく機能しなくなるため、現在では行われなくなっています。

くれぐれも、今の多くの日本企業における改革の場合、そしてそのマネジメントにおいては、米国式の上意下達、いわゆる一方的なトップダウンでは、静かに、重く動かぬ抵抗が起きやすいことは頭に置いておくべきでしょう。

また、特にトップ周りによく見られる、今の自分の地位保全を優先させたい既得権益組の対処には要注意です。何よりも、はじめにトップにそういう抵抗が起きるものだということを理解してもらうことが必要です。

いずれにせよ、どちらの進め方でもあって重要なのは、人に対する**「リスペクト」**です。

多くの方々が、これまで会社に貢献してくれたのは間違いありませんし、今でも様々な努力をしてくれているのも間違いないでしょう。

ただし、会社の方向性を見直して、変えねばならなくなってきた場合、つまり改革が必要な局面になった場合は、その必然性を現状肯定派にも、まずは真摯に説くべきだと言えます。

これは、説得ではなく、納得が得られるかどうかという話です。

一橋大学の楠木健先生が『ストーリーとしての競争戦略』（東洋経済新報社）という本を書き、ビジネス書としては異例のベストセラーとなりました。

事業戦略は、静的なロジックの積み重ねだけではありません。ゆえにその事業のトップが、その成功のイメージを持てるか否か、そしてそれを組織に熱く語れるかにかかっています。

楠木先生は、これを「ストーリー」と表現し、この視点に多くのビジネスマンは共感をおぼえました。

社長は将来、企業のあるべき姿についてイメージできなければならず、改革を成し遂げた時の状態を頭に描けることで、まず自分自身が納得をする必要があります。

納得できたうえで、ご自身がパッションをもって言葉で組織内に伝えることになります。「参謀」はそれを支えるのが役目です。

## Point

**特に「和」をもって貴しと為す日本文化のもとでは、短・中・長期の視点で「理」にかなった方針と議論がリスペクトを伴って行える状態をつくることが、企業改革だけではなく、企業運営の健全化を実現する。**

# Part 9

# トップ周りの経営のＰＤＣＡが健全に機能し、フェアな経営判断が行われる状態をつくる

Mindset and To Be

日々の仕事に没頭しているビジネスマンの中には、強烈な悪党、つまり「純粋なるエゴイスト」は、一般的にはそう多くはないものです。上からの躾が不十分なために、せいぜい保身のために他人に責任を押し付けたり、自我（エゴ）が強かったりという程度です。

ただし、先の事例のように、トップが「自分に忠誠を示しているから」という理由で、その本音はエゴイズムだけで動いているものを側近のポジションに配置し、その連中が下位の組織を腐らせてしまう事例は、古今東西、実に多く、私が関与してきた企業でも見かけることがあった光景です。

- 「自分はトップに信頼されているから」を盾にして、社内での自分の存在感をアピールしている例
- 自分の失敗の際はトップに泣きついて温情に訴える、あるいは失敗の責任を下に押し付けて自分は学習しない例

挙句の果てには、会社の金で飲み歩いたり、取引を自身の個人会社を経由させて、利益を落とさせたりと「バレなければ、怒られなければいい。自分はトップから寵愛を受け、特別扱いされているから」と、トップの側近が大手を振って私利私欲を満たしている例もありました。

これだけコンプライアンスが声高に唱えられている現在でも、この手の話はいくらでも耳にします。

また、そこまであからさまではなくても、最高権力者であるトップの側近という位置を保全するために、自分のポジションに並んでくる、あるいはとって代わられる脅威を秘めた人材を蹴落とす動きをする幹部など、嫌になるほど見かけます。

こうした人物がいるのは、トップ自身が情に流されて、人の「煩悩」を縛らずに放置してしまっていることによって起きる、組織への悪影響についての認識の甘さが原因です。

ここでは、こういう事態をいかに予防するかを考えてみることにします。

## トップ周りの様々な意思決定を「見える化」する

かつて「ファッションセンターしまむら」が、まだ200億〜300億円程度の売上で、まさに躍進していた頃に、当時の後藤専務を訪問して、何度かお話を伺ったことがあります。

その際に「現金を扱うビジネスでもあるため、大切な社員に間違いを起こさせない工夫のためのシステム投資は惜しまない」との話がありました。

現金を扱うビジネスですので「見える化」と異常値発見の工夫を施し、それこそ「煩悩」が鎌首をもたげることのないように知恵を使っているとのことでした。

トップの周りには、個人の利のために利用できる特権も集中しています。

したがって、「しまむら」での話と同様にその周りの様々な意思決定は、それが「理」にかなったものなのかを見えるようにするのがいちばんです。もちろんトップの側近には、たとえそれまでの功労者であっても、エゴイストの配置は、絶対に禁物です。

そのうえでトップ周り、そして側近の起案と判断について、ＰＤＣＡのＰが「理」にかなった形で、しっかりと見える状態にすることが基本です。

## Point

**事業活動の中には、個人の欲が暴走する「煩悩」がはびこる余地は多々ある。「煩悩」が鎌首をもたげることのないよう、トップ周りを含めて、様々な意思決定や動きが、適切に「見える化」されている状態をつくる。**

Part 10

# 参謀役は、嫌われ者や、利己主義者には務まらない

Mindset and To Be

社内の、俗に言う「エリート」組の中には、現場から鼻持ちならないと思われている者がいることがあります。

企業によっては、上位校出身者を「君たちはエリートだから」と入社段階から特別扱いするケースも耳にしますが、そういう動機付けが本当に適切なのか、そしてその後に、経営層や人事部が彼らに対して、どういう育成プランを考えているのかは気になるところです。

IQが高そうな高学歴者がワンマン社長から重用されているのを見ることもあります。

しかし、腕を十分磨いていない人材が登用された場合は、早晩「価値なし」と判断されて、外されるのは時間の問題です。

ただし、その中でも少々知恵の廻る人材の場合、たとえばオーナートップの個人資産の管理役など、トップ個人にとって必須の役割を取り込んで、自身の地位の保全に走ることがあります。彼・彼女らは、企業において優先度の高い問題解決はさておき、トップ個人に気に入られることを最優先に

する「茶坊主」化していきます。トップも自分の頭の中にある問題には心地よく応じてくれるため、人格的に少々難ありでも目をつぶり、側近として使い続けてしまうのですが、そういう人材が権力構造の中枢にいる状態は、健全とは言えません。

「そもそも論」で考えれば、トップのスタッフである参謀は、トップの近くにいて、トップ目線の課題や業務の一部を請け負うものです。

企業は常に、社内に多くの課題を抱えているものであり、その企業が健全であるならば、各部門の責任者は、トップと相談したい様々な課題を持っているのが本来の姿です。

## 参謀役は、社内からの「信頼」がもっとも重要

ところがそうは言うものの、すべての権限を持っている社長や事業部長などのトップに近い上位者と話をするのは、なかなかハードルが高いものです。

時として、強面《こわもて》の経営判断もせざるを得ないトップは、孤独にならざるを得ない側面が付きまといます。

そのために、社内の主要部署からの相談先になるのが、ナンバー2の位置にあるスタッフや参謀役のポジションということになってきます。

前述の通り、古今東西の歴史を見ても「情報はナンバー2に集まる」と言われます。

業務を執行する側からは、

「トップは、この件をどう考えているのだろうか」

「この問題は、トップには理解しておいてもらいたい」

「経営判断として、この件に早めに手を打っておかねば、いずれ大変なことになる」

このような相談ごとは、スタッフ・参謀役がいて初めて現場からビビッドに上がってきます。

この状態をつくるためにも、スタッフ・参謀役は、社内から相談されやすい、つまり、フェアに、全社的な視点を持った人材であり、保身に走らず、出るべきところでは出てきてくれる人材と認められなければなりません。

Point

**参謀は、上下双方向からの相談相手であり、ダンパー（緩衝）機能でもあるため、組織からの「信頼」がもっとも重要。それゆえ参謀役はむやみに組織の中に敵をつくっていいものではない。その一方で、仮に敵をつくってしまっても、後ろには多くのまっとうなサイレントマジョリティがいることを忘れてはいけない。**

Chapter 4

# 戦略とは何か

What is
Why
required
Mindset
and To Be
Strategy
Problem
Solving
Knowledge
PDCA
Egoism

Part 1

# 「戦略」も、CからはじまるPDCAのP

Strategy

今では、**「戦略」**という言葉は、企業の中でも一般的に使われるようになりました。

毎年、経営企画室などの主導でまとめる年度方針を、本年度の「戦略」と呼ぶ企業も増えました。

この、一般に「戦略」と呼ばれているものは、大きくは**「全社戦略」**と**「事業戦略」**に大別され、さらに事業戦略は、**出店戦略**、**製品戦略**、**営業戦略**などに細分化されます。

なお、この「全社戦略」は「経営戦略」と呼ばれることもあり、複数事業を有する場合は、ポートフォリオの視点から見ることになります。

一方、狭義にとらえた時の「戦略」は、現状を打開したい、あるいは海外市場への展開などの新たな成長カーブをつくり出すなど、**新たな成長軌道入れを狙う**、**あるいは現業の成長を押し上げるためのシナリオ**を指します。

ふだん「戦略」という言葉を口にしない経営層が「うちの会社も戦略を……」と言い出すのは、多くの場合、既存事業において行き詰まり感があり、現状からの脱却を望んでいる時です。

また、切迫感はなくとも、将来に向けた指針が欲しい時は、「ビジョン」と称して自社が進む方向性の明文化に取り組むこともあります。

いずれにせよ、これらの「戦略」や「ビジョン」は、「ありたい」姿を一方的に思い描いてよいものではありません。

まず、事実としての過去の振り返りと現状の実態を与件として把握し、そこからの意味合いの抽出から始めるべきものです。

つまり**事実をベースにして、その意味合いを明らかにすることが大前提**になることを忘れてはいけません。

この時に押さえるべき視点は、

「そもそも何が強みとなって、市場に今のビジネスを形づくることができたのか？」

「何が今の（低迷）状態を招いたのか？」

「現在、各競合は何を強みとしてポジションをとり、売上を伸ばしているのか？　あるいは売上を落としている理由は何なのか？」

「この事業の顧客は、何を望み、どこに不満を感じているのか？」

「当社の顧客は、当社の製品やサービスのどこに満足し、どこに不満を感じているのか？」

などであり、まずは市場や事業の実態把握と、今の状況に至った理由を明らかにすることです。

このように市場の実態を把握したうえで、自社と競合の強み、弱みを明確化する、つまり事業についての過去と現状の検証Cを行うことになります。

## 振り返りを行い、過去からの「学習」をする

事業の黎明期において創業メンバーたちは日々、現場の実態に接し、「今、何が最優先に行うべきことなのか」を考えて実践し、その結果を確認して修正をするPDCA（Plan,Do,Check,Action）を廻しながら、事業の方向性の修正を繰り返し、事業の成功軌道入れを行います。

しかし、事業規模の拡大に伴い、この事業の運営上、もっとも重要な基本動作であるPDCAが、その時の事業運営に求められる精度で廻らなくなってくると、市場とのかい離が起き始めます。市場とのかい離が進み、市場の機微が理解できないまま、低迷状態から抜けられなくなった時に、ふたたび企業を成長軌道入りさせるためのシナリオが「戦略」です。

結局、PDCAサイクルが機能していなかったがゆえに起きてしまったのが、現在の低迷状態です。

そして、それを抜けるための「戦略」がPですから、これまで怠っていた過去の振り返りと、現状を正しく認識するCから始め、PDCAが廻る状態をつくらなければなりません。

トヨタグループでも**「初めてのことに着手する時は、まずCから」**と言い、ホンダではPDCAを、問題の「見える化」から入るCをはじめに持ってきて、**「CAPD（キャップドゥ）」**と言います。

過去の振り返りから、改めて「学び」のポイントを明らかにするために、過去と現状の把握をファクトベースで行うCから始める。そしてそのうえで「現状から脱却し、今よりも優位な位置を目指すためには、どの道を選んだらいいのか？」を明確に示す。これが、再成長軌道入れを行うためのプランPとなる「戦略」です。

図表4-1　狭義の戦略はPDCAの機能不全から必要になるもの

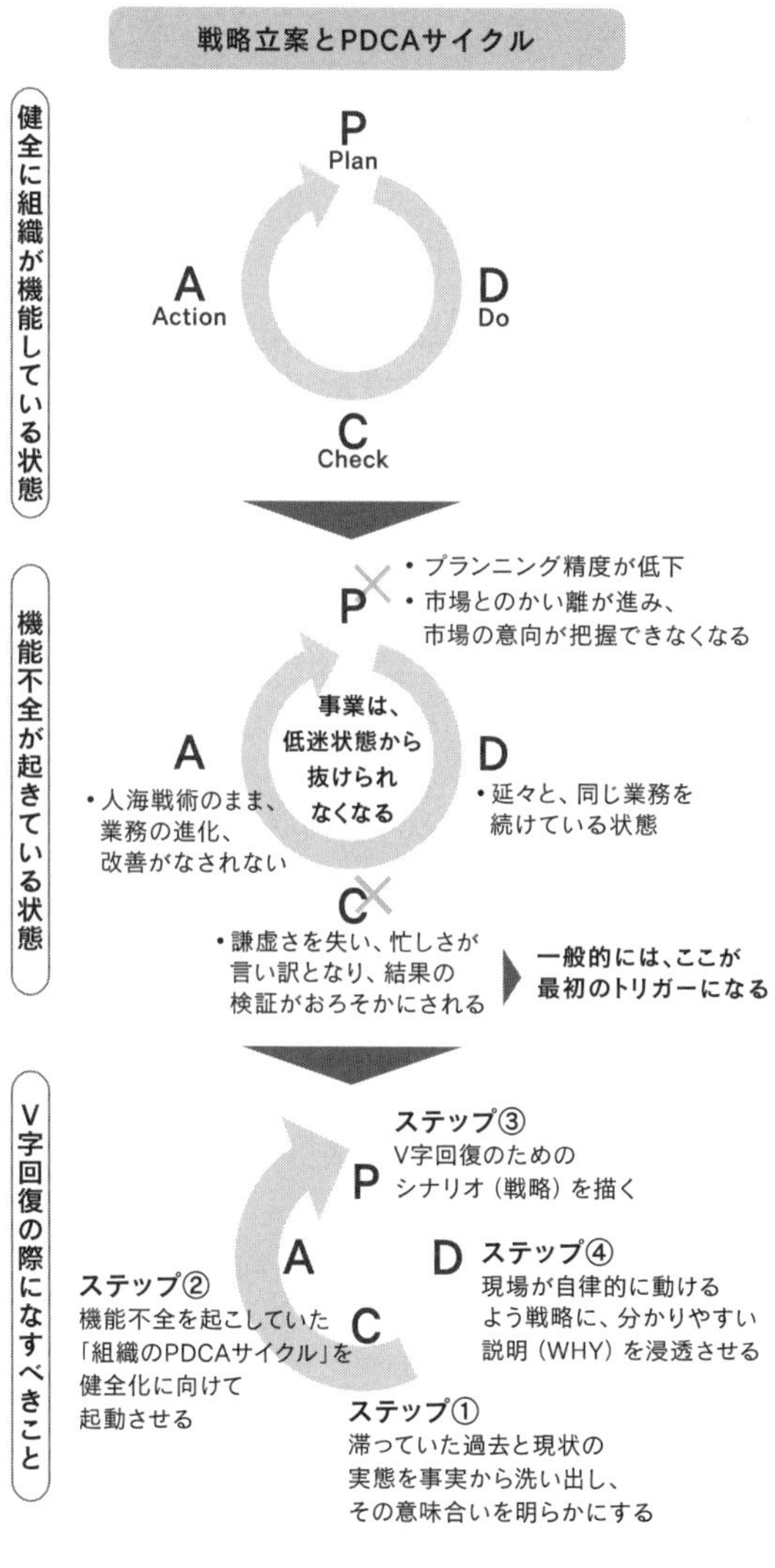

戦略立案とPDCAサイクル
健全に組織が機能している状態
P
Plan
D
Do
C
Check
A
Action
機能不全が起きている状態
P
・プランニング精度が低下
・市場とのかい離が進み、市場の意向が把握できなくなる
事業は、低迷状態から抜けられなくなる
D
・延々と、同じ業務を続けている状態
C
・謙虚さを失い、忙しさが言い訳となり、結果の検証がおろそかにされる
一般的には、ここが最初のトリガーになる
A
・人海戦術のまま、業務の進化、改善がなされない
V字回復の際になすべきこと
ステップ③
V字回復のためのシナリオ（戦略）を描く
P
D
ステップ④
現場が自律的に動けるよう戦略に、分かりやすい説明（WHY）を浸透させる
C
ステップ①
滞っていた過去と現状の実態を事実から洗い出し、その意味合いを明らかにする
A
ステップ②
機能不全を起こしていた「組織のPDCAサイクル」を健全化に向けて起動させる

## Point

市場への攻め口を見失ってしまったり、組織のＰＤＣＡが廻らなくなったりした企業が必要とするのが再成長軌道入れのためのシナリオ。過去と現状について、事実を的確な角度から見ることにより意味合いを抽出し、現状に至った因果を明確にするＰＤＣＡのＣが、「戦略」立案の第一歩。

Part 2

# 「成功した戦略」は、2つのPDCAによって出来上がったもの

Strategy

ホンダの北米進出戦略、DeNAの戦略……。

成功した企業の数だけ「戦略」と名の付くものが存在します。

我々が目にするこれらの「戦略」は、そのユニークさに注目したコンサルティング会社や経営学者が、本や論文にまとめ、新しい戦略の分類や切り口として世にお披露目されます。

実はここには、読み手、聞き手の多くが見過ごしてしまうポイントがあります。

それは、成功した会社の取った「戦略」は、初期段階では本当に何もないに等しい、シンプルなもの、あるいはまったく異なるものであった場合が多く、実行し、その結果を確認しながら、大なり小なりの修正を繰り返した結果であるという点です。

時には、その実践の過程での新たなる発見もあり、その時の経過の中での打ち手や判断によって、事業を成功に導いたのです。

現実の「戦略」の実践においては、実行してみては、その結果を確認し、やり方や方向性についての

は、何度も修正がなされます。

この**時間の経過と共に額に汗してなされた、実践段階におけるＰＤＣＡによる舵取り時の知恵には触れず、結果から見た成功の因果だけを整然とまとめたものが、我々の目にする成功企業の「戦略」**なのです。

## 失敗は学びの源泉

成功者の多くは、常人が聞くと目を丸くしてしまう、とんでもない失敗を経験しているものです。

しかし、現実のたたき上げの創業者の成功までの実態をつぶさに知ると、世の中に向かって語られ、あるいは書籍として出版されたものは、現実とはかなり異なり、美化される傾向があります。

先日、ある大物経営者の成功までの道のりが描かれた本が出版され、ベストセラーになりました。しかし、その本をゴーストライターとして書き上げた、ある著名なコンサルタントの方は、事実とはあまりに異なるものを世に出してしまったという良心の呵責に耐え切れず、一時期、臥せってしまったという冗談のような話もあります。

これは日本書紀などの、時の権力者が書かせて公式とされている記録は、その権力者を美化し、自身のあり様を正当化しようと、恣意的に描かれるのと同じなのでしょう。

私の知る限り、この例外と言える方は、株式会社ニトリの創業者である似鳥昭雄会長で、いつもまったく格好をつけずに失敗談を語られます。

また「私の履歴書」や書籍でもリアリティにあふれた内容が描かれています。「失敗は学びの源泉である」という正論のスタンスを、公にもとられている稀有な方だと言えます。この後、世代交代にも成功し、シンボル化されていく創業者の代表例になってほしいと日々思います。

彼ら成功した経営者は、上手く言葉にして説明できなくとも、他社がやっていないことを「これだ！」とイメージし、あとは「自分を信じて」実行し、様々な予期していなかった事態への克服を通して自身の事業観を育て、修正の舵取りを繰り返します。彼らの「先見性」、つまりその先に起きることをイメージできる能力も、他の人たちがしていない挑戦の経験から培われたと言えるでしょう。

企業の戦略もまったく同じで「未知なる大海」への船出であり、それが大きな挑戦であればあるほど、視界が十分に確保されていることなど、まずありえません。

見通せたつもりになっていることはあっても、いざ漕ぎ出してみると、当初、見えていた部分は、実はごく一部だけだったことを知ることになります。

一般的には、新しい事業や改革が成功にたどり着くまでには、やってみては結果を素早く検証して修正するというPDCAの連続です。

海外進出などの「未知の市場」への進出などは、当初のプランなどは特別に描かれずに、まずは既存のやり方で始め、そこでの失敗を、社内の「腕利き」が市場の反応を五感で確かめながら市場の違いを知り、修正を繰り返すことで、成功に導いた事例の方が多いように思います。

## 企画段階でのPDCAを精度高く廻して戦略を組み立てる

少し前に**「プランB」**という言葉が流行りました。

DeNAも当初はオークションサイトの運営事業として創業し、携帯を使ったオークションの「モバオク」、そして「モバゲー」と主軸を移し、球団を抱えることのできる企業規模にまで成長していきました。このように成功した多くの企業は、実は当初想定していた事業プランではなく、次に控えていたプラン、あるいは現事業を行いながら見えてきた別のシナリオによってブレークスルーを実現しています。

詰めに詰めて始まったはずの「プランA」にも、しょせん初期仮説として読み切れていなかった部分があったということです。

成功を目指してPDCAを廻すにつれて視界が広がり、現業よりも成功の可能性が高い事業プラン（「プランB」）が見え、そちらで大きな成功を勝ち得ることになったのです。

私の知る企業の中にも、今の屋台骨事業が、プランBどころか、C、D、E、F……、一体、いくつめに成功にたどり着いたのだろうと思うほど、多くの見込み違いの末に生まれたというところは1つや2つではありません。

私の親類に、起業家仲間として亡くなられた日本マクドナルドの藤田田氏と親しかった者がいますが、マクドナルドを成功させる前の若い頃に、借金取りから身を隠すために、よく家に転がり込んできていたと何度か聞いたことがあります。

彼ら彼女らの多くは、成功に至る前の長い蛇行した軌跡についてはあまり語らないか、あるいは公表さえもしていません。しかし、その読み違いと修正の努力から、彼らが実体験からしか得られない多くの学びを得ていることも、紛れもない事実なのです。

我々が成功事例として書籍や論文などで目にする戦略の多くは、当初のプランがあったとしても、その後のＰＤＣＡによる軌道修正が繰り返されて出来上がった軌跡を、コンサルティング会社や経営学に携わる方々が、その結果から、蛇行してきた過程の部分を排して整え、論理的に筋が通るようにまとめ上げたものなのです。

**誤解を避けるために強調しておきます**が、これは**戦略の立案がムダだという話ではありません**。

市場を的確に把握したうえで、精度高く練られたプランは、いくつかの想定に基づいてはいるものの、航行の際にとても有益な「海図」になります。そして、仮説としての「航行ルート」、つまり描かれたシナリオの前提が明らかであるため、読みが外れていても、素早い修正行動につなげることが可能になります。

また、まれに戦略が精度高くつくられていて、実行段階が難なく進むことがあります。

これは、市場の先読みに長けた「腕利き」が、戦略の立案段階に事業をよくイメージして、後述のロジックツリーを自分なりに駆使して完成度を高め、プランをつくった場合です。

その市場と事業の機微を理解し、しっかりとイメージできている担当者によって、**仮説と検証のＰＤＣＡを何度も徹底的に廻してつくられたプラン**は、見通しの利いたものになり、その後の舵取りも楽になります。

図表4-2　戦略は2つのPDCAサイクルで出来上がる

**戦略の2つのPDCA**

| | 戦略立案段階のPDCA | 実践段階のPDCA |
| --- | --- | --- |
| Plan | 実態情報＋適切な分析をもとに、企画（プラニング）を行う | 必要な修正を施す |
| Do | 実践時に起きうることのイメージをリアリティをもって描きながら、さらに必要な情報を収集する | 企画意図を踏まえた実行を行う（＝丸投げをしない） |
| Check | 新たに得られた情報や全体像のイメージから、読み違いや不整合、見落としていた部分を明らかにする | 事実をもって、結果を検証する |
| Action | （プラニングの腕を磨き、事業運営に必要な準備を進める） | 事業運営の行い方や方法論を見直し、進化させる |
| | 「仮説思考」を繰り返し、事業成功のイメージをできる限り、先鋭化させる | 実践段階は、常に実験を繰り返しているととらえる。そして、取り組んでいる事業像の明確化を進める |

我々が忘れてはいけないのは、**まず企画段階における1つめのPDCAを徹底的に廻し、腹落ちのいいところまで戦略を組み立てる**ことで、その後の舵取りが、より容易になるという点。

そして**そのうえで、**戦略の精度が高くても低くても、**実践段階における2つめのPDCAによる修正行動は、必須**となるという点です。

戦略と名付けられたプランが挑戦的であればあるほど、実践時の素早く適切な舵取りが求められます。

Point

**世に語られる、成功した企業の戦略は、まず初期プランを実践してから、結果を見て修正を繰り返すことにより出来上がったPDCAの軌跡を、因果を整えてまとめたもの。多くの場合、初めからすべてを見通した戦略プランがあったわけではない。**

Part 3

# 「戦略さえ手にすれば成長軌道に入っていける」などただの妄想

Strategy

「新しい戦略がほしい。成長戦略さえあれば、今の局面を突破できるのだが……」

企業のトップから、こう相談されることがよくあります。この時の私の答えは、いつもこうです。

「戦略だけを手にしても成長軌道入れは、まず無理でしょう。なぜならば、御社の場合は戦略の実践、舵取りを行うために必要となる、組織のPDCAを廻す能力が、今、この事業で必要な精度、レベルに達していませんから」

**企業が低迷状態に陥るのは、当初、市場起点で廻っていたはずのPDCAサイクルが、組織として本来求められる精度で機能しなくなった**ことに端を発しています。

この局面で求められる戦略は、現状を打開するためのものですから、当然のことながら、その施策の中には、大小の未体験のチャレンジが多々含まれます。

事業が低迷し、停滞状態に陥ったということは、市場の変化、進化に対して十分な情報の把握ができずに、市場を攻める企画の精度が低下していったということです。

「競合である○○が近隣に出店し、売上を持っていかれてしまいました」

と報告があったとしても、本来、それに続いて説明が必要なのは、

「侵攻される可能性を読まなかった」

「その競合が、その市場を取りに来ている動きに気が付かなかった」

「攻められるだろうと読めていたが、対応策の検討が不十分だった」

などの、どこに見落としていた点、読み違いがあったのか、つまりどこにPDCAの改善Aをすべき点があるかということなのです。

最前線で丁々発止、競合とやり合えているような状態であれば、仮に市場の一部を一時、持っていかれたとしても、次の局面でやり返すことは十分に可能です。

結局、必要な情報が意思決定者に上がっていなかった、あるいは情報の一部が上がっていても、判断と行動につなげることができなかったということであり、さらに先を読んだ差別化策の検討も行われていなかったということです。

これは、事業体としての実践力の低下、つまり「機能不全」が起きていることが問題の本質だということを意味しています。

## 組織としてのPDCAが機能していない企業は衰退する

人類の歴史を紐解いてみても、ある時期、勢いよく領土を拡大した大国も、やがては衰退して滅び

ていきます。

歴史の教科書では、一般的にこの滅亡の直接の理由は、隣国からの侵攻と解説されますが、よく考えてみれば、他国による侵略の脅威は常にあったはずです。それでも、国内の体制が健全に機能していれば、その手の脅威にもしっかりとタイムリーな対応ができていたわけです。

しかし、国の末期においては、隣国の侵攻に耐えられないほどの様々な「機能不全」により国が弱体化しており、見方を変えれば、ほぼ自滅と言ってもいい状態にあったことは歴史を振り返れば明らかです。企業においても、新しい取り組みを行うには、それに必要な事業の運営能力、すなわち実践力が必要です。「戦略」を語る前提にあるのは、的確な舵取りを行いながら組織を動かし、実践できる力の有無ということになります。

テレビで観るお笑い芸人さんたちの中にも、彗星のごとく現れ人気を得たものの、いつの間にか見かけなくなる「一発屋」と呼ばれる人たちがいます。彼ら、彼女らは一度、大ヒットを飛ばしても、その後の二の矢、三の矢となるネタづくりに「再現性」を持たせることができず、「お笑い」市場から消えてしまいます。これと同じことは、企業経営にも起きます。

仮に、外部に委託してつくってもらった戦略が、運よく成功したとします。

もし、競合が市場にいる場合は、遅かれ早かれ次なる手を打ってきて、市場はダイナミックに動き始めます。その時に、組織としてのＰＤＣＡが機能していない企業は、経営判断がタイムリーに行えず、その変化を乗り切ることができずに、結果的には一発屋で終わり、やはりいずれ劣勢に立たされていくことになります。

図表4-3　企業の変革には戦略に加えて実践力が必須

**山登りに例えた時の「戦略」と実践力**

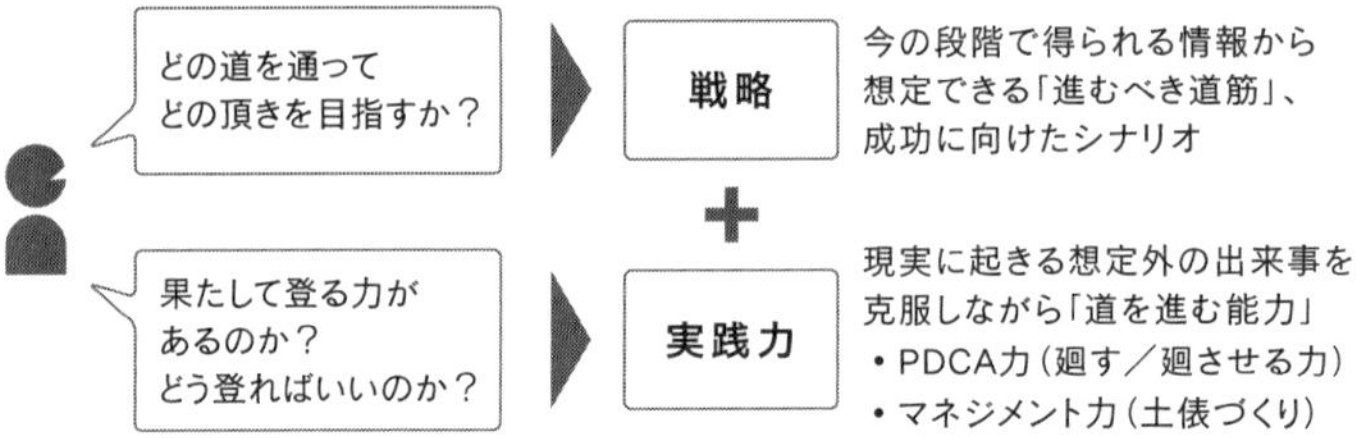


頂上に向かうシナリオ「戦略」を手にしても、現実には、

- 想定していた道は、大木が倒れていてふさがれているかもしれない
- 上空からの写真では把握できなかった崖が立ちふさがっているかもしれない
- 道中には、熊が現れるかもしれない
- 想定以上の悪路かもしれない
- 道中に、突然天候が変わるかもしれない

**それでも、頂上を目指して登っていける能力が、組織の「実践力」**

## 「先読み力」を含む、実践力がなければ戦略は機能しない

かつてカメラが銀塩フィルムを使っていた時代、それまでロール1本で20枚、32枚撮りだった時にコニカ（小西六）は24枚、40枚撮りを標準にして市場を一挙に持っていきました。

ところが、フィルムを長くするだけの話であれば、当時日本で市場を席巻していた競合の富士フイルムにとっては造作もない話です。すぐに同じ枚数のロールを市場に投入し、コニカの優位性は「三日天下」ならぬ「三月天下」で終わってしまいました。

この話はこれだけで終わりません。銀塩フィルムは印画紙に焼き付けて初めてその写した画像を見ることができるため、このプリント事業は各社の売上と収益の大きな柱であり、そして当時、プリントのためのラボの大多数のシェアを押さえていたのは富士フイルムでした。結局、このロールの枚数を増やすコニカの、戦略というよりも単なる打ち手は、富士フイルムの売上と収益アップに多大なる貢献をして、終結しました。

実は、この手の話は、枚挙にいとまがありません。

企業が市場に、常に秀でた価値を提供して競合と腕を競い合える実践力が失われたために必要になるのが、いわゆる戦略と呼ばれるシナリオです。

そのシナリオが精度よくつくれれば、必然的に「先読み」の精度も高くなりますが、何よりも、上記のコニカのような事態を起こさないようにするには、戦略云々を論じる前のレベル、実践力の1つとも言える通常業務の中で、その先に何が起きるかの「先読み」ができる力が重要です。

その実践力がなければ、仮に花火を一発、うまく打ち上げられたとしても、やはりその後が元の木阿弥になってしまいます。

Point

**仮に「戦略」だけでうまくいっても「一発屋」で終わってしまう可能性が高い。「腕」と「芸」を磨き、実践力を高めること。**

# Part 4

# 「戦略」はどんなに精緻に作り上げても、ただの精度の高い「初期仮説」

Strategy

「世界的な戦略系コンサルティング会社である○○に戦略をつくってもらったので、よくわからないところもあるが、とりあえずこれをやってみようと思っている」

上場している大手製造業の専務から、こう伺ったことがあります。

ここで、はじめに理解しておかなければならないことがあります。それは、新たな挑戦となる取り組み企画、とりわけ挑戦的な「戦略」には、必ず「読み切れていないこと」が含まれているということです。

これについての、身近でわかりやすい例がファッションビジネスです。

消費や、買い替え需要が中心になるコモディティ（通常品、普及品）ビジネスに対して、ファッションビジネスの世界は、常に新しい価値や、新しい刺激となるアイデアが求められます。

これらの新しいアイデアのうち、いくつかが大きな花を咲かせ、ファッショントレンドをつくることもあります。

一方で、その新しいアイデアが市場に受け入れられなかった商品は建値（元上代）では販売できない在庫になってしまい、早い段階で値下げの判断による見切り処分などの換金対応が必要になります。

しかし、そういうアイデアを常に試し続けているから、ファッションは新しく面白いものを生み出し、消費者から次の期待をされます。これは映像や音楽などの感性に訴えるビジネスでもまったく同じです。

世の中全般、ビジネスは、「安さ」「便利さ」などの生活必需品のわかりやすい価値から、「楽しさ」「心地よさ」など、まだ見ぬ価値の実現への挑戦に、じょじょに比重が移っていくものです。

そのため、健全な攻めの姿勢が取れている企業においては、新たな挑戦の比率が高くなってきているはずです。

一般的に新しい試みが100％読み通り、期待通りに進むことなど、まずありえません。

ましてや、新しく構築した「戦略」が、今までに行ったことのない未知の分野の挑戦に踏み込んでいるのならば、その読み外し部分の振れ幅もかならず大きくなり、実践段階での舵取り能力、さらなるPDCA力の高さが求められます。

## 「理」にかなった初期仮説を、実践を通して磨き上げる

今、手にしている「戦略」が、どんなに名の通った経営コンサルティング会社に大金を払い、精緻に作り上げられたはずのものだとしても、しょせんは「初期仮説」にすぎません。

大金をかけてつくった戦略だからといって、金科玉条のごとく奉って扱うという姿勢は、明らかに間違っています。

実施状況を的確に把握し、必要に応じて方向の修正を行う「舵取り」を、自分たち自身の判断で的確に行うことができなければ、どのようなプランも成就することはありません。

「理」にかなった形でつくられた初期仮説を、実践を通して磨き上げること。そのためには、実践した結果を見ながら、的確な舵取りができる体制が必要になります。

Point

**初期仮説である「戦略」プランだけを手に、ただ突っ走るのは、目隠しをしたままトラックのハンドルを固定してアクセルを踏み込むようなもの。無謀な行為であり、かつ経営資源の大きな無駄遣いとなるのがオチ。**

# Part 5

# 「戦略」は、事業を理解している当事者が自らの手で策定すべきもの

Strategy

「戦略をつくるのって慣れてくると、そんなに難しくないですよ。3年もこういう仕事をやっていれば、結構、簡単につくれるようになりますよ」

私がマッキンゼー在籍時に、学卒でアナリストとして入社して数年たった若手コンサルタントが口にしていた言葉です。

確かに「戦略」は「理」をもって市場分析、競合状況、自社の強みや課題をまとめていくと、ある程度、「一意的」にサクサクとつくっていくことができます。

さて、それではそうやってつくられた「理」にかなった戦略を手にすれば、企業は成長軌道に入っていくことができるのでしょうか。

そもそも、実行がなされない企画や戦略には、何の価値もありません。

その実行されない戦略に共通しているのは、立案した戦略の実行責任者となるべき方が、その戦略を自分のものとして確信できておらず、腹を決めることができないという点です。

先日も、私のマッキンゼー在籍時代のディレクターであり、恩師でもある方が、「いろいろやってきたが、結局、社長自身に戦略をつくらせるべきという結論に達した」と話されていました。

## 大金をかけて作った戦略の70%がお蔵入り

もともと米国で生まれた生業《なりわい》である経営コンサルティングというサービスは、経営トップに経営課題へのソリューションを提供するもので、米国のディレクティブなマネジメントスタイルを前提としてサービスが出来上がったものです。

コンサルティング会社からプレゼンテーションを受けた米国のトップは、戦略を自身の初期仮説として自社の事業価値をさらに高めるために、自らがPDCAを廻してその戦略の実行に臨みます。

ところが多くの日本企業のトップの場合は、そのような米国スタイルのマネジメントは行いません。大金をはたいてコンサルティング会社につくらせた「戦略」資料が手元にあったとしても、まずは「さあ、どうする?」と役員会の検討資料として議論が始まることが多いようです。

結局、ここで考えるべきは**「本当に、アート(ビジネスで起きている事象)を、十分にサイエンス(言語化し、因果を探り出すこと)したうえで、戦略の検討ができているのか」**という点です。

最近、ある外資系の戦略系コンサルティング会社が、過去10年間の自社のクライアント企業のために立案した戦略が、実際に実行されたのかどうかを追跡調査したそうです。

その結果、70％もの企業で、大金をかけて立案した戦略が実施されていないことがわかりました。ただし、ここでのポイントは「実施した」と回答した30％の企業に共通点があったことです。

その共通点とは、何だったと思いますか？

戦略を実施したと答えたこれらの企業では、戦略策定を行った主体が、コンサルティング会社ではなくクライアント企業側のチームだったそうです。

大手のコンサルティング会社が戦略策定を依頼され、出来上がった戦略のプレゼンテーションを行い、取締役会や経営会議で検討した後に、

「素晴らしい、ありがとう。では、その戦略を部長会で発表してくれ」

と依頼されることがあります。

「何を言っているのですか。これは社長のプランですから、社長自身の口で社内にプレゼンテーションをしてください」

そうコンサルタントが言っても、

「いやいや、あんたらの方がプレゼンうまいから」

と言われ、かくしてコンサルティング会社のマネジャークラスが部長会に出て行ってプレゼンテーションを行います。

そしてプレゼンテーションの際、あるいは後に、

「なんだ、あいつら。現場のことを何も知らないくせに、えらそうに。あのコンサルティング会社に、一体いくら払ったんだ……。何ぃ！　そんなに払ったのか。その分、俺たちの賞与を少しでも増

やしてくれれば、もっと頑張るのによぉ……」

と、ほぼ、お決まりのようなやりとりがあり、その後は、

「しょうがないな。だったら今のプレゼンにあった打ち手、少しは、やってやるか……」

というあたりに落ち着き、かくして書かれている一部の施策だけが担当者の判断でつまみ喰い状態で実施され、とても戦略とは呼べない状態になります。

## 戦略を腹落ちさせるために必要なこと

一方、自分たちの頭で考え、手を動かして策定したプランには、課題を定義するためにつくり上げた「問題解決空間」が、**MECE《ミッシー》×ロジックツリー**（後述）の形で「見える化」され、描かれます。これは仮説ではあるものの、

「今時点ではこれしかないだろう」

と言える仕上がりになっているはずです。


もし実行段階に入って、読み違いがあったとしても、その**MECE×ロジックツリー**で描かれた「空間」のどこに読み違いがあったのか、見過ごしている点があったのか、意味合いの抽出に間違いがあったのかを追いかけ、ロジックを修正することが容易になります。

さらに、事業を五感で理解しているものがプランニングを行っていれば、自身の実践してきたことに

ロジックで裏付けを行い、方向性を定めることができているため、実践時においてとても大切な「自信」を持っている状態を作ることができます。

この状態であれば、仮に想定外のことが起きたとしても、事実に基づいた分析から自分たちが腹落ちしたうえで、意味合いを抽出していますので、仮説思考の手順に則った形で方向修正も素早く行えます。

結局、ディレクティブなトップダウン式のマネジメントスタイルが取られない多くの日本企業においては、現場の実態を肌で知り、理解している自社の「腕利き」メンバーが中心となり、自分たちの頭と手を使って、自分たちが納得できる戦略の策定作業を行うことがいちばんなのです。

立案する戦略の質にこだわりを持つコンサルティング会社は、クォリティの高いプランを短期間でつくり上げようとするために、時間をかけた指導が必要なクライアント側のチームに頼らずに、自分たち中心で戦略をつくってしまう傾向があります。

しかしながら、組織力の発揮が本来の強みである日本企業の場合は、やはり戦略は企業側の改革の核となるメンバーに腹落ちができている必要があります。

それによって、生きたＰＤＣＡが実現でき、彼らが核になって、組織が事業の成長に向けて前向きに動き始めるからです。

## 「ワクワク感のある戦略」になっているか？

**うまくいくプランには「そうか、この切り口があったな！」という気付きがあり、「ワクワク」する昂揚感を感じるもの**です。しかしそのレベルの「戦略」プランにお目にかかることは、現実にはそう多くはありません。

ある企業で、本社のマーケティング部門が作成した来期の製品戦略と呼ばれる資料を見たことがありますが、いわゆる抽象化された表現が理路整然と並んでいるだけで、具体的には何をしたらいいのかがさっぱりで「？」という代物でした。

現場で実践される「戦略」やプランは、それが大掛かりなものであればあるほど、現場が高揚感を覚えるものであることが必須です。

改革プランを成功させるためには、「理」だけを先立たせてつくり上げるのではなく「これならうまくいく」「やってみたい！」と思える「ワクワク感のある戦略」をつくり上げる必要があります。

実践を行う、その瞬間のドライブの源泉になるのは、本人たちの「やってみたい」と思う気持ちだからです。

Point

**「戦略」は、プロジェクトオーナーや実行責任者が、「やる価値がある」「うまくいく」と思えるものでなければいけない。そのため責任者自身、あるいは責任者の意志のもとに市場と現場を知る参謀チームが主体となって「戦略」策定を行うべき。**

Part 6

# 戦略において重要なことは、実行責任者がその「実践」や成功をイメージできること

Strategy

私が若い頃、ある企業の経営企画部門の責任者だった時の話です。

営業にとって突破口になる「これだ！」と言える攻め方、いわゆる営業戦略をまとめ、社長の承認をとり、営業本部長に持っていったことがあります。

「社長の意志」となる形でまとめたプランであり、ちゃんと聞いてはもらえたものの、その実践にあたっては、やはり日々の営業活動が優先されてしまい、結局は、片手間でやっているという程度になってしまいました。

その営業本部長は、創業時からトップと一緒にやって来られた功労者であり、大先輩ですから、こちらも実践されないことを責めるわけにもいかず、社長も「ま、やらせてみたらいい」程度のコミットでしたので強い「圧」もかかりません。結局、総括もできず、日々の業務に「流される」状態になってしまいました。

経営コンサルタントなどに言わせれば、その時の営業本部長に執行を強いる力が弱かったのが原

因、あるいはトップに十分その施策の重要度を納得させられなかったあなたの力量不足と断定されそうな話ですが、このケースの実践されない本当の原因は違うところにあると考えるべきでしょう。

こちらとしては、「理」にかなったプランをつくり上げ、成功時の成長もしっかりとシミュレーションできていたつもりでした。

しかしながら、**人は自身がイメージできないことは、自らは行動には移せない**ものです。

その営業本部長には、このプランの展開や成功のイメージが描けなかったのだと思います。

また、そのプランの実行担当に指名されたものも、忖度《そんたく》をしますので、本部長がよくイメージできていないことには、あまり本腰を入れなくなります。

これが米国の企業における組織運営であれば、トップが自らの強いイニシアティブのもとに、営業本部長に実践をコミットさせます。

たとえ、説明に行ったのが経営企画室の人間であったとしても、万が一それを実施しない場合は、トップからの命令違反ということになります。トップから「実行状況は、どうなっているのか」と直にチェックが入るでしょうし、もし、それを実践する能力がないと判断されれば、その任にあらずと判断される事態にもなるでしょう。

経営企画は本来、トップダウン式のマネジメントにおけるトップへのサービス機能です。

そのトップが「そのプランを営業本部長に説明して（納得してもらったら）やったらいい。そうでなかったら……まあ、しょうがないな」では、そのプランがトップの意志なのかどうかが不明瞭なままであり、このケースのように営業本部長にスルーされても当然です。

これは、経営企画機能が、その響きは格好いいものの、使命があいまいなままに組織図に書き入れられているために起きる典型的な例とも言えるでしょう。

なお、その後日談ですが、結局その数年後、私がその会社の営業本部長に就任することになりました。そしてそのプランを基本として活性化を図り、競合企業の既存店舗の前年比が割れ続けている中で、自社だけが前年をクリアする状態を実現することができました。

この営業戦略のプランそのものについては、有効であることを証明することができました。

## 問題解決のための論理空間を自分の頭の中につくり上げる

米国のトップの場合、外部のコンサルタントにつくらせた戦略は、自分の頭の中にロジカルに組み立てられた問題解決の論理空間をつくり上げて自分のものとします。

そのため、世に出回っている問題解決の手法においては、論理性が重視されます。

そして、そのプランをまとめた資料も、ロジカルなプレゼンテーションが行われ、それを聞いてトップが自事業の構造と課題を頭の中にイメージできるようにつくられています。

しかし、「神輿に乗る」タイプのトップが多い日本企業においては、実施責任者たちが、いかにこのイメージを持てるようにするかが重要になります。

企業内での戦略の立案の進め方として私がお勧めしているのは、トップにより選抜された社内の

「腕利き」メンバーによるプロジェクトを立ち上げ、実践における問題解決の場数を踏んだ本物のプロによる指導のもとで戦略を立案し、そのプロジェクトからトップに、こまめに進捗報告と方向性の確認、調整を重ねながら、初期仮説となる戦略を固めていくやり方です。

彼らは市場と現場を体で熟知し、トップや現場がイメージしやすい言葉を選ぶことができ、トップの抱く懸念やその意図を、瞬時に理解でき、かつ部門長とのコミュニケーションも容易です。

このやり方であれば、いったん戦略が組み上がった後も、このメンバーはその発表されるプランに絞り込まれた経緯までも当事者として理解できているため、プランの見直しの際も容易に対応できる状態になります。

彼らは実践のステージにおいても、ＰＤＣＡを廻しながら軌道修正を行い、かつトップの手足にもなる参謀チームになります。

Point

**人は、自分がイメージできたこと以外は行動に移せないもの。戦略を成功させるには、実行責任者が「なるほど、これならやってみよう」と腹から思える状態をつくる。**

Part 7

# 企画資料の作成時に気を付けるべき「バケツと中身」

Strategy

企業の改革を請け負う仕事をしていると「本年度の事業方針」など、企業の中でつくられた資料を拝見する機会が多くなります。

ある程度のレベルの企業に行けば、確かにそれなりの書式に則って見やすくはまとめられているのですが、そこに書かれている内容を読んでも、具体的に何をすべきかについては、まったく伝わってこないということがよくあります。

「これはどのような事実に基づいて、優先順位の高い課題とされているのですか？」

「この施策は、具体的には何をしようという話なのですか？（そして、その際の押さえどころは、どこなのですか）」

結局、このような質問をして説明を聞かざるを得ないことになります。

「それはこの業界、この事業のことをご存じないからですよ」

現場一本でやってきた責任者の方などは、常に、この一言を部外者に放ちたい衝動に駆られています。しかし、しっかりとしたパフォーマンスを永続的に実現し、長期的な成長を果たしている企業内で出回る資料は、たとえ簡潔な言葉で描かれていても、我々、外部のものが見ても、何が問題なのか、何をしようとしているのかが容易にイメージできるものになっています。

抽象度の高い表現が多用されている資料が危険なのは、皆がわかったような顔をして見ていても、実は、それぞれが微妙に異なる内容を頭にイメージしていたなどということも往々にして起きえるからです。本来、**CからPへの思考の流れを表現するべき資料**が、その役割を果たしていないことになります。

不明な点の多い資料を手に、書いた人に質問をしてみると、多くの場合は、何を意図していたか、何をイメージしているのかについて、口頭ではしっかりと説明ができるものです。

「今、話されていることをそのまま書けばいいでしょうに。そうすれば、想定されていること、このプランの前提となっていることは何なのか、そして具体的にはどうしようとしているのかのイメージが伝わり、組織を動かす説得力を持っているかどうかの議論ができますから」

結局、毎回このアドバイスをすることになります。

## 現場の問題点と改善策がリアルに描かれているか

新規事業、企業の改革チームの指導の際に**「バケツと中身」**という言葉をよく使います。

「バケツ」には、主に抽象化された表現が使われ、「フレームワーク」つまり、枠組みとして用いることができます。

そこでは、後述するMECE（「もれなく、ダブりなく」することにより、問題解決の対象をまとめて、説得力を持たせ、理解しやすくすること）にまとめること、そしてそれが適切な切り口になっているかなど、資料の上で展開されるMECE×ロジックツリーで描かれた問題解決のための空間が、誰にも腹落ちしやすい、論理的に適切な切り口になっていることが重視されます。

このことは、説得力を持つ資料をまとめる際に、とても重要なのですが、それだけだと、いわば、きれいに「バケツ」を並べただけの状態です。

重要なのは、さらにそのうえで、「中身」がリアルに描かれていることです。

「どこに問題の原因があるのか」

「具体的には、どのような打ち手を想定しているのか」

「その時の押さえどころはどこなのか」

という具体的なイメージが表現されていることが求められます。

この**「中身」が「おいしそう」に描かれていない場合、プランを実行する現場には、リアルなイメージは伝わりません。**

多くの場合は、前述のように、なんとなくイメージがあっても、書面上に言語や、それを裏付ける事実を、うまく表現できていないだけです。

本来、この点については、経営層や上長などが、

「現場に行って自分の目で見たのか？ちゃんとリアルな表現で、市場や現場の実態、ファクト（事実）に基づいて描くように」

という指摘を繰り返すことで、このリアルに特定された「おいしそうな感じ」を表現する力がついていきます。

しかしながら、企業によっては「書き方」の上手なＩＱ系の高学歴の社員を経営企画室などに集め、社長向けプレゼンテーションのための「それらしく見える資料づくり」に便利に使っている場合もあります。

こうなってくると、実は書き手は、数字や言語化された情報だけをもとに、課題の定義を行います。せいぜい、現場にいる知り合いに電話をして聞くくらいまでは行っても、問題点の特定ができるほど現場の実態をイメージできているかは、怪しくなります。

## 外部コンサルタントでは見えないこと

同様のことは、外部のコンサルティング会社を使った際にも起きえます。

外部のコンサルタントの場合、課題の定義は、事実をもとに、どこに大きなギャップ（差異）を生じる原因があるのかを追いかけていきます。

仮説思考であたりをつけながら、業務責任者へのヒヤリングなどを行い、問題点に迫っていきます

ので、課題領域の定義までは、ある程度の精度までたどり着くように訓練されています。

しかし、彼ら外部の人間は実務に携わっていませんので、お客様と接する、いわゆる「真実の瞬間（企業と顧客との接点）」、製造や開発の現場で何が起きているなどの本当のイメージは、持っていません。

彼らは、**あくまで言語化され伝えられた情報を頼りに、数字などの事実をベースにして問題解決を進めます。**

場数を踏んだシニアなポジションにあるコンサルタントがディレクター役をやっていれば、経験則から得られたイメージをもとに、適切に問題点の特定が行えるよう、担当コンサルタントたちを誘導します。

しかし、さらにその先の対策や打ち手と、より具体的な話にまで至ってくると、実行の現実性、難易度、リスクなどをどれだけイメージできているかは、はなはだ心もとない状態になってきます。

特に、歴史の古い会社などによく見られる「縄張り意識」の強い現場に対して、具体性の詰めの不十分な、抽象度の高い施策を大上段から提案してしまうと、格好の「実施しない理由」を提供することになります。

## バケツの「中身」をしっかり確認させる習慣を根付かせる

大手コンサルティング会社との付き合いも多い、ある企業でエリアごとの戦略策定の指導を行った時のことです。

図表4-4　バケツと中身の両方に「なるほど」感があること

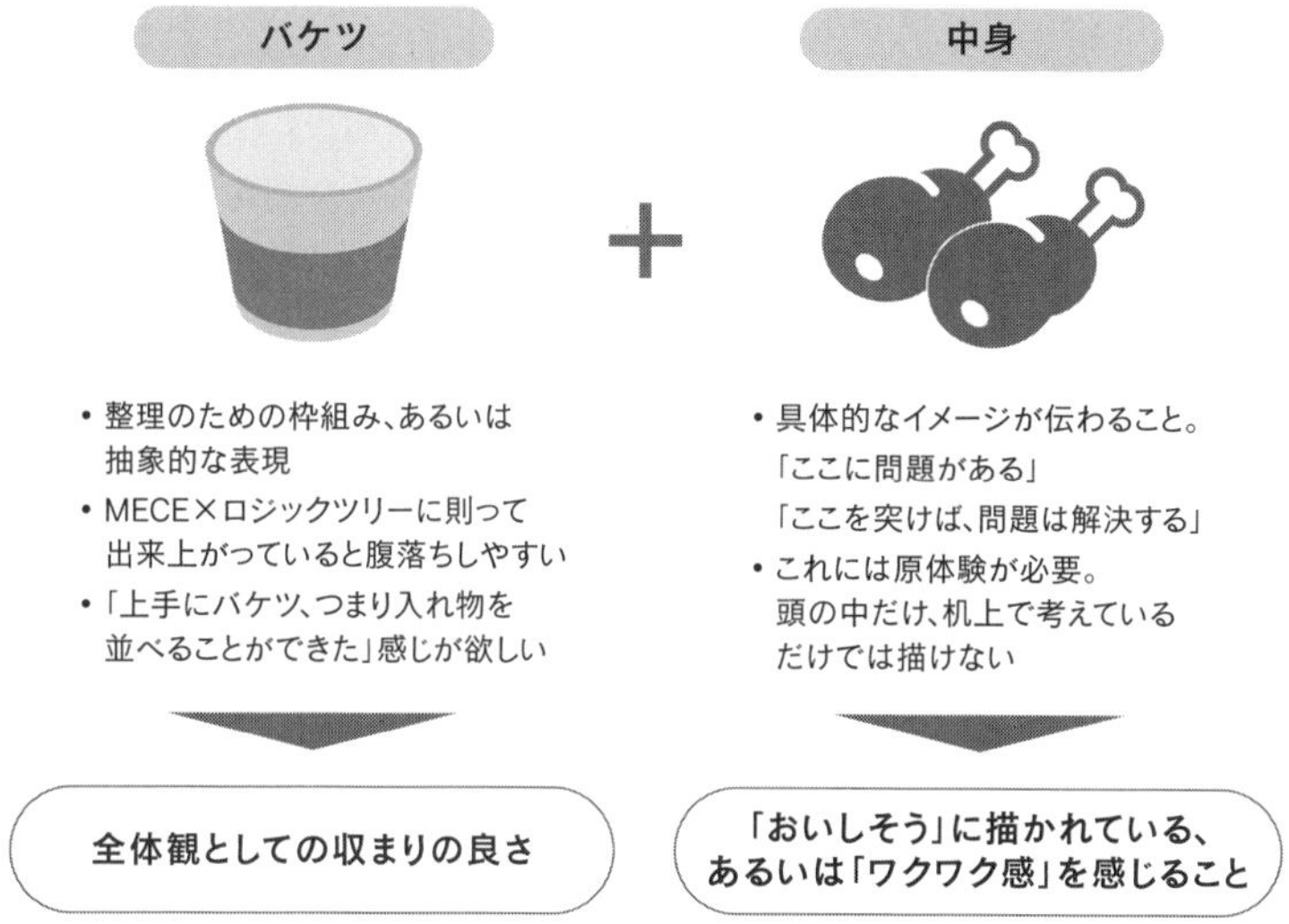
バケツ
中身
・整理のための枠組み、あるいは抽象的な表現
・MECE×ロジックツリーに則って出来上がっていると腹落ちしやすい
・「上手にバケツ、つまり入れ物を並べることができた」感じが欲しい
・具体的なイメージが伝わること。「ここに問題がある」「ここを突けば、問題は解決する」
・これには原体験が必要。頭の中だけ、机上で考えているだけでは描けない
全体観としての収まりの良さ
「おいしそう」に描かれている、あるいは「ワクワク感」を感じること

エリア担当部長たちの中に、パワーポイントを使った見栄えのする資料づくりに長けている方がいました。大きなギャップの存在を見つけ、どこに異常値があるのかまで追い込むところに至り、本部長プレゼンテーションの日を迎えました。

上手に作られたチャートを使ったその方の説明が進み、いい感じでの進行だったのですが、いざ問題点を特定するチャートのページの説明の際に、

「ここに、大きな差異が起きていました」

の一言だけで次のスライドに進めてしまった時には、思わず椅子から滑り落ちそうになってしまいました。

いくつもの問題解決におけるギャップの見せ方のテクニックを体得できている方だったのですが、そもそもそれまでにやってきた作業の目的が、打ち手を導くための

意味合いの抽出であることが頭から飛んでしまい、単に見栄えをよくするテクニックばかりで終わっていたのかもしれません。

これは、上手に資料をまとめることのできる腕が認められ、手段が目的にすり替わってしまったケースです。

とかく「鳥の眼、魚の眼、虫の眼」の切り替えができなくなる、担当者の「虫の眼」固定状態を指摘して目線の高さを変えさせるのは、本来、その上のマネジメント、マネジャーの役目です。

「その課題は、何ゆえに優先順位が高いと言えるのか」

「その打ち手が、なぜ最適と言えるのか」

について、「バケツ」だけではなく「中身」を重視させる、マネジメントによる企業文化づくりを進めること以外には手はありません。

「バケツ」も重要ですが「中身」はそれ以上に重要です。

すべての「打ち手」は、現場で適切に実行されて初めて、事業にとっての価値を生み出します。

そのために、そもそも何が問題なのか、具体的には何を行ってどのような効果を得ようとするのかについて、経営層、そして現場で共有できるように「中身」がリアルに表現されている状態をつくる、これが目指すべき状態です。

## Point

**「バケツ」を論理的に並べ、そしておいしそうな「中身」を記述する。**

Part 8

# 事業戦略の実践には、その必然性を説くWhyの説得力とその組織への浸透が必須

Strategy

企業の中で表紙に「戦略」と名の付く資料を目にすることはとても多いのですが「なぜ、その戦略を採択したのか？」という、肝心のWhyの説明が的確に述べられている資料には、なかなかお目にかかることがないと、いつも感じます。

そもそも、**企画と呼ばれるものはすべて、What・Why・How、つまり「何を、なぜ、どのように行う」を明らかに記述して初めて成立するものです。**

この基本を踏まえていない企画が、いかに世の企業内に数多く横行していることでしょうか。

「この企画書を見てもらえますか？」

あるクライアント企業で、このように言われて企画書を手渡されました。それは、販売会社との連携を強化する目的で行うイベントの企画書でした。

目を通してみると、そこにはやろうとしていることの手順、いわゆるＨｏｗが、延々と記載されているだけ。なぜ、そのイベントを実施するのかという理由や必然性については一言も書かれていませんでした。これでは、ただの手順書という表現の方が適切なものでした。

「戦略」もまず、自社の方向性を明確にしたうえで、そのために克服したい課題、達成したい目標を明確にするところから始まります。

そのためには過去や現状を的確に「見える化」して、方向性や取り組むべき課題の必然性を明らかにして初めて、その戦略に説得力が備わります。

## 日本軍の失敗の本質

悪い意味での官僚化が進んでしまった本部組織から発せられる指示が、単純に「**Do This（これをやれ）**」の連打だけの場合があります。

しかし理由や背景が明確ではないままの「やれ」というだけの指示では、「現場のこともわからずに……」という想いが現場には蔓延します。

そして「やれと言われたからやっただけ」という言い訳がまかり通る、本来は避けることができる無責任体質化を促進していくこともあります。

もし、そのプランがうまくいかなかった時に、仮説の修正を精度高く行う、言い換えればＰＤＣＡを廻す責任者は誰になるのでしょうか。

「Do This」状態では、現場には責任はありません。

戦時中の日本を振り返れば、この「Do This」ばかりが、エリート集団たる参謀本部、軍令部から命令として下りてきました。それを前線でやらせるのは、軍規の名のもとに恐怖政治を辞さない現場の指揮官という構造でした。

本来、参謀組織に正しいPDCAを廻させる上位の責任者は、組織的には天皇陛下ということになりますが、現実には、天皇陛下がその都度Cを確認して判断を下す組織運営ではありません。

結果として、参謀内部では自分たちの失策は公に検証をしなくても良い状態でした。

失敗を隠ぺいした場合、その因果は当事者にとっても、うやむやになってしまうものです。

かくして日本は、初期は現場力ともいえる前線の力で優勢を勝ち得ても、その末期には「官僚の無謬性」を起こし、失敗や読みちがいについて適切に言語化された学習がなされませんでした。

結果として、本来は、何ものにもかえがたい国の最も大切な資産である国民を、単なる一資源とみなして消耗戦に持ち込むという主客転倒としかいえない策を打ち出し、PDCAを廻さなかったという責をも、「見える化」ではなく「見えない化」をしたまま終わりを迎えることになりました。

これと同様のことは、今の皆さんの会社でも起きていないでしょうか。

## スタッフ部門は、エリート集団ではない

米国企業で一般的に取り入れられる「本部は考える機能。現場はそれを実施する機能」という組織

運営の考え方を、米国流のディレクティブなトップの存在を考えずにそのまま取り入れてしまうと、単に本来は現場のモラルや知的レベルが高い日本企業の、自律的な舵取り能力を損ねてしまうことになります。

そもそも本部機能は、経営層をクライアントとする人事、経理、経営企画などのスタッフ機能と、現場のパフォーマンスを高めるためにサポートをする販促企画、営業管理などのラインスタッフ機能からなり、さらに企業によっては、いろいろなクリエイティブ系の機能を置きます。

つまり、**本部とは「経営層の精度の高い意思決定を支え、現場のための企画、管理業務を請け負う機能」**と考えた方が適切だと言えるでしょう。

特にスタッフ機能は、理論上は経営層に対して「イエッサー」の姿勢で仕えるものであり、経営層は自らの意志のもとに自身のサポート機能として動かし、わかりやすく言えば、トップが、自身が満足のいくまで「いじり倒す」べき組織です。

彼らは仮に、一部の分野における高いスキルを持っていたとしても、デスクワークに少し長けているだけであり、決してエリート集団などではないのです。

ところが、前述の「官僚の無謬性」が起きている企業では「本社組織は常に正しい」という正当化が横行し、タイムリーな方向修正さえも行われず、いざという時の修正を行う責任の所在があいまいな、大変、危険な状態にもなりえます。

また、現場実態の把握レベルが低いワンマントップや本部の指示が、十分な説明もなく発信され、かつ、方向性のぶれまで起きると、マネジャーは現場に施策の理由を説明できず、組織は思考停止に陥ります。

特に、すべて自分の頭の中だけで考え、言語化や企画書作成にかける時間はムダと考えているワンマン創業者トップの意思決定の精度が落ち、ぶれが始まった時には、てきめんにこの傾向は顕著になります。

さらに、旧来型の創業者にありがちな強烈なワンマントップが部長以下を集め、

「このプランがうまくいかないのは、お前たちの責任だ！」

「はい、その通りです！　私たちの能力が足りないせいで結果が出ませんでした。申し訳ありません！」

などというやりとりになってくると、目も当てられない恐怖政治下の独裁国家と同じ状態となります。将来に向けて必要な人や組織の成長のための、因果の結び付けなど機能せず、組織は思考停止を起こし、組織の「学習」などは一切なされなくなります。

## 現代にもあった恐怖に囚われ、思考停止を起こしロボット化した巨大組織

これはまだ、今からほんの数十年前の話です。

カンボジアには、ポル・ポトによる独裁政権が存在しました。

当時、虐殺された市民の数は１００万人を超え、一説によると２００万人以上にも及ぶと言われ、いまだにその数さえ特定できていません。

これだけの人数が虐殺されることになった原因は、単に独裁政権が悪いという短絡的な話ではありません。現在でも、世界中の国家のうち50ヵ国ほどは独裁型の政権です。ポル・ポト政権下の悲劇が起きたいちばんの理由は、その組織運営の仕方にありました。

ポル・ポト政権には「オンカー」と呼ばれるピラミッド型の組織があり、上層部の指示を伝えて市民を統治していました。

ポル・ポトは、猜疑心が強く、それゆえ前面に出ることがない小心者であったと言われています。自分の身の安全を考えて現体制への批判をする反対分子をつぶしていくという独裁政権にありがちな行動をとりました。

ところが、この「オンカー」という組織では、ただ「反対分子は始末せよ」という、「Do This」という指示のみが階層を伝わって村の組織にまで下りていきました。オンカーの各階層では「どういう場合に処刑に値するのか」などの「理」にかなった説明、いわゆるｗｈｙ（理由や背景）は伝達されておらず、さらに、その指示に従わないオンカーの組織員についても処分の対象になりました。

かくして組織員は、責任を問われないよう自らの保身のために「疑わしきは殺す」という行動をとりはじめました。こうして恐怖に支配された、世にも恐ろしき、自らは何も考えないロボット化した組織が出来上がってしまったのです。この状態は何十年も続き、善悪や人の尊厳についてまだ考えることのない幼い子供が、自分の母親が政権批判の発言をしていたと口にしてしまい、子供の前で母親が処刑されてしまうという悲惨なことまで起きました。

このポル・ポトの組織運営の問題は、階層組織に考えることをさせず、「Do This」のみを押し付けている点です。

政治は本来、国民の幸せと繁栄のために行われるはずのものですが、「自分は間違っていない」ことにするため、方向修正を行わず、組織を「思考停止」の状態にした点に問題があります。

ポル・ポトは、この大量虐殺は組織が勝手にやったことであり、自分には責任はないというスタンスを最後までとり続けました。自分の傘下につくった組織の運営の責任は最上位にある自分自身にあることを認めず、結果的にこの惨劇が長引いた原因にもなりました。

企業の方向性を示す「戦略」には、取り組むべき課題の必然性が、しっかりとわかりやすく説かれていることが必須です。

その理解を踏まえて、組織は自律的に動き、必要に応じて、全社レベルでも方向修正の起案が上がってくる状態が必要です。

## Point

**すべての企画ごとには、What・Why・Howが明記されるべき。Whyが浸透した組織は、各責任者が自律的に考えて、適切な判断を行い、自らの意思で動き、さらに上層部にあてた方向修正の起案も可能な状態ができる。**

Part 9

# 市場を様々な角度から眺めることで、手つかずの市場や勝つためのシナリオが見えてくる

Strategy

「**市場戦略**」とはどのようなものかを、簡単に説明してみます。

たとえば、BtoCにおける消費者市場を前提に考えてみると、その市場を年収や年齢などの2軸の表面上に表現して、そのうえで、いくつかの共通の属性を持つ「群」に分けることができます。

たとえば、年収と年齢が高い「群」には企業役員、年齢にかかわらず年収が高い「群」には、成功している起業家や開業医が集まっています。

これらの「群」に対して、様々な企業が製品やサービスを提供する小売ビジネスが展開されています。現在、日本の高所得者層や金融資産保有額の多い富裕層を対象にビジネスを展開しているのが百貨店チャネルです。

彼らが相手にするのは、事業オーナー、医者や弁護士、勝ち組入りした大企業のビジネスマン、定年退職して資産も十分にある高年齢層、高所得の既婚、独身のキャリア女性層などの、動機は様々ながらも、良いものを持ちたい人たちです。

また高額衣料であっても、マーチャンダイジングの方向性は、品質に重点を置いた保守的な方向性と、時々の流行や面白さを追ったホットファッションの2つの方向性があります。

百貨店チャネルでも、店によってこれらの方向性は違い、それぞれが「差別化」されています。同じ新宿エリアの百貨店でも、京王百貨店は年配の女性層に支持される商品構成に強く、一方、伊勢丹は、年齢的には全方位的にファッション感度の高い富裕層向けの商品構成に秀でています。

一方、低価格帯のチャネルとしては、郊外を中心に展開される数多くのショッピングセンターがあり、さらに都市部には、百貨店よりは低価格で、よりホットファッションに振ったパルコやJR東日本のルミネ、アトレなどに代表されるOLをメインターゲットに置いたチャネルがあります。

これらの関係は市場側（この例では、年収と年齢）、事業側（価格帯とテイストの保守的―ホット軸）のそれぞれを2軸の平面で表すとわかりやすくなります。事業の競合状況は、市場との間でマッピングできます。

今、説明した以外に、個々の消費力は高くないものの、その数が圧倒的に多い価格感度の高い「群」があります。

これを大きな集団としてターゲットにすることができれば、総和として大きな市場になり、ユニクロ、ニトリ、青山商事など、世の中で成功して大きくなったビジネスは、うまく「安さ」という最も強力な差別化要因により、圧倒的な強みを築いたところです。

結局「戦略」は、これら市場側と事業側の2つの層のマッピング関係をにらみ、以下のように様々な角度から眺め設定する軸も見直しながらつくり込まれます。

図表4-5　市場側と事業側の2つの層のマッピング関係

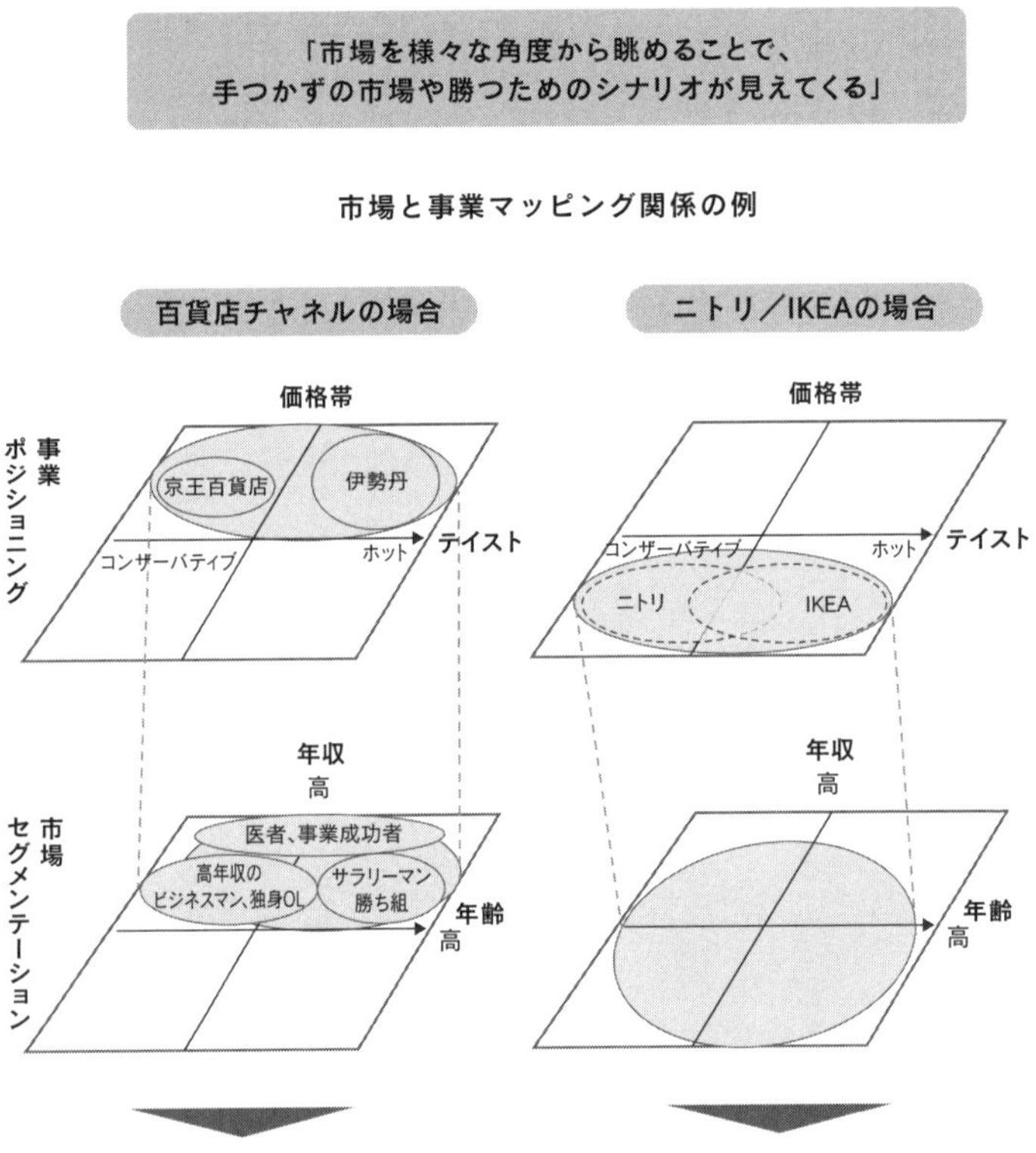


日本の富裕層、自由に使える金のある層をメインターゲットにした百貨店チャネルも、その中での様々な顧客層の嗜好性に焦点を当てている

ニトリ／IKEAの場合は、工場への直接発注を行っているため、低価格ながら高所得者層でも満足できる品質、デザインレベルの商品を展開し、幅広く市場をとらえることができている

「競合他社が見落としている市場がないか？」
「競合他社は、今とらえている市場を本当に満足させることができているか？」
「変化する市場の中に、まだ顕在化していないビジネス機会はないか？」

## 手つかずの「真空市場」は存在するもの

株式会社ワールドが2006年から展開している「ピンクラテ」というブランドがあります。

これは、ショッピングセンターで展開されているファミリー衣料ブランドについての精緻な市場調査を行った際に、小学3～4年から上のファッションに興味を持ち始める年頃の女の子たちが、買いたいと思う服がないことがわかり、企画、開発されたブランドです。

彼女たちは当時、「服の難民状態」になっていて、買う場所がなくて、仕方がなくユニクロでシンプルな服を買っていました。

「ピンクラテ」は、イオンモール武蔵村山店オープンの際に1号店を出店しました。店舗の真ん中に飛行機を配置し、機体の左右をニューヨークとハワイをモチーフにした内装デザインにし、おまけにこまっしゃくれたティーンの女の子が不機嫌そうな顔をしている、従来の常識ではあり得なかったマネキンを使った、なんともユニークな店でした。

この店は初日から計画を大きく上回る売上をあげ、2日目には、出店要請依頼のデベロッパーの方々も複数、来店されました。

当時でも「ファッションビジネスではやれることはやりつくした」と言われていましたが、市場を様々な切り口から見ていくことで、ぽっかりと手つかずのまま空いている、いわゆる**「真空市場」**の存在が明らかになったのです。

## 「戦略」は、自社の相対的な強み、弱みを踏まえてつくる

しかしながら「真空市場」が見つかっても、自社にそれをビジネスの形にまで持っていける力、そして進化させていける力があるかどうかが、次の大きな課題です。

「ピンクラテ」の場合も、他の店でこのコレクションのテスト販売を行って商品を磨き上げ、顧客の反応から、支持されるためのキーワードを明らかにしたうえで、MD（商品）のあり方を定めました。

未知の部分については実験を繰り返し、戦略を磨き上げ、その精度を上げる力がなければ、戦略を事業として形にし、成功させることなどできません。

また、将来的な市場や競合状況の変化などが見通せる場合には、それに向けて、自社の能力開発も課題になります。必要ならば、M&Aで他社が持つ能力を手に入れるということもあり得ます。

郊外型のカジュアル衣料専門店も、その黎明期には、ジーンズメイト、マックハウスなどの業態が、百花繚乱状態でした。その後、ショッピングセンターへのチャネルシフトにライトオンなどが成功し、そして今や日本勢では、ユニクロが一人勝ち状態。そして、そこに海外勢のH&M、ZARAの参入があり、価格帯とオケージョンの2軸のマップ上では棲み分けられている状態となっています。

これら、他社と比べた時の自社の相対的な能力の強み、弱みを踏まえて参入、あるいは勝つためのシナリオをつくり、強みを磨いていくプランが「戦略」ということになります。

Point

**競合がいる時の事業と市場の関係は、各企業が市場に対して様々なシナリオで差別化を行う事業とセグメント間のマッピング構造。放置されている潜在市場が発見できたり、市場が困っていることや不満を顕在化できれば、その市場セグメントを攻めるシナリオを描くことができる。**

# Part 10

# 問題発見から始まるロジカルシンキングを駆使して、戦略立案のための与件を明らかにする

Strategy

「戦略」と呼ばれるプランが求められるのは、新市場への挑戦を行う時、あるいは市場とのかい離が起きている時であり、市場が見通せていない状態の時です。

「戦略」を立案するとは、この目の前の霧を晴らしながら、最適な道を見つけ出すような作業です。

ここでは、「戦略」を策定する際の問題発見から始まる一般的な進め方を述べてみます。

現状を打開する、あるいはV字回復を狙う時、その前提にあるのは、

- **現状の課題がうまく特定できていない**
- **市場の「実態」や「機微」がしっかりと把握できていない**
- **過去の成功体験から得られた「こうやったらいい」がまかり通っているものの、ここ最近、それがどうも功を奏していない**

という、今の状況の問題を、なんとなく肌では感じているものの攻めどころを「これだ」と言い切ることができない状態です。

この時には、社内で語り継がれている事業や市場についての通説をある意味疑い、必要な検証をしながら、どこに真の問題点があり、どの方向性の課題に取り組んでいくべきかを明らかにする必要があります。

したがって、ここで重要なのは、五感に基づく自らの事業観に加えて「理」にかなった思考によって考えるべき領域を探索し、問題点を追い詰めていくためのロジカルシンキングです。

ここで使う、皆さんもよく耳にする戦略立案や問題解決の時に使われるロジカルシンキングの技法については、この後にも解説を行っていきます。

まずは、それらがどう関連していくのかを確認してください。


「戦略」策定は、一般的には**「問題発見」(Issue Finding)**から始めます。

これには、現状の実態把握と、過去の振り返りの2つがあります。

現状把握は、いくつかのやり方がありますが、こと、事業の「戦略」を立てる目的においては**3C**(Customer, Compeitor, Company)の切り口が、現状を明らかにするためには有効です。

これによって「分析」作業を進め、自社の強み、ユニークさを活かした市場セグメントへの切り込み方を検討します。

また、過去からの振り返りや「学習」には、一般的に**「時代分析」**が使われます。

図表4-6　MECE × ロジックツリー

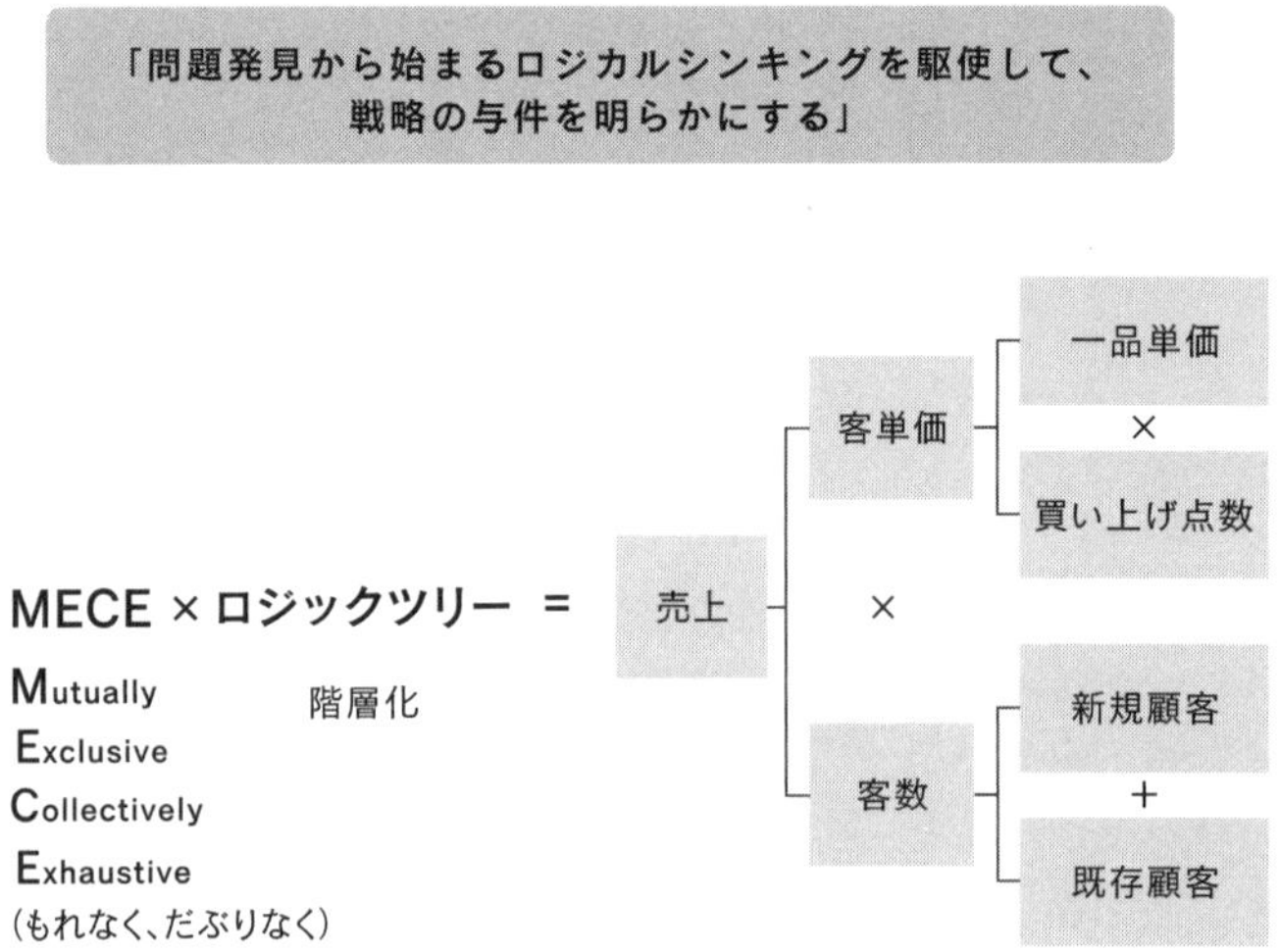


これら2つの切り口とも、深掘りの際には、MECE×ロジックツリーによって、「問題解決空間」を描きながら展開します。

たとえば「時代分析」は、まず売上と利益の推移とその時の外的な要因、内的な要因を対応させて、何が数字の変化に影響を与えたのかを「見える化」することから始まります。

客数と客単価などの必要な分析を行い、そこに景況の変化や競合企業の打ち手の外部からのインパクトなどを見て、時系列での変化に「何が、どの変化に影響を与えたのか」を明らかにしていきます。この過程で、様々な気付きが出てきます。そしてそこで起きていることの因果を結びつけることにより、様々なFinding（発見）があり、成長要因や失敗要因が浮き彫りになってきます。

例えば、「○○事業所は、競合と熾烈なシェアの奪い合いをしていたのに、どこよりも売上を伸ばしている。営業マンの提案レベルを上げる工夫があったらしい」となれば、さらに事業所ごとの成約率の変化を見に行こうという話になります。

このように「○○が起きていたのではないか」と仮説を置いて、その事実関係を押さえにいくのが**「仮説思考」**です。作業を効果的、効率的に進めるための有効なテクニックです。

そして、問題点が見えてきたところで、その重要性、優先順位を明らかにする**「課題定義」**（Issue Definition、**イシュー・デフィニション**）を行います。

この問題発見、課題定義に至る過程においては、社内外の有効な知見も反映させねばなりません。より良い仮説を得るために現場の責任者に、改めてヒヤリングも行うことにもなるでしょうから、**インタビューイング・スキルとEQ力**も求められます。

特定された問題を解決するための、取り組むべき課題のテーマを「解の方向性」としてまとめ、具体的な施策に展開します。これについてもロジックツリーに描き、優先順位を明らかにして、その全体像を確認できるようにします。

ここでは、その事業における打ち手の可能性について、**戦略的自由度**（Strategic Degree of Freedom）をしっかりと探索し、網羅的な視点での確認を行います。

そしてそのツリーのもとで、何がうまくいくかをイメージしながら**戦略的代替案**（Strategic Alternatives）とも呼ばれる施策を立案し、効果と実行難易度、あるいはメリット面、デメリット面の評価を行い、まずはその中でベストと考えられる施策を選択し、実践に移行します。

それぞれの方法論については、この後でも触れますが、これらを使いこなすためには「習う」だけ

図表4-7　戦略策定のための問題発見・課題定義・評価と絞り込み

**戦略立案のためのステップ**

| | 「問題発見」<br>(Issue Finding) | 「課題定義」<br>(Issue Definition) | 「戦略的代替案の評価、絞り込み」<br>(Strategic Alternatives) |
|---|---|---|---|
| 基本動作 | MECE×ロジックツリーにて、問題解決のために検討すべき「空間」を描く。<br>そして、売り上げの差異、推移などの、ギャップや変化を「見える化」し、どこに問題があるのかを明らかにする。 | 見えてきたギャップ、変化の原因、理由を追求し、さらに必要な分析を行う。その際に「市場や現場で何が起きているのか」を現場主義に基づき、仮説を立てては、ファクト(事実)をもって検証し、さらに新しい気づき、発見から次の仮説を立てることを繰り返す。同時に、MECE×ロジックツリーで描かれた「問題解決空間」そのものの見直しも続け、「空間」を適切なものに修正し、課題(＝解の方向性)を明確にする。 | 定められた解の方向性について、施策の代替案を複数立案。<br>そのうえで、効果と実行難易度を評価、比較し、実行に移行すべき案を絞り込む。 |
| 有効なフレームワーク／手法 | • 事業の現況把握:3C(市場、競合、自社)<br>• 事業の過去からの検証:「時代分析」 | • 現場主義<br>•「仮説思考」<br>• インタビュースキル<br>• EQ力 | • 効果／実行難易度評価<br>• メリット／デメリット評価 |

ではなく、使いこなせるよう「慣れる」ことが重要です。

実践を通した振り返りがなく、プラニングだけを繰り返している場合や、座学だけで終わっていると、次から次へと化粧直しばかりを続けるように新しい戦略論などを追いかける、「経営理論オタク」状態になっていくこともあります。

実際のプラニングを行ったうえで、自ら実践する、あるいは実践の指揮のサポートを行い、PDCAを廻して現実を知ることで初めて、実業におけるこれらの理論の使い方を体得することができます。このスキルの習得は、楽器の演奏技術の習得と同じです。我流の解釈で進めると、思い込み、思い違いが放置されたままになる危険があります。

望むべくは、はじめだけでもその道のプロの指導のもとに、自分たちの手で作業をすることから始め、社内の問題解決の文化をつくっていく方が、自社の能力を高めるという意味で好ましいと言えます。

## Point

**市場が見えていない状態では、仮説であっても一歩を踏み出し、手探りでも進むためのマップが必要。これが狭義の戦略。戦略立案における、問題解決のためのロジカルシンキングでは、①一連の技法を使いこなしてマップの構造となるツリー、②上手に「見える化」した分析と意味合いの抽出により、描き上げるシナリオの背景にある因果を明らかにすることから始まる。**

Part 11

# 3Cは、戦略シナリオづくりに使いやすいフレームワーク

Strategy

戦略立案の際の現状把握は、今の自社の事業の状態を明確にすることから始めます。戦略策定の方法論として、経営学者や経営コンサルティングファームから、数多くのフレームワークが発表されています。

目的に応じて、どれも有効だとは思いますが、実際に私だけではなくその道のプロたちからも、あちらこちらに手を出さずとも、これだけで充分であり、戦略の立案に使いやすいと言われるフレームワークが3Cです。

まず、市場（Customer）については、一体どれだけの市場規模があり、その中で自社はどれだけのシェアをとれているのかというボリュームを、その変化と共に押さえること。市場は何を価値と認めて、その製品やサービスにお金を払ってくれているのか。どういう動機を持った顧客層が、どの市場セグメントにどれだけいるのかを明確にすることから始まります。

## 図表4-8　戦略立案の3C

| | |
|---|---|
| Customer<br>**市場** | **市場の実態把握**<br>・市場規模の今と変遷をさまざまな角度から押さえる。そして、これからどのような変化が起きうるかを読む<br>・市場の購買動機、顕在化しているニーズをまとめ、潜在状態にあるニーズを探る |
| Competitor<br>**競合状況** | **自社を含めた競合企業のプロファイリング**<br>・自社も含めた競合企業の特徴をポイントを押さえて明確化して比較する<br>・各社の売上規模と獲得シェア、その製品やサービスを受け入れている主要ターゲットを明らかにする |
| Company<br>**自社** | 自社の強みと弱みを、客観（市場視点、競合比較の俯瞰）と主観（社内にある本当の強み、弱みは何だと考えられるのか）の両方の視点から明らかにする |

**これらを与件として、成長軌道入れのためのシナリオを描く**

例えば、

- まず、自社の強みから、市場のどのニーズに対応した事業展開にフォーカスすべきか
- 組織能力の不足している部分は、いかに克服していくべきか
- 事業の幅を拡げていくための、段階的なステップ論の組み立て
- 絶対的な強みを獲得するために、自社の弱みをいかに克服していくべきか

　市場を描いたマップに対して、競合（Competitor）が、それぞれの強みを駆使して事業展開を繰り広げています。後発企業は、一般的に何らかの差別化を行って、まず、市場の一部を奪いに来ます。

　結局、この差別化された、より安い、より高機能で便利、より楽しいなどの要素から判断した顧客側が、製品やサービスの使い分けを行い、市場のセグメンテーション（市場細分化）が進みます。

　ここではマップなどを使って、どの市場のセグメントを、自社を含めた競合企業が現実にはどう取り合っているのかを「見える化」する作業が必要です。

　自社（Company）には、一般的に

その特有の強みや弱みがあります。

その強みは十分に市場に伝わっているのか、市場から比較された時の優位性は果たしてどう認識されているのか、弱み克服が可能かなどを検証しながら、勝てるシナリオをつくっていきます。

これらを明らかにしながら勝ち方のシナリオをつくるわけですが、そこでは、上手に「見える化」を行い、自社の組織内にもわかりやすい戦略が描けるかどうかが、その成否を分けることになります。

## シナリオが浮かび上がってくるフレームワーク

世の中に出回っているフレームワークには、整理には便利であり、かつ、それらしく見えるものをつくることができるものが多々あります。資料の文脈をしっかりと追っていないトップがそれを見ると、時として「おおっ」と声を上げるような、見た目には立派な資料が出来上がります。

しかし、その実、いざ問題点を深掘りして、実際の施策を決め、アクションプラン（実行計画）を策定しようと考えた際に、So What（「で、だから何？」）で止まってしまい、結局、そのままでは役に立たなくなることも多々あります。

たとえば、マーケティング分析で使われるSWOT分析も、整理のためには使いやすいフレームワークですが、あまりに自由度が高すぎて、いくらでも「それらしく」好きなように綴ることができてしまいます。これを組織において有効に使うためには、記入上の制約をかなり加えていかなければ

図表4-9　自社も含めた競合比較のチャートの例

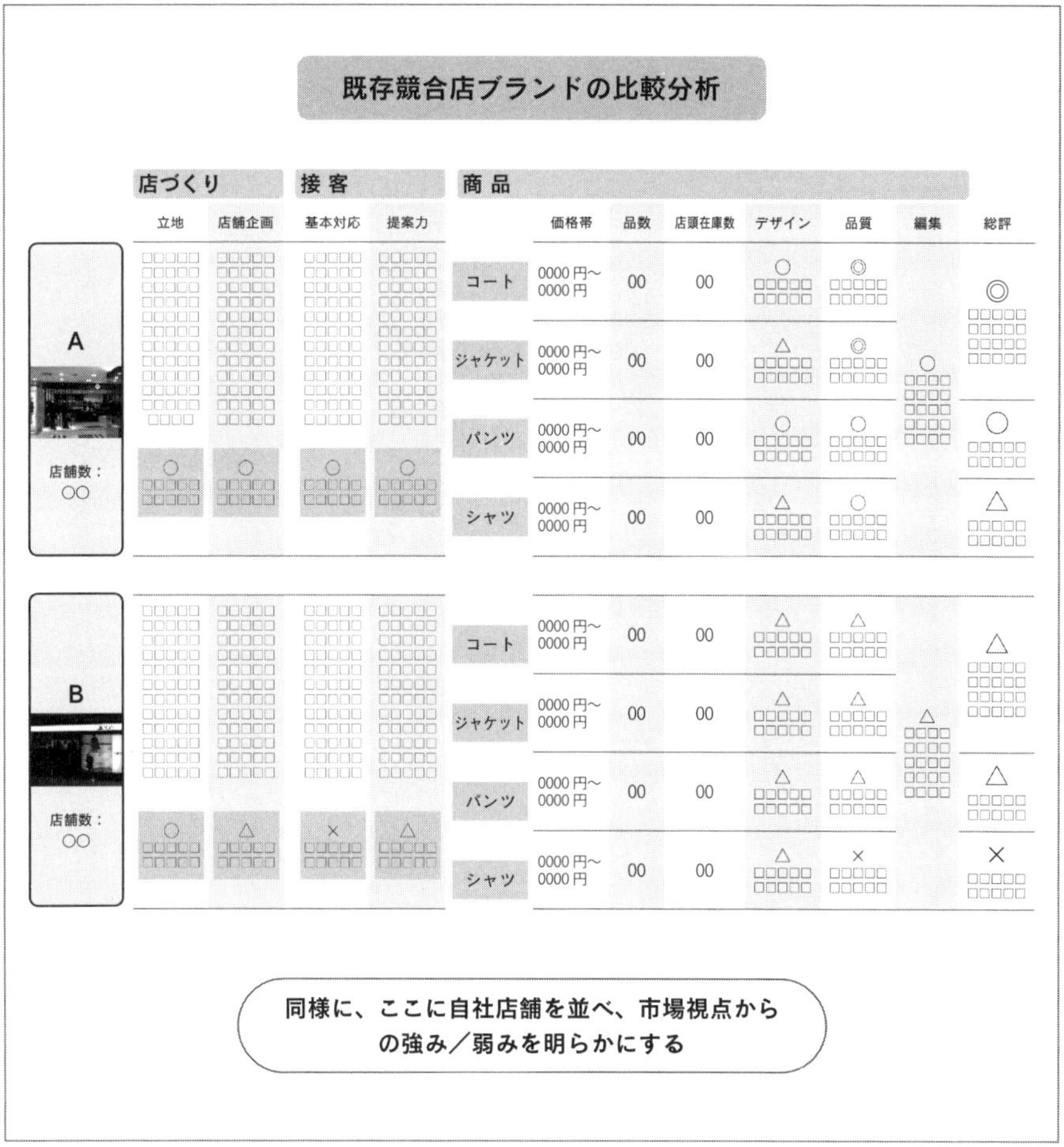

ならず、一部では、SWOTの利用を禁止する企業も出てきていると言われます。
この3Cのフレームワークの良さは、このフレームワークに従って分析し、「見える化」をうまく進めていくと、シナリオが浮かび上がってくるように使い手側を「追い詰めて」くれる点です。

Point

**良いフレームワークは、解に導くように追い詰めてくれる。フレームワークは、埋めるのではなく「何をアウトプットとして目指すのか」を明らかにしてシナリオを描くために使われるもの。**

Part 12

# 実行につながる戦略策定を行うためには、施策に対しリアリティのある実行難易度の評価が必須

Strategy

著名なコンサルティング会社に依頼して、戦略を立案してもらったとします。

たとえば、市場のセグメンテーションを行い、

「ここに未開拓の事業ポテンシャルがあります」

というシンプルなレベルの提案もあれば、

「御社は従来、ＰＬ（損益計算書）を意識したフロー視点のビジネスでやってこられましたが、今後は不動産などの所有資産を有効に使うストック視点でビジネスをとらえるべきです」

というレベルにまで戦略的自由度を駆使して、従来、企業側が気が付いていなかった視点からの提案をしてもらえるものです。

提案を受けたクライアント企業側からは「なるほど」と褒められ、気が付いていなかった視点を提供したという意味では、価値のあるレコメンデーション（提案）を行ったことになります。

ところが、その新しい視点の戦略が実践されるかというと、高い金を支払ったのに「結局、何も起

### 図表4-10　戦略的代替案の評価

**メリット、デメリット評価の例**

| 代替案 | メリット | デメリット | 総合評価 | |
|---|---|---|---|---|
| | | | 判定 | 採択／非採択判断の理由 |
| A | xxxxxxxxxxx ◎<br>xxxxxxxxxxx ○ | xxxxxxxxxxxx △<br>xxxxxxxxxxxx △ | ○ | xxxxxxxxxxxx |
| B | xxxxxxxxxxx ○<br>xxxxxxxxxxx ○ | xxxxxxxxxxxx △<br>xxxxxxxxxxxx × | △ | xxxxxxxxxxxx |
| C | xxxxxxxxxxx ○ | xxxxxxxxxxxx △<br>xxxxxxxxxxxx ×× | × | xxxxxxxxxxxx |
| ⋮ | | | | |

定性的な評価にあえて、○△×をつけ、定量的な議論ができるように、「コンバート（置き換え）」を行う。確認する側（上長）と、この評価が適切かどうかも合意ができるのかについての議論を行ったうえで、どの代替案を採択するかの決定にもっていく

最終的に、どの点を重視して、採択／非採択の判断を行ったのかを言語化する。判断は、最終的には主観的なものになるため、ここはしっかりと文章化しておく

きない」ことは、結構な頻度であり得ます。

「画期的な視点である」という価値は、見方を変えれば、それを現実に実行するためには乗り越えなければならない、見えていない壁の存在が見込まれることを意味します。

よって戦略を含むすべての企画には、その施策案について、難易度を評価する必要があります。

施策の評価のために、簡易的に「メリット、デメリット」による評価をすべての企画に行わせている企業もあります。

市場戦略においては、競合状況における優位性の比較、評価を行い、その中での自社の事業展開のあり方を検討します。

しかし、そもそも自分たちに、立案した施策を実施し、成功にまで至らせるために

必要な社内の組織能力があるかどうかの方が、実践においては重要です。外部のコンサルタントが戦略をまとめる時には、この実行施策の難易度の読みが甘くなりがちなので要注意です。

## 安易な逃げを許さない環境をつくる

実施能力についての検証が不十分なままに「このくらいできるはずだろう」という甘い考えで社内に公開してしまうと、現場のマインドは、静かに「できない理由のオンパレード」状態になります。

また、難易度が高いと評価される施策は、たとえ手間や時間がかかっても、企業の力を高めることに貢献するものです。

反対に難易度が低い打ち手は、同業からそのことを見抜かれた場合、すぐに同じことを真似されることにもなりかねません。

本来は現場やトップとよく詰めたうえで例えば「トヨタ生産方式」の習得のような、難易度は高くとも、絶対的な差別化につながるような施策にも、中長期的な視点で取り組むことが好ましいと言えます。実行すると決めた施策が上手く進まない場合に、

「なぜ、できないのか」

「それを克服することはできないのか」

の追求なしに、理由をあいまいなままに放置して「無理そうだな」だけで放置すると、新しい挑戦ごとに対しては「やらない理由」「スルーさせる言い訳」がまかり通る環境が出来上がっていきます。

図表4-11　「効果と難易度」の考え方

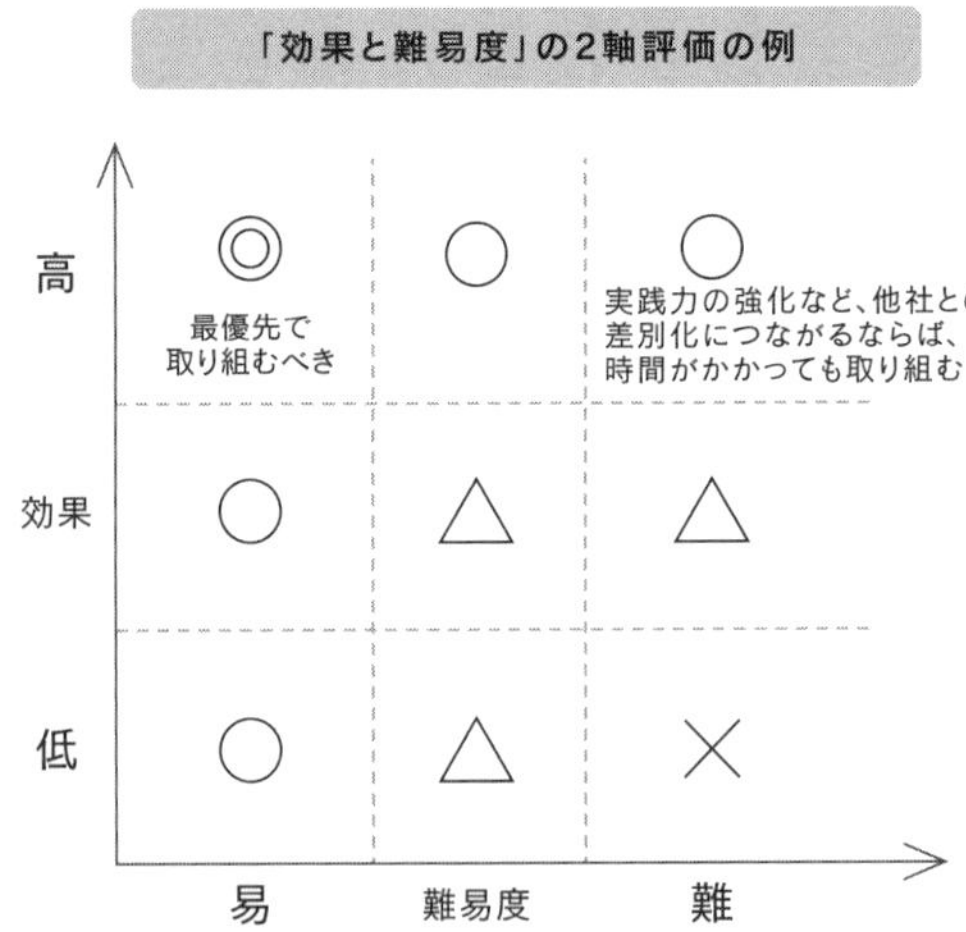


取り組むべき施策については、効果の大小のみならず、その難易度の評価も行う。
また、たとえ難易度の高いものでも効果が大きく、対競合優位性を確実なものに
できるものであれば、数年かけてでも中長期課題として取り組むべき

やっても自分の評価につながらないと思える場合、やると自分にとってリスクを抱える状態になる場合、そして何よりも単純に「面倒くさいからやめとこう」という動機が通用するようになれば、やらない理由など、無限に挙げることができます。

米国企業においては少々、難易度が高いものでも、トップは「やれる方法を考えろ。それが君たちマネジャーの使命だ」と「逃げ」を許さない姿勢を基本とします。

しかし、「和」を前提にする多くの日本企業のマネジメントは、トップが実践のイメージをしっかり持ったうえでPDCAの作法を正しく踏まないと、ゆるさや甘さを許すことになり、組織的に、

**「人、性善なれど、性怠惰なり」**

が蔓延し、この状態が長期化すれば、厳しさはなく、主張の強いものばかりが幅を利かす野放図な状態となりかねません。

さらに多くの企業では、高度成長期以来、右肩上がりを前提にした経営の作法がいまだに踏襲されてしまっています。自社の努力で事業価値の向上を追求する厳しさが、企業文化となるレベルとして根付いていない企業も多いように思います。

精度高く施策の難易度評価を行えるのは、ビジネスと組織の動きを肌で理解している社内の人材です。

外部に策定してもらった「戦略」も含め、すべての企画ごとについては、理にかなったイシュー・デフィニションを行う。そして「解の方向性」を定めた後の施策の選定の段階では、効果と難易度の評価をしっかり行い、自らの言葉で語れて合意が取れ、実行に移行できる状態づくりが必須です。

Point

**実行されない戦略には何も価値はない。施策については、必ず、効果と難易度の2軸による評価を行う。社内にそれをやり切る能力があるのかについても、しっかりと評価を行う。**

Part 13

# 「時代分析」とは自事業の過去を振り返り改めて「学習」すること

Strategy

戦略策定に取り組むのは、多くの場合、企業が次の成長シナリオを求めて模索している時です。その段階では、まず過去も含めて、現実を事実に基づいて把握しなければなりません。現状を把握する方法の1つに、過去からの学習を行うための**「時代分析」（Era Analysis）**という基本分析があります。

「未来は、過去の延長線上にはない」という言葉がありますが、正確には「無意識のうちに起きる思考停止状態のまま、惰性で過去のやり方を是としては継続していけない」という意味です。

事業の再成長軌道入れの際には、何が自社の成長に寄与し、何がトリガーとなったのか？ そして何が低迷の原因であり、そのトリガーとなったのは何なのかなどを、明らかにしておく必要があります。

この分析は、過去からの施策に対して、売上や利益、あるいはさらにブレークダウンした成約件数などの数字がどのように反応して変化したかを「見える化」し、その因果をつないでいく作業を行います。

## 自社の癖も「見える化」する

人と同じく、企業にも「癖」があります。

「癖」は習慣、あるいは文化と言ってもいいのですが、良い癖と悪い癖があり、問題なのは、そのどちらについても、空気のように、そこにあるのが当たり前で、当人たちの自覚がない場合が多いという点です。たとえばトヨタの人に、トヨタの強みとは？　とコメントを求めても、こちらが聞きたいような答えが返ってこないことが多いものです。優良企業が持つ様々な良い習慣は、すでに当たり前のこととして自覚のないままに「良い癖」として定着しているのです。

自社の持つ「癖」の中の「悪い癖」に気が付いていないと、必ずそれは繰り返されます。

また危険なケースとして、「改革」と称して、自社の持つ「良い癖」までをも駆逐してしまうことがあります。

一方的なワンマントップが、自社の「良い癖」をなんら悪気なく破壊し続けて、結果的に企業の力を弱めていく事例も数限りなくあります。

そういう自社の「思考、行動の癖」の存在を「見える化」して、気付きを与えるのが「時代分析」です。「時代分析」は、横軸に時間軸を、縦軸に売上と利益を入れて、各年度の外部の環境変化や自社の施策が、どう売上と利益に影響を与えたかを明らかにしていきます。

図表4-12　現状把握と意味合いの抽出

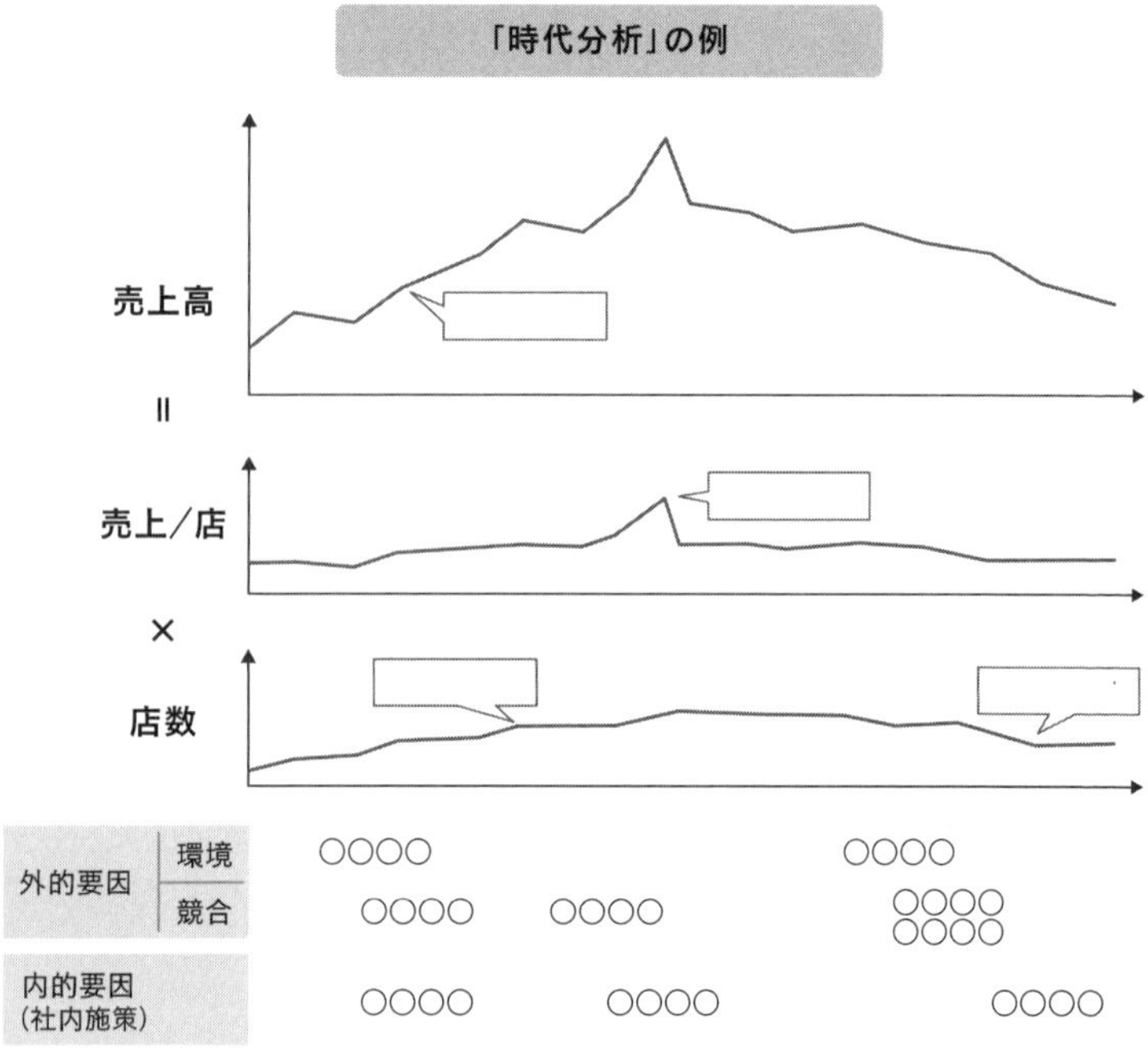


変化のあるところは、その原因を外的要因なのか
社内施策によるものかに分けて、具体的に明示する。
これによって、外／内的要因が、どの結果に影響を与えたのか。
そして、その強弱の因果を明らかにする。

どこの企業でも、幹部の方たちは必ず、自社のこれまでの歴史については当事者として熟知できていると自負しています。確かにそれは間違いないのですが、かつて起きたファクトを自身の感覚として記憶しているだけという表現の方が正しく、それが、本当の因果というと、検証が不十分なままで放置されていることもあります。

## 施策と結果の連動性が明らかにわかる

実際に起きたことと、その因果を時系列に「見える化」してまとめてみると、実際には、改めて気付き、驚くことばかりです。

チャート化して、縦軸に客数、客単価、あるいは、新規顧客の獲得数、既存顧客のリピート数などをとり、分解して見ていくと、施策と結果の連動性が明らかになり、多くの気付きが生まれます。

「あの時の打ち手は、こんなに長い間効いていたのか」
「この打ち手の効果って、1年だけだったのか」
「結局、あの時の打ち手の失敗が、その後、今に至るまでずっと影響してしまっている」

さらには、

「当時は、社長のことをアホやと思うてたけど、こうやって見るとちゃんと考えてたんやなぁ……」

という幹部社員のコメントを聞いたことがあります。

余談ですが、ある企業の創業者ワンマントップが口癖のように、

「うちの会社は、過去を問わない。振り返らずに前だけを向いて進む」と言っていました。

当時はそれを聞いてすごいなと思いましたが、ある時、その意味合いに気が付きました。この会社の施策は細部まで、すべてこのトップが決めていました。

したがってこのトップは、多くの失敗から自分自身は学んでいたはずなのですが、検証と称して、自分の失敗をオープンにして総括をするな、というのが本音だったようです。

もちろん、私はそこで参謀役として、事実をもって過去の失敗の因果をしゃあしゃあと総括しましたが……。

企業経営においては、失敗は人に帰結させない、方法論や考え方、ルールに帰結させ、手順の改善（PDCAのA）を行うというのが大原則です。

ワンマントップの会社であっても、会社を永続的に発展させたいなら、組織としての「学習」を促進しなければいけません。

実際の起案はトップでも、経営企画室などの側近が、それをプランPの作法に則り記述して、PDCAが廻る形にする必要があるのです。

**Point**

**組織としての振り返り、「学習」のためには「時代分析」は有効。「時代分析」は、組織としての様々な「気付き」につながる。**

Part 14

# 市場は変化し新たな事業機会を生み出す

Strategy

市場というものは時間の経過と共に、面白いほどダイナミックに変化します。より良いものを志向した緩やかな変化もありますし、競合の参入による顧客の取り合いの激化など、様々な力が作用して、当初は想定していなかった方向にもダイナミックな変化が起こります。

ここでは、私がかつて在籍していたメンズプラザアオキを有しているアオキインターナショナル（現AOKI HD）の例を挙げます。

「洋服の青山」「メンズプラザアオキ」などの郊外型の紳士服専門店を展開するチェーンが、1990年代に都市部の住宅地近辺で店舗数を増やし、百貨店のメンズスーツ売り場の顧客が大きくそちらに流れてしまったことがありました。

このように市場の変化が起きると、既存のビジネスからは、顧客の一部が流れ出してしまい、そのままでは売上は前年を割ってしまうことがあります。

市場が変化するということは、市場の貌《かたち》、つまり様相が変化するということです。

このことをマップで表現できたとすると「魚の群れがいる場所」が、それまでの場所から、より餌が多い、あるいは居心地の良い場所に移動してしまうということです（お客様を魚呼ばわりするのは失礼かと思いますが、わかりやすいたとえだと思いますのでご容赦ください）。

## 「郊外店では、絶対買わない」という顧客層がいることを発見

ここで、スーツビジネスを、その変遷から追いかけてみたいと思います。

かつてスーツが一張羅《いっちょうら》としてあつらえるものと考えられていた時代に、いわゆる「吊るし」と呼ばれる既製品のスーツの展開が始まり、百貨店で買うものという時代が長く続きました。

そこに青山商事、アオキインターナショナルなどによる地価の安い立地での郊外型店舗が展開を始め、都市部にある百貨店のメンズスーツ売り場の売上は激減してしまいました。

一方、郊外型店舗も熾烈な出店競争を繰り広げ、瞬く間に過当競争状態になり、既存店舗の売上が大幅に前年を割るようになってしまいました。

市場や競合状況の貌が変われば、従来の市場における顧客の分布状況には変化が起こり、静かに新しい要望が芽生えてくることがあります。

当時、アオキインターナショナルのメンズ事業の責任者として立て直しを命じられた私は、既存店の販促手法、販売手法の見直しを進め、業務精度を上げるＰＤＣＡを定着させながら、他方で、現状の市場の様相を明らかにするために、様々な角度から調査項目のつくり込みを行い、市場調査を実施

しました。

そこでわかったことのひとつが、当時、強烈な安売りのイメージのある郊外型の紳士服店では「そこで買っている自分が格好悪く、許せない」と考え、郊外店では絶対に買わないという顧客層が40％ほどいるという現実でした。

しかしながら、だからといってこの顧客群が、必ずしも百貨店やセレクトショップで高価なスーツを買うことを良しとしているわけでもないこともわかりました。

彼らのニーズを見ていくと、できれば、都市部やショッピングセンターにある格好のいい店で、さらに、お値打ち価格で買えれば嬉しいと感じていることが読めました。

当時の郊外型の紳士服店舗は、そのなり振り構わない安さの訴求のために、ショッピングセンターへの出店が許されてはいませんでした。

当時、先行して新しい業態を展開していた、京都に本社を置く株式会社オンリーが「ジ@スーパースーツストア」という、従来のスーツ店舗とは異なり、白色を基調としたすっきりとしたイメージの店舗デザインの、2プライスの買いやすい価格帯の店を展開していました。この業態には、いくつも参考にできるポイントがありました。

## 変化のあるところにビジネスチャンスが生まれる

市場調査から明らかになったのは「うちの方が安いよ」という訴求を続けている郊外型店舗よりも、

「この店で買った」と周りにも言えるイメージの良い店で、できればお値打ちに買いたいというニーズでした。

都市部でも展開が可能で、ショッピングセンターでも出店許可がもらえる店について、まず若い層からミドル世代を対象にした業態の企画を行い、スタートさせました。

こうして新規の成長分野の開拓として企画を考え始め、出来上がったのが、現在の「オリヒカ」の前身となった「スーツダイレクト」という業態でした。

ただし当時、「他社の真似をする」という習慣に囚われているこの業界の常識があり、どこの会社もパイオニアであった「ジ@スーパースーツストア」のやり方と同じ展開をすべきというオーナー側の意向が強く働き、低価格な2プライス展開にせざるを得なくなりました。

スーツは安くしたからといって、市場で購買される総着数が増えるものではありません。

特に本来、都市部は、プライスが高くとも質の良いものを求める客層が存在する市場です。

結果、賃料比率が基本的に高くなる、この都市部・ショッピングセンター型低価格紳士服店業態は、その収益性を必要以上に低いものにしてしまい、利益幅の少ない業態になってしまいました。

ほどなく同業他社からも、同じ方向性の業態として「スーツカンパニー」「パーフェクト・スーツ・ファクトリー」「スーツセレクト」などが展開されていきました。

メンズスーツの顧客は、まず都市部の百貨店から郊外のロードサイド店舗に移っていき、また、その両方からさらに一部の顧客が都市部、あるいはショッピングセンターのよりスタイリッシュに見えるスーツ店舗に動いていったわけです。

今では、より価格志向性の強いショッピングセンターを中心に展開している「オリヒカ」、都市部を中心にして商品力で勝負しようとする「スーツカンパニー」、それら両方を取ろうとしている「パーフェクト・スーツ・ファクトリー」という様相になってきています。いつの時代にも市場は変化を伴い、「それならば、この方がもっといい」と進化した市場ニーズが潜在市場として生まれてきます。これを満足させるビジネスが新たに生まれてくることになり、この状態を「**市場の細分化（セグメンテーション）が進む**」と言います。

新しいビジネスに、細分化された一部の市場が切り取られれば、既存の業態の市場のパイは必然的に小さくなり、既存の事業にとっては「ピンチ」が訪れます。

しかしながら「ピンチはチャンス」です。

市場というものは、企業側からの挑戦に反応して、変化を起こします。

特定の市場セグメントを自ら取りにいく、あるいは、さらなる変化を市場に仕掛けるなど前向きに挑戦をしている限りは、自社が気付いているかは別にして、チャンスは実は手の届くところに存在することが多いものです。

よってここでは、まだ見えぬ潜在市場をいかに「見える化」し、顕在化させるかが大きな課題です。

現に、日本ではまだネット通販のみで店舗展開をしていませんが、都市部の顧客層を想定したスーツサプライ（SUITSUPLY）という、4～6万円という価格帯を中心に良質のスーツなどを展開する業態も既存市場の間隙を突いてスタートし、グローバルにビジネスを広げています。

変化を続ける市場には、常にビジネスチャンスが伴っているもの。このことは忘れてはいけません。

図表4-13　市場は常に変化＝進化する

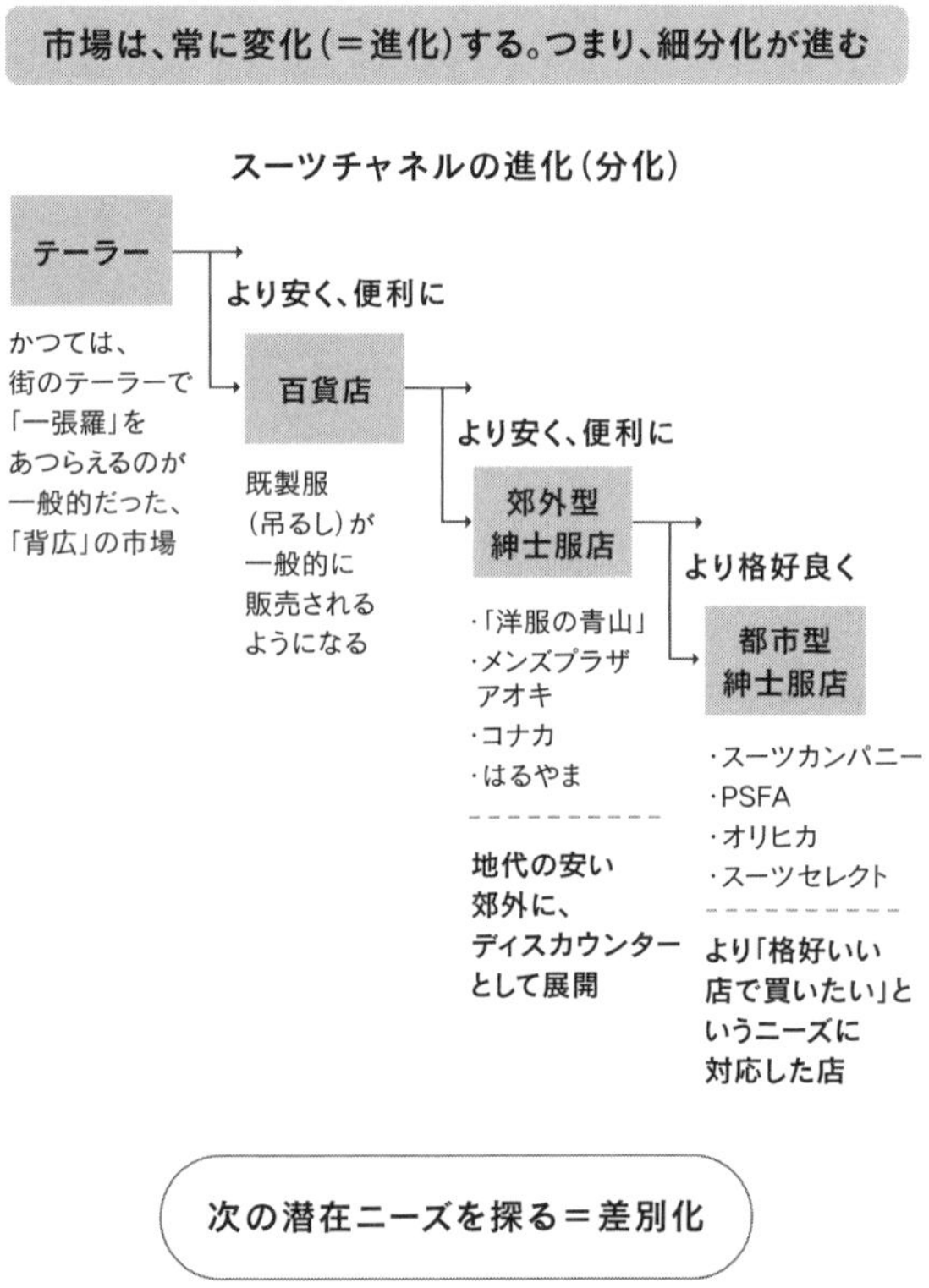

市場は、常に変化（＝進化）する。つまり、細分化が進む
スーツチャネルの進化（分化）
テーラー
かつては、
街のテーラーで
「一張羅」を
あつらえるのが
一般的だった、
「背広」の市場
より安く、便利に
百貨店
既製服
（吊るし）が
一般的に
販売される
ようになる
より安く、便利に
郊外型
紳士服店
・「洋服の青山」
・メンズプラザ
アオキ
・コナカ
・はるやま
地代の安い
郊外に、
ディスカウンター
として展開
より格好良く
都市型
紳士服店
・スーツカンパニー
・PSFA
・オリヒカ
・スーツセレクト
より「格好いい
店で買いたい」と
いうニーズに
対応した店
次の潜在ニーズを探る＝差別化

## Point

市場は常に進化・変化する。これが市場細分化（セグメンテーション）を促進する。その変化により、新たに生まれている市場には、その影にまだ誰も気が付いていないチャンスがどこかに生まれている。

「ピンチは変化であり、その変化にはチャンスが潜んでいる。

Part 15

# 市場を「創造」するシナリオづくりに必要なのは、顧客の笑顔がイメージできること

Strategy

一般的に、戦略策定の際には市場のデータを把握したうえで、既存市場の分析から始め、その次に競合企業との相対的な関係から、差別化をいかに行って市場を奪うかのシナリオを考えます。

「この市場セグメントでは、競合の弱みが突けるので、ここを攻めよう」

「そのためには、この市場セグメントの顧客層に当社の製品の方が優れていることを伝えるために、このメッセージを強調し、この媒体を使って訴求して……」

このような感じで、巷の戦略論は、既存市場の一部を「奪い取る」、あるいは「市場セグメントの中で、まだ競合が攻めていない、見落とされている市場を明確にして攻める」ためのシナリオづくりの手法です。

しかしながらこれは、顕在化しているニーズの奪い合いの話であり、新しい市場を創造したり、新規のニーズを顕在化させたりするものではありません。

新市場を「創る」場合は、市場において、どのような人たちが、どの部分に不満を感じているかな

どを把握したうえで、

「この市場は、現状の製品やサービスの、この点に不満を感じている（はずだ）」

「その人たちはこれを喜ぶ（に違いない）」

など、市場のプロファイリングをもとに、顧客の笑顔をイメージしてシナリオを「つくり」ます。

だいたい、価格・利便性・楽しさのBtoCビジネスにおける差別化の3軸のフレームワークとにらめっこを続けていても、年間売上が今や8000億円を超え、今でも躍進中のドン・キホーテのような業態のアイデアなど、頭に浮かんでくるわけではありません。

ここでは、すでに言語化されている世界だけにとどまらない、いわゆるマーケティング的なアプローチになります。

かつてスティーブ・ジョブズが唱えたマーケティング不要論は、「我々アップル社は、マーケットを創造するマーケットリーダーたれ」という意味であり、この「創造」する行為がアップルの存在意義であると宣言したものととらえていいでしょう。

## 成功イメージを社内で共有できていなかった失敗

ところで、このマーケットをつくり上げるための「イメージ」は、実践段階においては、社内でも共有できなければなりません。

これはある企業で、業界で長年続いている価格競争状態から抜け出すために、完全に他社と差別化できる接客の方法論を展開しようとした時の話です。

米国のある企業が7年かけて形にして、他社が追随することのできない差別化につなげた、門外不出の接客システムのノウハウの全貌を知ることができ、それを取り入れたプランをつくり、入念に準備を進めて展開を始めました。そして実験を通して、十分な効果を確認し「確立までには、ある程度の時間は要するものの、これで絶対的な差別化できるポジションを築くことができる」と踏んだ矢先の話です。

自己顕示欲が強い、その会社のトップが同業の集まりの場で、

「うちは今度、○○が成功している、画期的な接客の仕方を取り入れて、オンリーワンの状態になっていきますので……」

と声高らかに吹いてしまい、本格展開の前にノウハウが御開帳されてしまったことがありました。

このトップは安売りの世界でずっと戦ってきた方であり、おそらく頭の中には、その施策が市場における独壇場をつくれる画期的なものであるというイメージが、我々ほどには描けていなかったのだと思います。

社内の意思決定と実行にかかわる人たちに、そのイメージが伝わる工夫を怠っていたことの戒めとなる事例だと思います。

## 日本企業が得意な市場を「育てる」こと

さらに、もう1つ重要なのが「育てる」という視点です。

今や、IT家電製品において、プログラムは簡単にコピーされ、技術者を海外企業に引き抜かれたり、人員整理をした人材を持っていかれたりして貴重な国内の技術知識が流出。結果としてグローバルな市場では、安価な海外企業の製品にシェアを持っていかれてから、久しくなります。

一方で、カメラなどのレンズに使う光学部品の研磨技術に差が出る製品や、窯の鍛造技術を使ったごはんをおいしく炊ける炊飯器などの日本製品については、世界中から求められ、日本国内でもアジア人観光客の買い物対象になっています。

かつて白物家電は「そんなローテク製品の技術などを、後生大事に改善して磨いても付加価値の高いビジネスにはなりえない」と言われていました。

しかし、現場の技術者がPDCAを廻す「カイゼン」を重ねて技術を磨き上げてきた結果、新進の海外企業などが簡単に真似をすることのできない技術を「育て」上げ、容易に追随ができないビジネスとなりました。

このように技術や製品、サービスを、技術者が「カイゼン」を重ねて磨き上げることで「育て」上げるのは、日本企業の得意とするところの1つです。

これらの「奪う」「創る」「育てる」は、それぞれが背反するものではありません。

戦略立案の過程においては、マーケティングの一分野でも顧客のプロファイリングに踏み込み、成功のシナリオを探ることも行います。

「育てる」腕を極めた先には、企業の本来の強さ、オペレーショナル・エクセレンス（実践力の優位性）が培われ、その固有技術以外の分野に出て、勝つことも可能にしました。

外部からはよく見えない事業のプロセスを進化させ続け、強い事業力を育て上げたのが、現在も成長基調にある日本の優良企業なのです。

Point

**事業の勝ち方は大きく分けて3つ。**

**① 競合優位性をもって奪い、攻める**

**② まだ実現化していない市場を創造する**

**③ 育てて極める（自事業の圧倒的優位性を磨き上げる）**

Chapter 5

# 問題解決の基本は、
# MECE
# ×
# ロジックツリー
# ＋
# 仮説思考

What is
Why
required
Mindset
and To Be
Strategy
Problem
Solving
Knowledge
PDCA
Egoism

Part 1

# 問題解決のための「空間」をMECE×ロジックツリーを使って描く

Problem Solving

問題解決に使われるフレームワークは、それこそ山のように存在します。書店に行けば2000円以内の金額で、得した気分に浸れる、フレームワークてんこ盛りの本も入手できます。

ただしそのフレームワークは、その構造からとらえると、**すべてがMECEとロジックツリーから出来上がった、用途に応じたバリエーション**です。

フレームワークを実務において使う場合は、目的に応じたカスタマイズが必要になることも多々あります。

実際、あるレベル以上のスキルを持つビジネスマンは、フレームワークについて特に習っていなくても、「理」にかなったフレームワークを自ら描き、問題解決に使います。

問題解決の現場では、すでに「様式美」化したフレームワークに囚われることなく、必要に応じて自ら適切なフレームワークをつくって「見える化」を行うことの方が一般的です。

したがって、既存のフレームワーク集を手にして、ただ悦に入っているよりも、それが何を意図しているのか、その思考プロセスの組み立て方を参考としたうえで、むしろさっさと自分自身で**MECE×ロジックツリー**を使いこなす訓練に取り組む方が有効だと言えるでしょう。

## MECEとは

MECEは、Mutually Exclusive, Collectively Exhaustive の頭文字4つをとったもので、問題解決の基本の概念です。

直訳すると「相互には排反的、集合的には包括的」とさらに訳のわからないものになりますが、簡単に言ってしまえば「もれなく、ダブりなく」を意味します。

この作法に則ってまとめられた資料は、考える側にとっては思考を整理しやすく、見る側にとってはは「検討に抜けや落ちがあるのではないか」という不安を払しょくすることができるようになります。

さらに、問題解決の際には「Aの可能性が消えたならば、あとは残ったB、次にCを見ればいい」と思考を進めるガイドにもなります。

ロジックツリーで階層化がなされることで「この範囲内、あるいはこの土俵の上で考えればいい」という、問題解決のための「空間」をつくり上げることができます。これは**ソリューション・スペース（問題解決空間）**と呼ばれることもあります。

たとえば、売上が落ちてきた時に、短絡的に「（いつも通りの）販促を打て」という話になる場面は、

実に多く見かけます。しかしながら、

・前年同期比の数字の落ちは、客数、客単価のどちらの落ちに起因するのか？
・さらにもし客数ならば、それは新規顧客なのか、リピート顧客の減少なのか？

これによって打ち手は変わるはずなのですが、多くの場合、この事実を押さえずに、いきなり打ち手の議論が始まりがちです。

さらには、

・新規顧客とリピート顧客の比率は、どうなっているのか？
・新規顧客のリピート顧客化は何％くらいか？
・リピート化しない客層は、何が原因で戻ってこないのか？
・リピート化する客層の特性には何があるのか？

と、進めていけば、打ち手の精度をさらに高めていくことができます。

結局、施策の議論は、自事業についての問題解決のための「空間」を見据えたうえで、必要な事実を押さえて行われるべきものです。

これなしでは、時間をかけて議論をしていても、結局は、慣例化している施策に予定調和のごとく収まってしまうことになります。

## 問題解決空間をイメージできるか

ある会社では「クーポンを配布して集客を図る」ことが常態化していました。

確かに、クーポン配布による売上を押し上げる効果は明らかでしたが、それにより新規顧客がどの程度増えているのか、既存顧客がお値打ち感で来るのかまでは把握されていませんでした。

この事業はリピート率が異様に高いビジネスなので、いかに新規顧客に来てもらうかが重要であり、ここは販促企画において必ず押さえるべき事項のはずです。

もし、この「空間」を描いた議論がなされ、以下のようなチャートを社長の側近が作成していたら、議論の様相は変わっていたでしょう。

MECEに整理し、ロジックツリーで階層化して、問題の構造を誰が見てもわかるように展開して、「見える化」を進めていくことは課題定義の基本です。

フレームワーク集を手にしていても、問題解決のスキルが上がるわけではなく、必要なのは、フレームワークを自在に操ることのできる力です。

**事業における問題解決において必要なフレームワークは、実践を通してMECEとロジックツリーを使いこなす訓練さえすれば、誰でも自分自身で必要に応じてつくり出し、使うことができるセンスとスキルが身につきます。**

図表5-1　問題解決のための空間をMECEとロジックツリーで描く

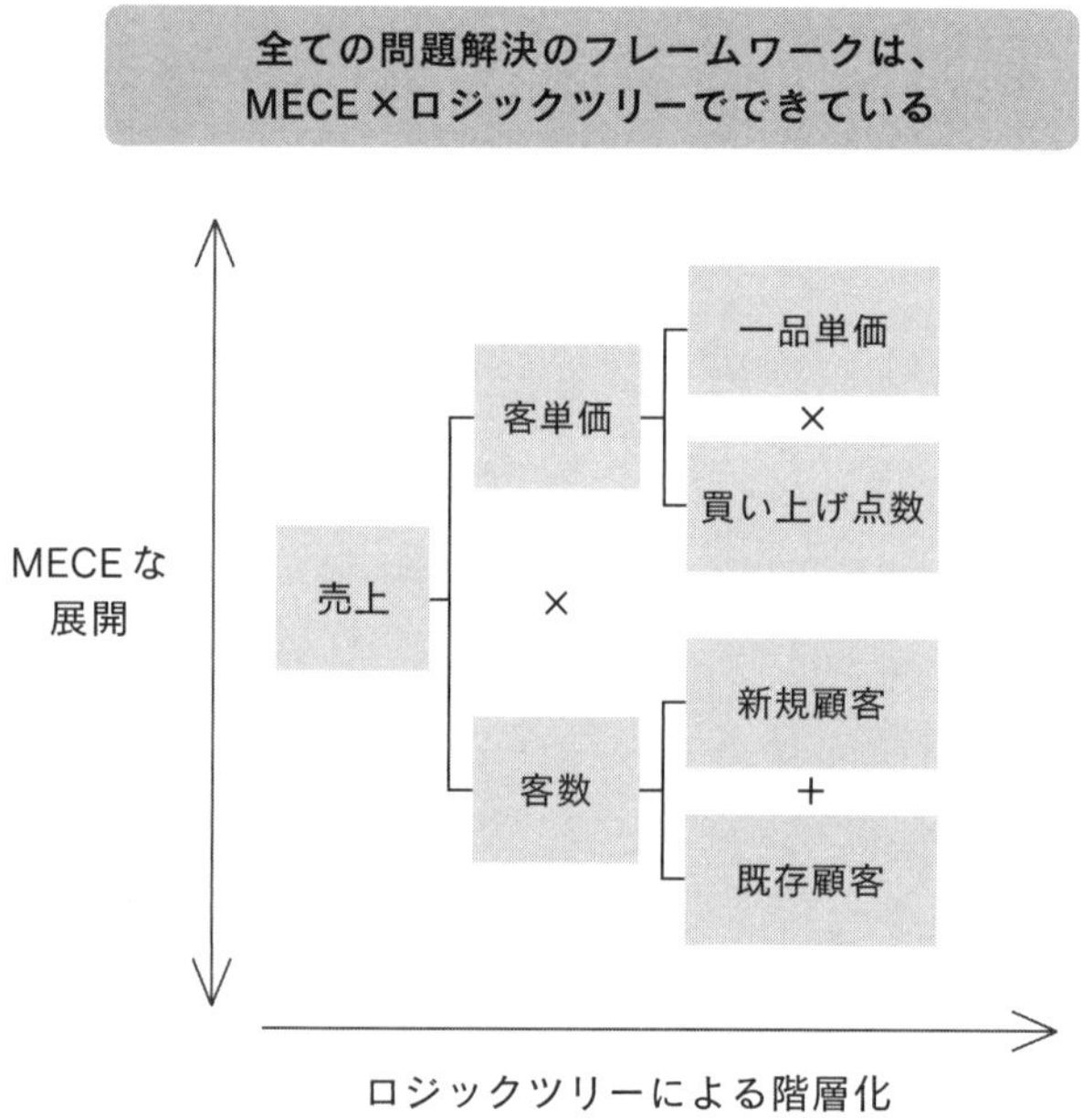


売上を上げるためにクーポンを
配布することが常態化している事業。

**この事業は、既存顧客の**
**リピート率は高い**

**本来は、新規顧客を増やすための**
**販促手段を講ずるべき**

**そして、新規顧客をターゲットとした施策を**
**行ったところ、顧客化率が低かった。**
**これはなぜか？**

**現状の通常価格では、**
**価格が高すぎるのではないか？**

⋮

そのはじめの一歩としては、ひとつでいいのでフレームワークを実務の問題解決に使い、それがどのように思考のガイドになるのか、どのような構造を解明しようとしていて、どのケースに有効なのかなど、その使いこなし方を、自身が腹落ちするまで体感することです。

MECE×ロジックツリーは、問題発見から課題定義を行う際だけではなく、解の方向性から具体的な施策を特定する際にも使われます。

特に、解を具体的な施策に展開していく段階では、考えるべき可能性をしっかりととらえられているか、言い換えれば、普段の業務の中で気付かぬうちに思考停止を起こしていないか、戦略的自由度をチェックする必要があります。

このMECEとロジックツリーの2つは、意識して使っていきさえすれば、自然に身についてくるものです。一度、身についてしまえば、自身の資料や企画書の作成の精度、そして他部署への指導のレベルは格段に上がります。

Point

**未知の分野や、市場とのかい離が起きて久しい事業など、見通しが悪くなっている課題については、まず、階層化されたMECE×ロジックツリーを描き、問題発見、解の方向性を「見える化」しながら、課題の探索を行う。**

Part 2

# 「見るべき全体像が押さえられているか」をイメージして、MECE×ロジックツリーの精度を追求する

Problem Solving

ある企業で、1人の男性が新規事業の現場を任されました。

彼はもともと我が強く、上層部から「難あり」という評価がなされ、営業から外されてくすぶっていました。しかし、あるプロジェクトで良い視点からの分析と提言を行い、評価され、使いにくい人材とはわかったうえでの抜擢人事でした。

新規事業は、とかく予期せぬ事態の連続となるものです。

競合が拮抗していて難易度の高い事業、土地勘のまったくない事業、そして現状把握や企画が甘い場合などは、特にその傾向が顕著になります。

彼の上司にあたる新規事業の責任者は、軌道乗せのために様々な実験、トライアルを行い、なんとか突破口を探ろうとします。

ところが彼自身は、自分の現場に口出しされることを嫌がり、かつ自分に求心力を持たせるため、現場の従業員にその上司の悪口を吹聴し始めました。

事業責任者である彼の上司は、組織図に則って彼の立場を尊重し、コミュニケーションは彼だけと行っていたため、しばらくすると事業責任者と現場との対立関係ができてしまいました。

組織には険悪な空気が漂い、もはや正しい機能などかなうものではなく、結局、その彼をプロジェクトから外す決断をせざるを得なくなりました。

これは、その時の彼と事業責任者の会話です。

「教えてください。僕の評価が下がったのは、なぜですか?」

そう聞かれて事業責任者は、一瞬唖然とした後、こう答えました。

「私が報告を求めた時、そして私から指示があった時、君は何も対応をしなかった。それでは組織としては機能しないだろう」

すると彼は眉をひそめて、こう言いました。

「けっ。じゃ、イエスマンをやれってことですね」

さて、皆さんも彼の「思考空間」の中の、欠損部分に気が付いたと思います。

彼の頭の中にあるロジックツリーでは、まず「上司の言うことを聞く」「聞かない」の分岐があります。そして「上司の言うことを聞く」は、即ちイエスマンとなることを意味し、それを嫌がった彼は、もうひとつの「聞かない」すなわち、上司を無視する行動をとったわけです。

しかし、上司と部下の間の関係では「上司の言うことを聞く」は、一方通行で「言われたことにそのまま従う」だけではなく、「上司の言うことに耳を傾け、現場からの提案も行う双方向のコミュニケーションをとる」というもうひとつの分岐があります。

彼は、この双方向のコミュニケーションが含まれるロジックツリーは想定できなかったのです（図表5－2参照）。

このように、ロジックツリーが不完全、あるいは不備があるままで話が進み、正しい問題解決が行われない場面には、日常業務や問題解決の場でもしばしば遭遇します。

一般的には、ビジネス経験の浅い人、難易度の高い問題解決の場数の少ない方、つまりロジカルシンキングを鍛えられる場数が十分ではなかった方によく見うけられます。

・何をやっても売上が伸び続けていた、市場の形成期のマネジャー
・エリート扱いされてプラニングだけに携わり、上手くいかない場合は現場のせいにできてしまっていた企画部門
・上長から適切な指示やフィードバックや躾のない環境にずっと放置された人
・ＰＤＣＡが廻らずに、勢いだけで事業をやってきた組織

そのような、一方的なプラニングで済んでしまう環境に置かれると、「自分は正しい」というひとりよがりがまかり通り、さらに正しい躾がなされない期間が長く続くと、俗に言う「頭が固い」状態になります。

図表5-2　彼の頭の中のロジックツリー

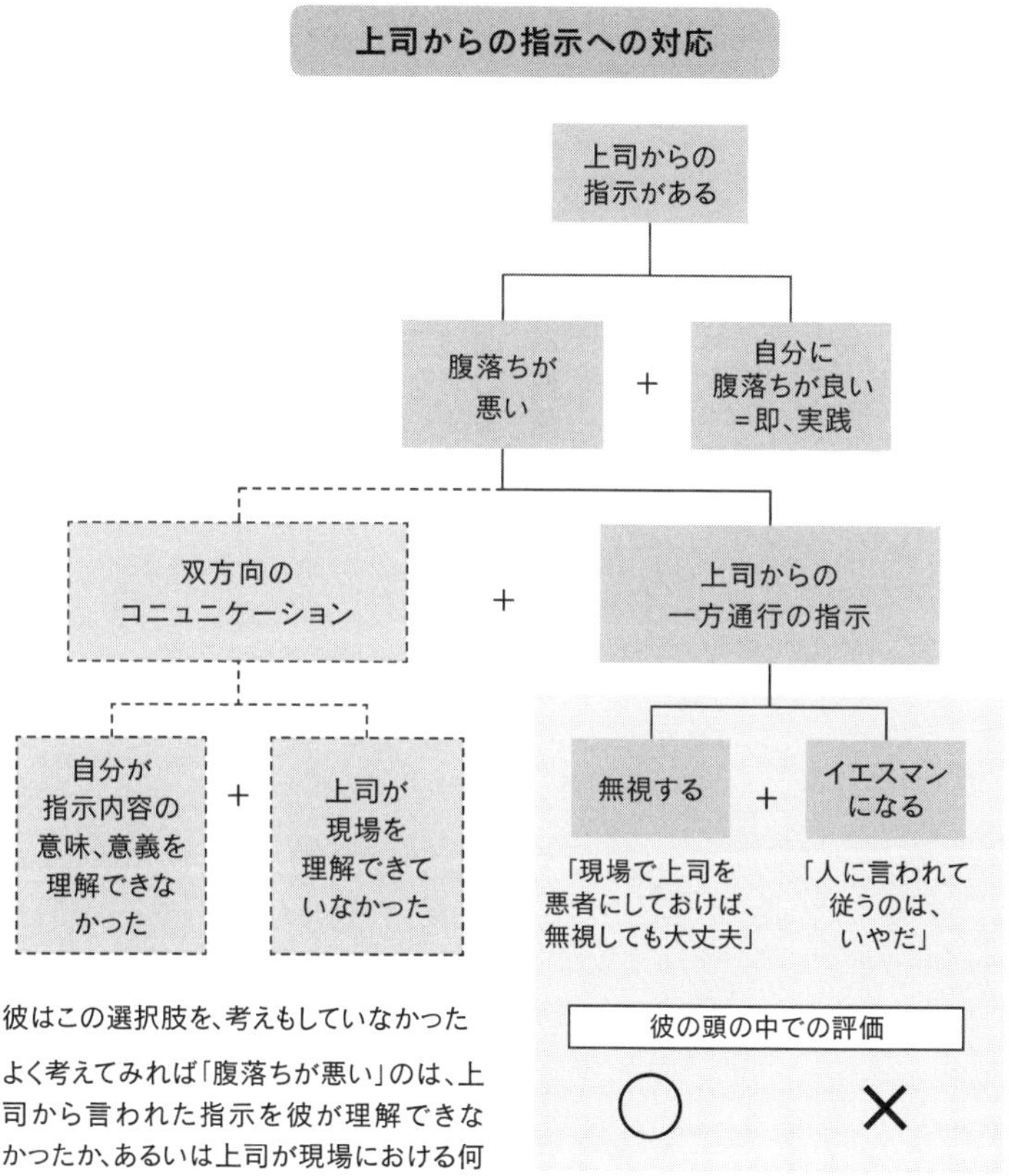


・彼はこの選択肢を、考えもしていなかった

・よく考えてみれば「腹落ちが悪い」のは、上司から言われた指示を彼が理解できなかったか、あるいは上司が現場における何らかの事実や起きていることの因果を把握していなかったか、のいずれかが原因。

彼本人の思考がそこに至らないのであれば、上司がそれを察して、このロジックツリーを描き説明していれば、彼の思考の偏りに気づきを与えて、事態を打開できた可能性はあった。

ＭＥＣＥ×ロジックツリーを常に描いてみて「見える化」し、その収まりがいいかを自分でも客観的な目線で確認する。

特に、プラニングを始める時には、これを繰り返して、正しく使いこなせるようになる訓練を行うべきです。

この例でも、事業責任者が上記の「あるべき」考え方のロジックツリーを紙に書き、本人に見せて説明していれば、この事業をたたみ、損失を計上する事態は防げたのかもしれません。

**Point**

**ＭＥＣＥ×ロジックツリーを描いて、自分の思考する空間を「見える化」し、その収まりの良し悪しを、視点を客観的にして確認する。**

Part 3

# 仮説思考は、解に早く到達できる習得必須のスキル

Problem Solving

ある製薬会社で、支店ごとの営業戦略立案のための合宿を行った時の話です。

1人の執行役員の方が深夜近くに私の席に来られ、笑顔で「あのさ、ちゃぶ台返しやってもいいかな」と聞かれました。

それまでの様々な分析結果も一緒に確認していましたので、こちらも笑顔で「あったりまえじゃないですか」とお答えしました。

様々な分析と「見える化」作業を繰り返して、視界が広がり、そこで見えてきた「やっぱりこれかな」という方向性、仮説については、もし誰もが「なるほど」「そうか」と納得できるならば、それはすでに、目指す解にかなり近づいている可能性は高いはずです。

言ってみればこれが、企画段階における問題解決のためのPDCAです。

問題解決にあたり、優秀な「分析の行い手」の時間という貴重な資源を有効に使うための問題解決の技術が**「仮説思考」**です。

仮説思考とは、**❶自分の得た情報から仮説を想定する。❷その仮説の真偽を明らかにするために、さらに必要とする情報を集めて「見える化」を行い、❸その過程、その結果からさらに次の仮説を考え、ど真ん中の答えを探していく思考の進め方**です。

未知の分野、見通しの悪い中で問題を解決する際には、前述のMECE×ロジックツリーを描き、考えられる、起こりうるすべての可能性を想定します。

しかし、そこでのすべての可能性を分析などにより明らかにしていくと、いくら時間があっても足りません。その際に有効になるのが**「仮説思考」**です。

事業の実態がまったく把握できていない場合は、まず、ロジックツリーを描いて、見るべきファクトを洗い出していく、俗に言うファーストスキャンから始めます。

ざっと事実をうまく「見える化」して現状把握を行った後、キーマンの見解などを参考に、もっとも良さそうな仮説を立て、それが正しいのかという裏取りを、ファクトベースで行います。

## 「見える化」することで新たな事実が見つかる

例えば「弊社の○○という製品は、後発であるがためにリリース後7年たってもシェアは8位で、今のままでは伸びる見込みもない。ただし、製造コストが低いという優位性があるので、他社よりも安く提供できるため、価格戦略で市場を開拓すべきである」

という仮説を、あるキーマンの部長が言ったとします。

「仮説思考」では、この有望そうな意見、つまり仮説が正しいかどうか、ファクトを押さえることにより、証明を進めていくアプローチをとります。

この仮説から、事実をベースに明確にしたい点、つまり分析を設計し、「見える化」したいこととしては、

「同じ製品群の上位シェアにいる他社製品は、市場への投入が何番目で何年たっているのか」

「過去、後発製品が上位に食い込んでいった事例はないのか。もしあるならば、なぜその製品にはそれができたのか」

「後発製品が上位に入ったことがあるならば、その時の環境と今では何が違うのか。自社にそれは無理なのか」

「自社の○○製品の提供可能な価格は、市場において十分訴求力のある安さなのか」

「その低価格で取れると考えられる市場シェアは、どのくらいと想定できるのか。そしてその時の収益性はどうなるのか」

などが挙げられます。

時には、想定していた仮説が正しくないことが明らかになることもあります。

しかし上記のように分析し、「見える化」していくと、さらに新たな事実がファインディングされ、見えてくるものです。

**これは、企画段階におけるＰＤＣＡであり、その過程における「読み違い」は、すべて学習のための源泉になります。**

そこで前の仮説に固執することなく、新たな仮説を立て、それが本当かどうかを検証する。これが「仮説思考」の進め方です。

当初に描いたMECE×ロジックツリーから始まり、新たに思いついた仮説が正しいかどうかを確かめるために、さらなる分析による「見える化」を行い、課題の真因を探索していきます。その過程で、当初想定していた仮想の「空間」における欠損していた部分に気付くこと、あるいは軸の設定を見直すことも行いながら、この問題解決のための「空間」を進化させます。

俗に言う**「現場主義」は、「仮説思考」を行う際の重要な基本動作です。**最適な仮説を求めて、現地に行き、現場、現品、現物を確認すると、報告書に書かれた言語情報や数値情報以上のものを、五感を通して得ることができます。

この時に重要なのは「**冷静、素直、そして客観的な観察眼**」です。

また、市場観察の際には、目の前の事実からマーケットのダイナミックな動きと動機をリアルにイメージできる力、つまり市場のプロファイリングの能力がとても重要になります。

## 初期の仮説にこだわることには意味がない

仮説思考の対極にある進め方は、いわゆる「絨毯《じゅうたん》爆撃」方式です。

MECE×ロジックツリーにある可能性を片っ端から当たっていくやり方は、いずれは解には到達するのでしょうが、膨大な手間がかかり、分析する側の疲弊を招きます。

仮説思考は「絨毯爆撃」方式よりも、早く解に到達できることが証明されていると言われており、参謀部門や企画部門においては、習得すべき必須のスキルです。

**図表5-3　仮説思考になっていない問題解決の進め方**

**仮説思考を阻害する症状や行動**

| | |
|---|---|
| **「仮説が崩れない」病** | 「私は正しい。うまくいかないのは、現場の理解力、能力がないからだ」<br>事業をダメにする自分勝手なワンマン上司、あるいは独りよがりのエリート意識 |
| **「絨毯爆撃」** | 現場にて、まだ言語化されていない実態情報を取りに行っていない。あるいは適切な仮説を立てる能力がない。ゆえに「絨毯爆撃」式に、どこにギャップがあるのかの分析作業ばかりを続けてしまう |
| **「データばかり見て、うんうん唸っている」症候群** | 原体験がなければ、本質的な「意味合い」の抽出などできるわけがない。さっさと現場に出て、五感で情報を得るなり、分析を手に「腕利き」の意見を求めに行くべき |

▼

**「現場主義」は「仮説思考」を行う際の、もっとも重要な基本動作**

また、企業の中で**「仮説が崩れない」病**を患っている方に出くわすことがあります。企画（P）立案の経験ばかりで、責任ある立場での実践の経験に乏しく、本当の意味でのビジネスのPDCAを廻してこなかった方、つまり「学習」をしてこなかった方に、よく見られます。

真剣勝負の実務の場でPDCAを廻してきた方は、一般的に思考の「しなやかさ」を持ち、初期の仮説にこだわることには、何も意味がないことを知っています。

しかし「頭」だけでわかったつもりになり、加えてプライドばかりが高い、高偏差値・高学歴系エリート、あるいは実務経験の乏しいコンサルティング会社出身者には、「ぼくは、正しいんだもん（うまくいかないのは、現場の能力が足りないからだもん）」症候群に陥りやすい傾向が見られます。

仮説とは、仮説のままで放置せず、さらなる分析、あるいは実践をもってそれが正しいのかどうかを証明する対象です。

そして、それを通して仮説の精度を高めていく、人類の経験則として有効な問題解決の方法論の1つが、この「仮説思考」です。

## Point

**仮説思考は「理」にかなった流れの中で「ちゃぶ台返し」を行う思考法。目の前にあるMECE×ロジックツリー内の不備に光をあて、正していくことにより、課題の構造を明らかにする。「理」にかなっていると考えられる限り、どんどん前の仮説を踏み台にして、新しい仮説を立てていくこと。**

Part 4

# 自身のロジカルシンキングに「自信」を持つためには実践のＰＤＣＡと謙虚な姿勢が必要

Problem Solving

事業のＶ字回復などの事業活性化の依頼を受けた場合、トップによって選抜された、現場を熟知しているメンバーと共に現状把握や分析を進めます。

ほとんどの場合、回復に要する時間の長短の差はあっても、ＰＤＣＡを廻して結果を検証しながら施策の方向修正を続ければ、成長軌道入れが見込めるシナリオを見出すことができます。

ところが、いざ実践段階に移行してからよく起きるのが、「理」にかなった事業活性化のシナリオが目の前にあるのに、相変わらず昨日までと同じ、従来の延長線上のことを行ってしまっているケースです。その理由を尋ねると、

「わかってはいるのですが、とりあえずは今日の数字をつくらなければならないので……」

という答えが返ってきたりします。

忙しくて手が回らないという言い訳は、本当の意味での危機感が希薄などの背景がつきものですが、この行動の根底にあるのは、自分自身で行ったロジカルシンキングに「自信」を持てていない状

態です。そのため、いざ実践となると恐怖心が鎌首をもたげてしまうのでしょう。

これが、戦略を立案したチームやマネジメント側に起きてしまうと、ついつい先延ばしが起き、結局、実践が中途半端、あるいはなされないことになってしまうのです。

## 先輩コンサルタントが密かに抱いていた、大いなる不安

共に分析を進めた私の立場から見ると、MECE×ロジックツリーに課題が適切に描かれていれば、その施策は、確実に結果につながるものです。

あるいは、当初はうまくいかなくても、実践を通じて読み外しの部分が明らかになるために、2回め、3回めのPDCAサイクルによる調整で、着実に成功軌道入りに向かって進める状態になります。

しかし、まだロジカルシンキングとその実践に十分なじんでいない当の本人たちには、本当にそれだけでいいのかと、拭いきれない一抹の不安が残ってしまうようです。

私がマッキンゼーを「卒業」する際に、先輩格のあるコンサルタントから、このようなことを言われました。

「1つすごく知りたいことがあるんだ。これから実業の世界に戻るわけでしょ。そこで、我々が使っているいろいろなフレームワークって、本当に実務に有効なのかどうかを教えてほしいんだ」

この言葉には、思わず絶句しました。

この方はマッキンゼーには珍しい、大変「人間味のある」タイプでしたが、実は、ご自身のロジカ

ルシンキングに100％の「自信」は持てておらず、人知れず「迷い」を抱えていたのだと、その時初めて知りました。

念のために一言付け加えておきますが、世に出回っているフレームワークは、それぞれのいい点、気をつける点を理解して「使いこなして」いる限りは、間違いなく実務において有効ですので、ご安心ください。

こういう「自信」が揺らぐ状態を克服するには、やはり自らが実践の主体、あるいは中心的ポジションにいて、当事者としてその結果を検証するしかありません。つまり責任を持つ立場で、企画から実践のPDCAを経験してもらうしかないのです。

企業における改革の際には、PDCAが正しく廻る実践ステップの設計をした後に、共に結果を見ながらの実践への移行を体感してもらうことで、このことはほぼ解決します。

ここではあなたは、トップから選抜された優秀な参謀候補なのです。正しく一歩を踏み出すことができれば、あとは着実に「自信」をつけるべく、道を歩むことができます。

## ある会社のV字回復のためのシナリオづくり

他人が策定した戦略を渡されて「ではあとは、御社で実践してください」というのは、確かに言われた当人からすれば、酷な話です。たとえてみれば、トランペットやサックス、ギターなどを初めて手にした人に、音の出し方、譜面の読み方、やっていいこと、悪いことを座学で教えたうえで、楽器を持たせて、いきなりステージに立たせる状態に近いと思います。

かつて、ある会社のV字回復のためのシナリオづくりを依頼された際に、社長から、「うちは実行力がありますから、戦略だけあれば絶対に大丈夫です」と強く言われ、戦略立案の指導だけを請け負ったことがあります。しかしその後、一部の側近幹部の「思惑」が働き、本筋とは関係のないところでの抵抗が起き、改革はスタートさえしませんでした。以来、研修の目的以外では、戦略立案だけの前提で請け負うことは、原則的にしないようにしています。

戦略立案が必要なほとんどの企業は、ＰＤＣＡを適切に廻す実践力のほうに問題があります。「楽器の効果的な演奏の仕方、ステージでの立ち居振る舞い、観客とのやり取りの仕方」までのディレクションを請け負い、改革の起動と初めの段階での舵取りを共に行う——。

このようなプロジェクトの請け負い方をするようにしています。

## 優良企業は、戦略の精度よりも実践力を重視する

一般的に「改革」については、それが本格的であるほど企業にとっては初めての取り組みであり、必ず予期せぬことが起きると想定すべきです。

ゆえに「自信」を持てていない状態での「改革」の推進は、とても心もとないものになります。

予期せぬことでぐらついてしまい、せっかく成功への道が開けているにもかかわらずとん挫してし

まった事例は、これまでにいくつも見てきました。

**単純な実行力と改革や新規プロジェクトを推進する実践力は、まったく異なるものです。**

長年、企業改革の仕事をやってきて感じるのが、実践の組み立てを軽視、つまり甘く見ている企業がとても多いということです。**優良企業ほど、実践段階に向けた事前の組み立てを入念に行い、成功確率を上げる工夫を施した実践設計や準備をしっかりと行います。**

「理」にかなったプラニングPと検証Cの準備さえしてあれば、万が一読み通りにいかなくても、適切な修正を素早く行うことができ、PDCAサイクルが廻るたびに、成功に向けた舵取りがなされます。

あえて言ってしまえば、優良企業か否かの差は、この一点にあると言っても過言ではないでしょう。そのうえで、トップや経営層が、自分たち社内のスタッフで立案したロジカルシンキングに「自信」を持つ状態をつくるために「参謀」役の様々なサポートが必要です。

そして、言うまでもなく、この「参謀」役自身にも「自信」が必要であり、様々な実践を通して「習うよりも慣れて」いる必要があります。

Point

**「自信」を培うためには、自ら実践し「習うよりも慣れる」こと。「理」にかなった必然性によって腹落ちをさせ、行動に移すための確信を得る。さらに舵取り、修正しながら、戦略や改革を成就することのできる能力と「自信」を得る。**

Part 5

# 上手に「見える化」を行うだけで、ほとんどの課題は解決する

Problem Solving

問題が起きているのに気が付かない、あるいは問題の兆候を見逃し、事業運営における大小様々な課題が放置されていることはよくあります。事業が低迷を起こすのはこのような状態が続き、うまくいっていること、いっていないことの理由さえもあいまいなままで、どこに手を打ったら適切なのかがわからない状況になっている時です。結局、課題の的確な定義ができないのは、どこに問題が起きているのか、ピンポイントの事実として把握ができていないからです。

これは、ある外資系企業にいた、シニアのゼネラルマネジャーの話です。

さして仕事に秀でている印象のない人でしたが、彼は1つだけ特殊な能力を持っていました。それは事業の数字について、その場で答えることができる能力です。

彼は、週次や月次に出力される、いわば「千畳敷」状態のエクセルシートに記載されている各販売会社の売上や、売れ筋製品のデータを常に持ち歩き、アジアパシフィックの営業統括責任者が日本に現れた時は、いつも傍らにいて、

「今、計画通りに出荷が進んでいない販社はどこ？」

「その販社では、どの製品の出荷が悪いの？」

などの問いに、いつも小脇に抱えているシートをさっと広げて的確に答えていました。

彼は、この能力のおかげで重宝され、極めて狭い守備範囲ではあるものの、参謀役のポジションと高い給与を得ていました。

しかしそもそも、見るべき重要な数字がうまく「見える化」されていれば、いちいち千畳敷のエクセルシートを広げて、手動「検索」を行う専任者を置かなくてもタイムリーに異常値を把握し、すぐにアクションを取ることができます。

分析は、因果がよくわからない事象について、様々な「見える化」の工夫を行って差異や変化を見て、因果を紐解いていく作業です。もし、主要な業務における重要な「管理ポイント」が、日々社内で工夫されて「見える化」されていたらどうでしょうか？

見るべきところが、わかりやすく「見える」状態になっていれば、異常が発生した時には、すぐに手を打つことができ、わざわざ改めて分析を行う必要のない状態になっていることになります。

## 管理ポイントを「見える化」する

トヨタ系の企業では、**「目で見る管理」が長い歴史の中で文化として浸透し、定着**しています。もともと、生産現場で異常を知らせる「アンドン」「信号かんばん」などの工夫がなされていますが、事務部門でも、チャートやグラフなどで、わかりやすい視覚的な管理の工夫を行う文化があります。

さらに長年、社内に蓄積されたものがあり、培ったそのノウハウをさらに改善して、優れたものに常に磨き上げられています。事業には、管理しておくべき事実、あるいは指標となる、いわば**「管理ポイント」**と呼べるものがあります。

例えば、店を構える商売であれば、客数、客単価、そして可能ならば、既存顧客と新規顧客の増減が、基本の「管理ポイント」となる数字です。これらは、ファクトとして押さえたうえでの議論にしないと、「多分……」を前提としたままで、次の議論に進んでしまいます。

あやふやさの残る仮説を前提にして立てられた仮説は、さらにあやふやなものになります。そしていざうまくいかなかった場合、どこに読み違いがあったのかが、不明瞭なままになります。

また、仮説だけをぶつけ合う議論では、前述の議論の「空中戦」状態を引き起こします。

**参謀役の役目としては、基本的にファクトをしっかりと的確に「見える化」し、その前提で議論が行われるようにしなければなりません。**この「管理ポイント」を、KPIというケースもあります。しかし、KPIという言葉については、残念ながら評価に直結する指標を示す使われ方が一般的になってしまっています。

一方、この「管理ポイント」は、改善や舵取りの判断をするための指標です。あくまで、タイムリーに修正行動をとるための指標ということで、それをもって評価を行うというのは、本来、お門違いです。

図表5-4　「見える化」の工夫の手間は、惜しんではいけない

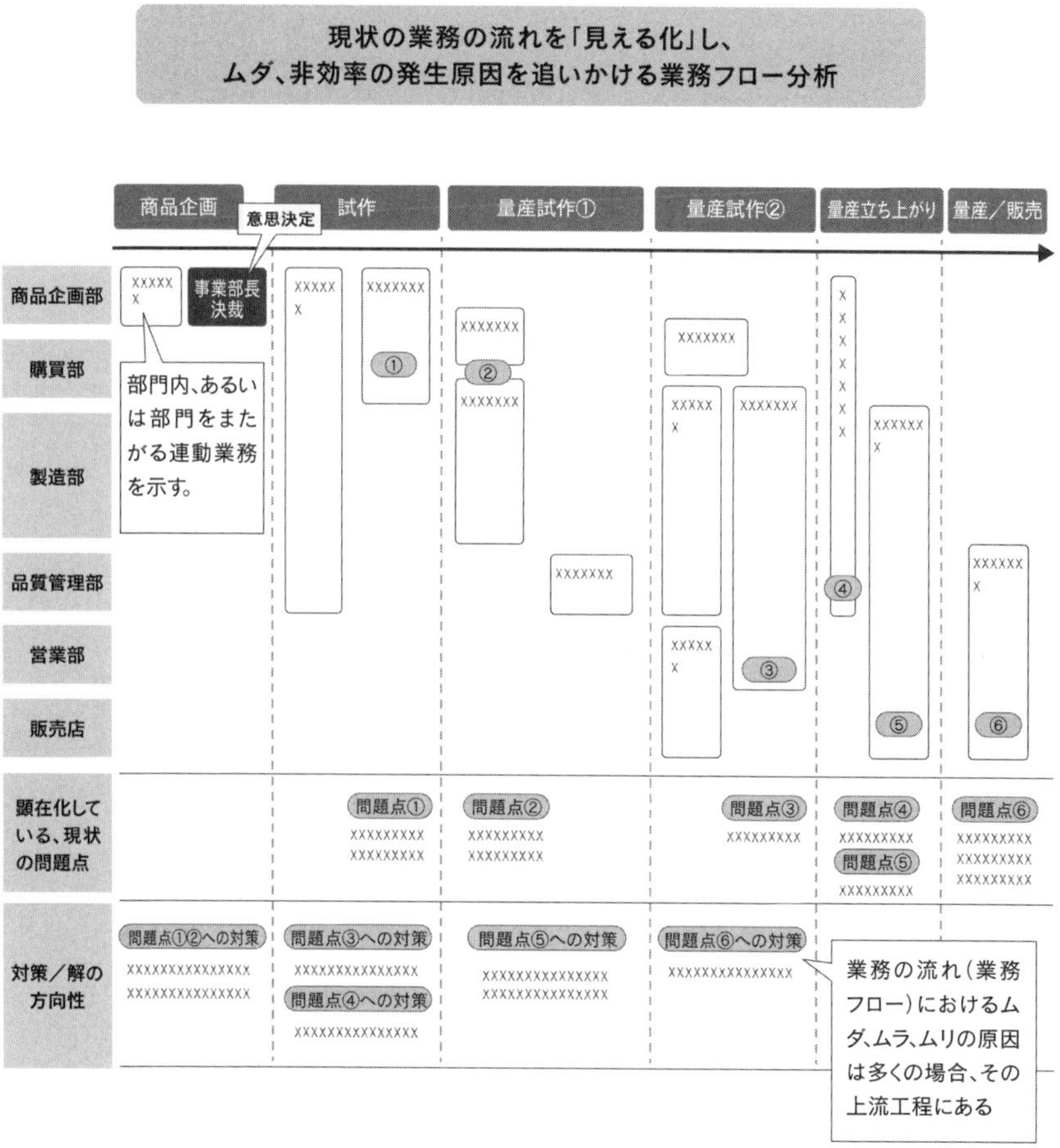

Point

重要な業務の「管理ポイント」が、適切に「見える化」される工夫が常に行われていれば、事業の運行状況は、皆の眼で把握できるようになる。今さらながらに、改めて問題点を探索する分析作業や「戦略の策定」なども、基本的に不要になる。

Part 6

# 「見える化」の工夫の手間は、惜しんではいけない

Problem Solving

トヨタと取引のある工場が「ムダをなくそう」という標語を壁に大きく描いて掲げていました。

そこにやってきたトヨタの現場改善の指導者が、こう言いました。

「ムダがあるのを、そのまま放置する奴などいない。ムダがあることに気が付かないからムダが放置されるのだ。そこに掲げるべきは『ムダを探そう』だ」

製造現場だけにかかわらず、ほぼすべての業務の中にはムダが潜んでいます。

しかしほとんどの場合、そのムダは気が付かずに放置されています。気付いていないものについては、それを顕在化することによって、初めて手が打てることになります。

前述の、日々の業務における「目で見る管理」が典型的な例ですが、日々の業務に潜むムダ、非効率、パフォーマンス向上のための課題点を「見える化」するのが、現状のビジネス・プロセスを業務フローの形で「見える化」から着手するＢＰＲ（Business Process Re-engineering）です。

これを行うことで、製品企画、設計などの上流工程において何気なく行っていることが、後工程に

どれだけ影響を与えているかが明確になります。

## 「見える化」の工夫は、「気付き」を実体化させるためのもの

ビジネス・プロセス改善の1つの事例として、トヨタ生産方式における**「内示」**という考え方があります。**トヨタ生産方式における工程在庫、中間在庫の絞り込みのいちばんの目的は、ものの流れのストリームライニング化、つまりものの流れを極小化し、工程に潜む、淀みを起こす原因を浮きぼりにする「見える化」の推進なのです。**

トヨタ生産方式においては下請けの工場に対して、1か月前、2か月前に生産の未確定計画を「内示」情報として提供します。これはいくら「ジャストインタイム」といっても、翌月の生産計画を急に伝えられても後工程である下請け工場側が対応に困るため、ビジネス・プロセスの改善としてトヨタの歴史の初期の段階に改善された措置です。

もちろんこれは、情報がさかのぼるほど情報の精度が下がり、市場の動向により生産台数については、+−10%以内、20%程度の変動がありうるという事前取り決めのもとでの情報提供となります。

この情報が提供されるようになってから、下請け工場側もムダを減らし、欠品を防げるように、部品や原材料の調達の準備ができるようになりました。

また、さらに考えを進めると、すべての事業は、ムダ以外にも、事業の成長の妨げになる多くの課題を抱えているものです。これらの課題は、明確には顕在化していないのですが、社内の誰もまった

く気が付いていなかったということは、まずありません。

問題はそれが事業運営上、どのくらいの影響力を持ち、かつ優先順位の高いものかについての確信が持てていないことで、それゆえに手つかずになっていたりするものです。それが分析や「見える化」を行うことで、どのくらいの改善インパクトが期待できるものかがわかります。

結局、どのような分析や「見える化」の工夫も、すべてこの**「気付き」を、実体化させて知らせるためのもの**です。企業の中の「議論の空中戦」は、議論の土台となる意見や仮説がファクトをベースにして共有、認識されていないままに話が進むために起きます。事業運営上の数値の「見える化」が進んでいる企業は、打ち手の効果検証や、異常値の発見を極めて素早く行うことができます。

**トヨタの職場は、社員のほぼ全員が、様々な「見える化」の工夫に取り組んでいると言っていい状態**です。主要業務における「見える化」が徹底されていれば、ちょっとした異変には気が付くことができます。そのため、放置されることなく対応ができますので、基本的には事態が大事《おおごと》になる前に手を打つことができます。

これが、トヨタが「戦略を……」などと大上段に構えることなく、他社に比べれば安定的な航行を実現できてきた大きな理由と言えるでしょう。

## トヨタグループでは、「見える化」+Actionを「目で見る管理」という

ちなみに、トヨタの様々な「見える化」の原点は、かつての自動織機などの繊維機械の頃のノウハ

ウにさかのぼります。縦糸と横糸を交互にして布を織っていく際に、もし異常が起きた時は、すぐさま織機を止めて修正を行わねば、不良箇所のある生地を延々とつくり続けてしまいます。よって、トラブルが発生した時に工場のどこからでもわかるように**「信号かんばん」**が上がるようにしたのが始まりと言われています。

トヨタ生産方式を確立した大野耐一氏（元副社長）は、元々は繊維機械の現場の出身で、その考え方やノウハウを自動車づくりに応用していきました。

トヨタのものづくりにおいて、重要な管理数値の「見える化」にも工夫を行うようになり、グラフによる管理も含めて、数多くの見せ方をつくり出しています。

なお、**トヨタでは「見える化」のことを「目で見る管理」**という表現を使っています。

これは、非常に的を射ている表現で、主要業務における「管理ポイント」を明確にしたうえで、その業務の遂行状況の的確な「見える化」を工夫するということになります。

Point

**「気付き」がトリガーとなって物事は動く。主要業務の管理ポイントの「見える化」を工夫し、素早い対応ができる状態をつくる。根にある問題を発見できれば「モグラたたき」など不要になる。**

Part 7

# 分析はまず、比較により ギャップや変化の 存在と大きさを明らかにし、 その理由を探ることから

Problem Solving

「分析」の際に行う、基本となる比較は、大きく分けると次の3つです。

❶ **全体と個：全体平均に対して個別の支店や店舗の数字の比較を行い、「なぜ、その支店が全体平均とは異なる数字を上げているのか」を追いかける**

❷ **個と個：競合と自社、個別店舗同士を比較し、売上や客数、客単価などの差がなぜ、発生しているのかを追いかける**

❸ **時間軸：前年同期比の比較、あるいは折れ線グラフによる推移変化の「見える化」を行い、その変化がなぜ起きたのかを明らかにしていく**

これらは、それぞれの比較を行い、そのギャップ（差異）や変化の在《あ》り処《か》を明確にして、そのギャップが発生した理由を追いかけることから始めます。

あるレディスファッションを数百店舗展開している事業において、売上不振店舗の不振理由を追いかけるために、商品構成の違いをチェックしていた時の話です。

アウター、カーディガン、シャツ、ボトムスなどの各アイテムの中での売上ベスト5の順位を見ていくと、店の大小には関係なく、売上げ好調店舗の順位は、ほぼ全店舗トータルでのベスト5の順位と同じでした。そして売上が前年を割り込んでいる不調店舗では、ベスト5の内容が大きく異なっていました。

全店での売れ筋商品が、その店で売れない理由として考えられるのは、

**❶その店では売れ筋商品が欠品している**

**❷店に在庫はあるが、その時に店頭で打ち出すべき商品として認識されておらず、目立たない場所においてある。あるいは店頭に出されていない**

**❸その店の客層には支持されていない**

のどれかのはずです。

この企業では、商品在庫を毎週、店頭に補充しますので、基本的には店では欠品は起きていないはずなので、❶の可能性は消えます。

その不振店舗の店長に確認すると、その商品を売れ筋とは認識しておらず、店頭にも陳列せずに、バックストックに積まれていました。その理由を問いただすと「うちの店の客層には合わない商品な

ので、店頭に出さない」という答えでした。

この店長は、人事担当の役員に個人的にかわいがられていたため、常に自分の判断は正しいと主張し、その店を担当しているエリアマネジャーも手を焼いていました。

結局、このケースでは、まず全店での売れ筋商品を店頭に出し、本当にその店の客層に支持されていないのかを実験してみようという話になりました。

案の定、その商品は店頭でよく動きはじめ、その事実を突きつけることによって「理」にかなった判断が通るようになりました。

これら、全体と個、個と個、時間軸での変化を「見える化」することは、得られたデータを最初にざっと見ていく時に有効です。

どこに差異が起きているのか、そしてその理由は何なのかを深掘りをする最初のとっかかりになります。

この分析において、うまくその差異や変化を「見える化」する技術を磨くことは、様々な改善や進化の機会（チャンス）を見出していく源泉になります。

また、テクニックのひとつとして、「見える化」したチャートの中に抽出した意味合いを書き込むようにすると、ファクトと抽出した意味合い情報が一緒になり、わかりやすくなります。

Point

**上手な「見える化」により、適切な視点での比較を行う。そしてなぜ、そこにギャップが発生しているかを追いかけ、意味合いを抽出する。**

### 課題店舗X

計画対比　88.5%
前年対比　86.4%

| 品番 | 売上枚数 | 週末店在庫 |
|---|---|---|
|  S0003 | 4 | 8 |
|  S0006 | 3 | 10 |
|  S0007 | 3 | 9 |
|  S0001 | 3 | 20 |
|  S0008 | 2 | 15 |

○○ブランドのアウターカテゴリー全体の売上枚数トップ5を見ると、売上好調上位10店舗平均と、ほぼ順位も変わらずに全て同じ品番が入ってきている。

一方、売上が不調の課題店舗Xではこれらトップ5の品番商品は、2品番しか入っていない。

店頭在庫は十分にあるため、店頭での打ち出し、訴求が十分になされていない可能性が高いと考えられる。


なお、この事例では実際に店を訪問して実態を確認し、店長とも会い不振の理由が判明。

もともと店長の、亡くなった御主人がこの会社の人事担当役員の友人で、その縁で入社。個人で店舗営業の経験があったため、いきなり店長として勤務。しかし我の強い方で、数字を見ず、本部からの指示にも耳を傾けずに、自分の感性だけで売り場づくりを行っていたことが不振の原因だった。


自身が人事担当役員から可愛がられているということでエリアマネジャーの話もまったく聞かなかった。

その後まもなくその役員が退任したため、結局、マネジャーに従うようになり、店の数字は回復しはじめた。

## 図表5-5　分析はまず、比較によりギャップや変化の存在と大きさを明らかにし、その理由を探ることから

### ○○ブランドアウター売上順位

| 順位 | 全店平均（計画対比 101.1%　前年対比 105.3%） | | | 上位10店舗平均（計画対比 106.7%　前年対比 110.4%） | | |
|---|---|---|---|---|---|---|
| | 品番 | 売上枚数 | 週末店在庫 | 品番 | 売上枚数 | 週末店在庫 |
| 1 | A S0001 | 4.4 | 10.5 | A S0001 | 6.5 | 15.0 |
| 2 | B S0002 | 4.0 | 12.9 | B S0002 | 6.2 | 9.3 |
| 3 | C S0003 | 3.0 | 5.3 | C S0003 | 4.0 | 1.0 |
| 4 | D S0004 | 3.1 | 9.5 | E S0005 | 3.5 | 12.9 |
| 5 | E S0005 | 2.8 | 17.2 | D S0004 | 3.0 | 4 |

Part 8

# ふだん眺めているデータも、グラフ化＋ソートをするだけで発見がある

Problem Solving

トヨタの現場に行くと、「グラフにしてわかりやすく管理を」が合言葉となっており、様々なデータが「見える化」の工夫がなされて、皆に見える状態になっていることに気が付きます。

数値分析は、ギャップ比較、すなわち「差」がどこに起きているのかを見ることから始まります。

そこで多用されるのは、視覚的にもイメージしやすい縦横2軸で表現されるグラフです。

例えば、店舗ごとの売上比較ならば、縦軸に直近の伸長率や、対前年同期比など、好調度合いを示す数字を棒グラフなどで表します。そして横軸には、好調な店舗から順に並べます。

そうすると、売上の高い群、そして低い群が現れ、売上の好不調に影響を与える要因を追いかけてみるべき対象店舗が明らかになります。

そしてそのギャップは、立地の良し悪しなどの**外的要因**のためなのか、**内的要因**として、販売力、商品構成力、あるいは、マネジメントの良し悪しなど、その原因を追いかけます。

さらに、その下に同じ店舗の順番で客数と客単価のグラフを並べると、売上の高低に何が影響を与

えているかを知ることもできます。

売上は、客数×客単価の掛け算ですから、この2つのグラフはMECEな展開であり、こういう掘り下げを行って、大きなギャップが発生している部分を特定化していき、そのギャップが発生している理由を探ります。

売上が良い店には、良いなりの理由があり、売上の悪い店には、その原因があります。グラフなどを使って「見える化」を行えば、事実として起きている差異の大きさを感覚的に把握することができますし、そこからの議論も行いやすくなります。

これは、言語情報であっても、マトリクスに並べ、縦横に現れるギャップや、違いの共通性を見ることで意味合いの抽出を行うことができます。

このアプローチは単純ですが、ファーストスキャン、つまり手元にある得られたデータの傾向を最初にざっと見る際の基本です。

基本に忠実な比較から始めて、差異の発生個所を明らかにし、その発生している理由を追いかけることで、売上を上げることのできる方法論、工夫やコツ、低迷している原因を明らかにする深掘り作業を始めます。

## 並べる順番は、必ず意味のある順番にする

こういう比較グラフ表示の基本は、ソート(並べる順番の意味を変える)を行うことです。

たとえば、日本全国北海道から九州、沖縄までの営業所を比較する時、つい、いつも見慣れた帳票の順番通りに並べてしまいますが、例えば降順にソートするだけで、その順番に意味を持たせることができます。

「いえいえ、うちの会社で使っている帳票では、営業所を北海道から沖縄までの順番に並べて見ることに慣れていますので、皆、これで十分にわかるのですよ」

よく、こう言われる方がいます。

しかしそれは、北から南への順番で数字を眺めることに慣れているだけの話です。パフォーマンスの良い営業所とそうではない営業所を分けて、その理由を追いかける目的で、帳票が設計されているわけではありません。

この帳票をソートし直して改めて見ると、

「え、こんな傾向があったのか。知らなかった……」

と営業本部長をはじめとした責任者の方全員が驚かれます。

例えば、対前年伸長率順にソートをしてみると、その傾斜がまっすぐな直線になることなどなく、一般的には、伸長率の高い上位店舗の「よい子たち」、まったくふるっていない下位店舗「訳ありの子たち」、そしてその間の「ふつうの子たち」など、3つくらいの群に分かれます。そしてその差異には、必ず理由があります。

もし「思い当たるふし」があれば、それが仮説として正しいのか、事実の確認を行う。

図表5-6　グラフ化 ＋ ソートして見るだけで多くの発見がある

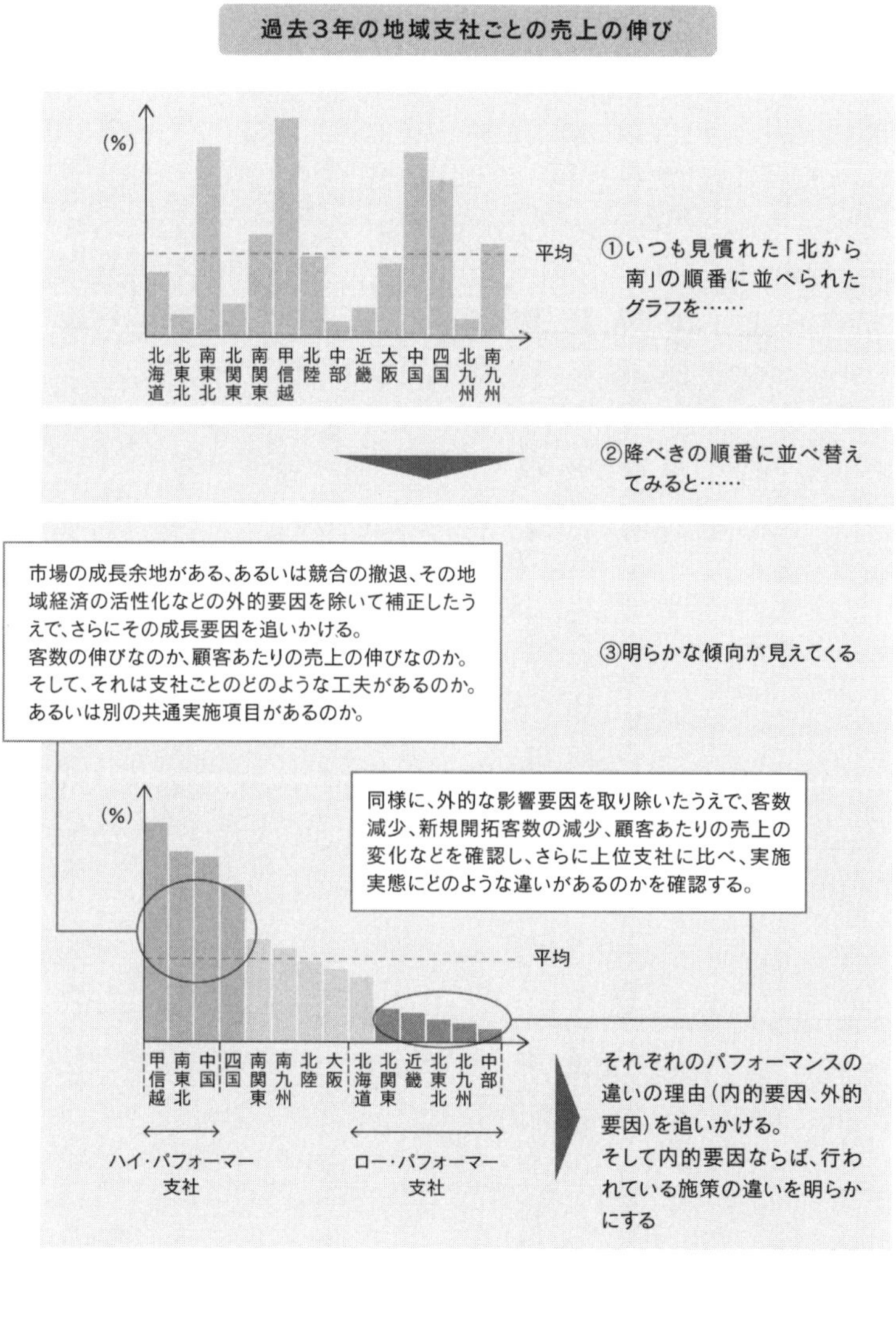
過去3年の地域支社ごとの売上の伸び
(%)
平均
北海道
北東北
南東北
北関東
南関東
甲信越
北陸
中部
近畿
大阪
中国
四国
北九州
南九州
①いつも見慣れた「北から南」の順番に並べられたグラフを……
②降べきの順番に並べ替えてみると……
③明らかな傾向が見えてくる
市場の成長余地がある、あるいは競合の撤退、その地域経済の活性化などの外的要因を除いて補正したうえで、さらにその成長要因を追いかける。
客数の伸びなのか、顧客あたりの売上の伸びなのか。
そして、それは支社ごとのどのような工夫があるのか。
あるいは別の共通実施項目があるのか。
同様に、外的な影響要因を取り除いたうえで、客数減少、新規開拓客数の減少、顧客あたりの売上の変化などを確認し、さらに上位支社に比べ、実施実態にどのような違いがあるのかを確認する。
(%)
平均
甲信越
南東北
中国
四国
南関東
南九州
北陸
大阪
北海道
北関東
近畿
北東北
北九州
中部
ハイ・パフォーマー支社
ロー・パフォーマー支社
それぞれのパフォーマンスの違いの理由（内的要因、外的要因）を追いかける。
そして内的要因ならば、行われている施策の違いを明らかにする

これが「仮説思考」による問題解決の始まりになります。
外的な市場の環境要因、競合企業に起因する要因、あるいは、営業店舗が独自に何かうまいやり方を実践していたり、異様にパフォーマンスの高い営業マンがいたりと、どこにそのギャップが発生している原因があるのかを追いかけていくことで、改善できる方策のある部分が浮かび上がってきます。

並べる順番は、必ず意味のある順番にすることを心がけましょう。
これが時間軸での変化を見るならば、折れ線グラフで表示することで「変化がなぜ起こったか」を追いかけることが基本になります。

Point

**見慣れた帳票をそのまま使い、ソートの手間をかけていないために意味合いが抽出できていない企業が圧倒的に多い。ソートの順番には、必ず意味を持たせる。うまく「見える化」すると、それだけで気付かなかった差異が見えてくる。**

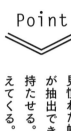

Chapter 6

# 必修の経営知識と実践知

What is
Why
required
Mindset
and To Be
Strategy
Problem
Solving
**Knowledge**
PDCA
Egoism

Part 1

# すべての経営理論は、進化の過程にある

Knowledge

企業に勤務している当時、社長と一緒に業界企業のトップ向けの研修の場に出かけたことがあります。その研修のグループディスカッションの時間に、

「そもそも戦略とはですね……」

と一席、ぶち始めた方がいました。

その方は、某地方百貨店の経営企画室室長であり、新業態の立ち上げ責任者をされ、その店が注目されて、当時は「時の人」となっていました。

私もその店には行ったことがあり、また偶然ですが、その店のMD（商品構成）プランをつくったイタリア人にも会ってその店のアイデアについて話を聞いたことがあり、確かに他にはないユニークなアイデアのMDの店でした。

ただし地方都市とその周辺商圏に、この店の品ぞろえの維持に必要な売上をつくれる需要があるのかについてはかなり疑問を抱き、案の定その後3年ほどで、その店は閉店してしまいました。

何人かの社長さんは興味津々でその方の話に聞き入って、さらに盛り上がり、最後は「経営においては戦略がすべてなのです」で話は締めくくられました。

話の内容から察するに、この方はマイケル・ポーターあたりの本を読まれて感化されていたのだと思います。

これ自体はたわいのない話ですが、経営理論の本などを読んで、すべてわかったかのように思い込むのは、よくある話です。

この方のケースでは、仮に経営理論を間違ってとらえていても、その影響は自社内で完結する話ですが、これが対価をいただいて企業の指導をする立場の経営コンサルタントとなると、話は違ってきます。

## 科学としての経営理論には、どこまで頼ってよいのか？

現在の医学、それも西洋医学の分野は、サイエンスの作法を踏襲した学問の一分野です。

しかし、ほんの数百年前までは、まじないや祈祷との区別がつかないような状態であり、さらにエジプト文明にまで時代を遡ると、なんと水銀を不老不死の薬として処方していた例もあったと言われています。当時の高貴な方のミイラを調べると、いくつかの遺体の中から水銀が見つかるそうです。

おそらく、その不思議な見た目から「未知のもの＝人智を超えた効能があるはず」という根拠のない決めつけにより、エセまじない師が、長寿を望む金持ちや権力者に投与したのではないでしょうか。

この話を経営理論や経営コンサルタントの話と並べるのはいささか乱暴ですが、新しい経営手法を検討する際に、例えば、著名な経済誌にいつも広告が載っていると、なんとなく信頼できる製品やサービスである印象を持ってしまいませんか。

あるいは「この経営手法は、GEやアマゾンをはじめとする多くの米国企業でも取り入れられています」と説明されると、とたんに興味がわいてきませんか。

さらに、あなた自身も「新しい経営手法」と聞くと、他に先駆けて導入すれば、周りから賞賛されるかもなどと密かに思いませんか。

まず前述のように、サイエンスは事象の言語化への挑戦であり、それによって物事に再現性を持たせようとします。

そして経営科学の中には、「戦略論」「マーケティング論」「組織論」「会計学」など、いくつもの分野があり、その分野の中に、さらに様々な理論が存在します。

互いが被る部分もあるものの、それぞれがある特定の分野についてのみの、考え方や因果を説明していて、「それが経営の全貌を語れている」ということは決してないのです。

## 前提が異なれば、効果も変化し、さらに副作用も起き得る

すべての法則性には、それが適用される前提がありますが、その時代、その世界では当たり前のこ

とについては、わざわざ前提として書き記されないという厄介なことが起きます。

先述したように、そもそも経営理論は、そのほとんどが米国発です。子供の頃からイニシアティブをとることの重要性を学校教育で叩き込まれた米国の経営トップは、言ってみれば事業の「ドライバー」です。そして彼のパフォーマンスを補完し、強化（ブーストアップ）させるための「エンジン」の1つが戦略といえます。イニシアティブをとれるトップがいて、初めて有効に機能するようにつくられた経営手法論が戦略ということになります。

しかし、前提が異なれば、適用できる理論の効果も変化しますし、その副作用さえも考えられます。

## 成果主義は、その必然性がある米国で生まれてきた考え方

例えば、「人治」色の強いディレクティブなマネジメントのもとでは、上長の好き嫌いも含めた主観的な評価が大きく影響します。

日本にある外資系企業において人事部長に、本国米国のマネジメントからの指示があったとします。

「今の社長をやめさせろ」

「なぜですか」

「I don't like him」

「…all right」

外資の日本法人の人事責任者は、日本法人のトップと本国のマネジメントのツーボス（2系統の異なる2人の上司）状態に置かれることがあります。そして日本企業の感覚では考えられませんが、このようなやり取りが普通に行われるのが外資系企業です。

もっと下位のマネジャーの場合は、いとも簡単に、上司の好き嫌いでやめさせられる例がいたるところで起きえてしまうのが、この「人治」前提のマネジメントです。

このような背景のもとで、その状態を改善する目的で生まれてきたのが成果主義に基づく客観性のある評価制度です。

そこに、言語化とイニシアティブを重視する米国の教育の背景があれば、客観的な指標を基本にして、その都度の人事評価の是非の議論も行いやすくなります。

そして1990年代の後半頃から日本企業においても成果主義人事制度が普及しました。

現実には、当時、多くの日本企業が低成長状態に陥り、人件費率のコントロールを容易にしたいという経営側の動機があったことも、成果主義人事制度が日本企業に広く導入された背景にはありました。

表向きは「成果主義指標を使い、努力の方向性を明示し、昇進、昇格の基準をわかりやすくしましょう」と評価の算式が多くの企業で導入されました。

ここでもし、マネジメントが指標以外の部分もしっかり見るという運用をマネジャーに徹底できないと、

「指標以外のことは、たとえ会社のためになっても、あなたの評価にはつながりません」という会社からのメッセージになってしまいます。

本来、**マネジメントの役割は、成果主義指標に反映されていない部分をこそしっかりと見て、中長期、全社的な視点も入れて、納得感のある正当な評価を行うこと**です。

そこにさらに、影響力のある人事部門の役員から、

「ルールをしっかり守らせるのがマネジメントの仕事だ」

などという指示でも出ようものならば、まさに目も当てられない状態に突入していきます。マネジャーは、昇格、昇給という人事権が取り上げられ、単なるルールの徹底の監視役になってしまいます。現実にそうなっている企業を目の当たりにしたこともありますが、各担当者は、マネジャーの指示など聞かない状態になっていました。

これは、成果主義指標そのものが悪いという話ではありません。

導入を検討する際に、好き嫌いが反映されやすい「人治」式マネジメントや、イニシアティブをとるのが当たり前の米国式の組織文化が前提にあることを理解していたのか。成果主義指標の徹底だけでは、事業部門としてのチームワークが崩れ、数字だけに走るエゴイスト化が進む危険性を読まなかったのか。そして、導入実態を見ながら手法や運営の仕方を調整、改善するＰＤＣＡを廻したのかという話なのです。

## すべての経営理論は不完全であるという前提に立ち、検討と導入後の調整を行う

たとえば医療において、売上を優先させる「医は算術なり」は健全な状態とは言えません。同様に経営コンサルタント業も医者と同様、本来は売上を追いかけるべき生業ではありません。

売上の追求が目的となると、自分たちが十分な能力を有していないのに、仕事を取りに行く事態も起きえます。もし、能力の伴わないプロジェクトを、大風呂敷を広げて受注する、あるいは自分たちが使いこなせているとは言えない経営理論を提案、適用してしまった場合、大金を払ったクライアント側に迷惑をかけてしまうことも起きかねません。

一部の例外はあっても、マッキンゼーやＢＣＧなどのコンサルティング会社が、たとえ規模が大きくなっても上場をしないのは、ここに理由があります。

すべてのサイエンスは、常に言語による説明と因果の法則化への挑戦が、その存在意義となります。そして経営に関するサイエンスも同様に、経営のすべてを語ることはできていないがゆえに、それに挑戦している状態にあると言えます。

財務会計も、企業のパフォーマンスをお金の動きと状態から「見える化」するために有効な切り口ですが、経営実態、健全性を見る目的としては、それ以外にも重要な切り口がいくつもあります。

・すべての経営理論は、それ単体で経営を語れるものではない

・すべての法則性は、ある前提のもとでのみ再現性がある
・新しい手法には、読み切れていない副作用がありうる
・調整が必要になる可能性を十分読んでおくべき

経営に関するサイエンスも、他のサイエンスの分野同様に進化の過程にあります。エドワード・デミング博士（TQC活動により60～70年代の日本企業の世界的躍進を支え、80年代以降には米国の政府や企業を指導した。PDCAの提唱者としても知られる）は、80年代にすでに「経営理論が米国の会社を壊していった」と明言していました。

つまり、実践に使われるには、まだ不完全なレベルの経営理論の導入が、企業内に混迷を招いていたことを指摘していたのです。

Point

**すべての経営理論は、常に不完全であるという前提に立つ。経営理論には、適用できる前提があり、そして常に改善すべき余地が残っている。**

Part 2

# マーケティングとは、お客様を喜ばせるアイデアや企画の精度をPDCAを廻しながらより高めること

Knowledge

マーケティングと呼ばれている業務には、実際には大きく分けて2つのステップがあります。

**❶市場を攻めるにあたり、その市場は何を欲しているのかを明らかにする。つまり市場の与件を明確にする**

**❷ターゲット顧客をいかに喜ばせるかのアイデアを生み出し、そのプランを組み立てる**

一般的に日々のルーチン業務におけるマーケティング業務は、製造業・販売業であれば、商品の仕入れや商品開発部門で行われており、バイヤーや製品企画担当も、上記の2つのステップを踏んで業務を行うのが原則です。例えば、

「現状の製品やサービスの売れ行きデータから、顧客から支持されうるキーワードを読み取る」

「そのキーワードを踏まえて、顧客がさらに喜ぶ製品やサービス、あるいは訴求方法を考え、アイデ

ア を出す」

そして日々、PDCAを廻して業務の精度を上げることになります。

一方、事業のトップが「マーケティング機能の強化」が必要と考えるのは、「戦略」と同じく「市場起点のPDCAが廻っていない」ために「市場とのかい離」を感じている時です。

ここでは、まずそのかい離が一体何なのかを明らかにする必要があり、そのうえで、そのかい離を埋めるシナリオづくりのプランニングPを行います。

先ほどのマーケティング業務の❶は、**市場を攻めるシナリオづくりのために必要な「与件」の明確化**を行うことです。ここでは、様々な質問設計や分析を駆使し、顧客のプロファイリングを行うための実態の「見える化」を行います。

市場調査を行う調査会社もあり、フォーカスグループインタビュー、定量調査の設計、実施から、依頼に応じて、基本分析とその報告までを行ってくれます。

そして業務の❷は、様々なクリエイティブなアイデアを出し、市場を喜ばせて注目を集めたり、集客や買い上げ率の向上への貢献につなげたりすることのできる、具体策をプランニングする腕のある一般的には「マーケター」とも呼ばれる方々が行います。彼らは、それぞれに得意な技や腕を磨いていますが、現実には、経営コンサルタントと同様に、やはり個人差や、得手不得手があります。

特に、後者のクリエイティブについては、その市場が何に喜び「笑顔を見せるか」をイメージできること、そしてその前提となる❶の**顧客のプロファイリングが精度高くできているかどうか**が大きな鍵となります。

## 顧客のプロファイリングを進め、打ち手の精度を高める

マーケティングが求められるのは、一般的には「**顧客の欲しているもの、そして有効な売り方を明らかにしたい時**」です。以下にマーケティングを伴う、BtoCビジネスの事業戦略の立案を行う具体的な手順を簡単に追っていきます。

**(1)事業についての様々なデータを「見える化」して意味合いを抽出し、このビジネスの容貌、つまり市場と競合状況、自社のパフォーマンスを数字により明らかにする。**

**(2)市場がうまく見えていない時は、まず直接、顧客、そしてターゲットとして狙いたい非顧客などの口から意見を聞く。多くの場合は、グループインタビューなどが有効で、答えと反応から、顧客の購買動機の背景、求めているもの、不愉快に感じている点などを明らかにする。ここで、気をつかった回答がなされることのないように、こちらの社名がわからないようにした進め方が好ましい。これにより、顧客の姿や、真の要望を知るプロファイリングを進める。**

**(3)上記の結果から「売れる製品イメージ」「効果的な訴求方法」を仮説として描く。**

**(4)各ターゲット層が、どの程度の購買意欲をもってどの程度のボリュームが存在し、嗜好性をどの程度持っているかなどを明らかにするための定量調査を行う。これにより(3)で立案した仮説を定量的に検証し、打ち手の影響度、どの程度の売上が見込めるか、その難易度はどのくらいかを明らかにする。**

特に調査については、入念に練り上げられた質問と、バイアス（偏り）が起きないように細心の注意を払ったうえで、実態をあぶり出すことのできる流れの設計を行わない限り、こちらが知りたいポイントなど、鮮明に浮かび上がってくるわけがありません。

1回の調査の設問の検討だけで、10時間以上をかけることなど、ざらです。

前述のように、質問文章の表現により、得られる「回答」の精度だけではなく、ひどい場合はイエス、ノーさえも変わってしまうことがあります。

市場の機微を察知する感性、つまり十分に言語化されない情報から、意味合いを読み取る力を高めるための、場数を重ねる必要もあるでしょう。

そして忘れてはならないのは、これらの手順で作られたBtoC事業における戦略Pも、しょせんは初期仮説だということです。

本当の本番はPができ上がったところから始まり、実際に行ってからの読み違いポイントを明らかにしながら、修正を行い、顧客のプロファイリングを進めて、打ち手の精度を高めていくのです。

**Point**

**マーケティングには、①市場与件の明確化、②市場を喜ばせるクリエイティブ、の2つのステップがある。適切なPDCAを廻すことにより顧客のプロファイリングが進む。**

Part 3

# 「生兵法マーケティング」は大けがのもと

Knowledge

経営理論は使い方を誤ると、いともたやすく自らに大きな深手を与える凶器となる「両刃の剣」でもあります。マーケティングの手法は、データを伴うことになり、なまじ説得力がある見え方をするため、さらに危険な場合があります。1つの事例をご紹介しましょう。

ある企業が収益性の改善を目的として、ダイレクトメールの効率を高めるために3つの事業部門で共通で使っていた定期発刊のカタログの効率を改善するように、新設のマーケティング部に指示を出しました。

社長からの特命を受けたマーケティング部長は、マーケティングのコンサルティング会社に相談し、顧客を**Recency（直近購入時期）、Frequency（購入・利用頻度）、Monetary（購入金額）の3軸のマトリクスに分別するRFM分析**を行いました。

RFMの各軸のマトリクスを元に、しばらく購入がなく、購入金額の低い顧客へのダイレクトメールを止めて販促費を大幅に下げ、収益性の改善に大きく貢献し、担当部長の評価も上がりました。

ところが、この年以降、この企業では売上が伸びなくなり、それまで右肩上がりだった成長曲線が横ばいを始めてしまったのです。上層部から営業部門には「売上を上げるよう、もっと知恵を使え」とハッパがかけられましたが、以前のように売上が伸びることはありませんでした。

その後、社長交代があり、新社長のもとで事業活性化の命を受けたプロジェクトが立ち上がりました。そのメンバーの1人が、現場で肌感覚としてずっと気になっていた点を分析したところ、驚くべき事実が明らかになりました。

A、B、Cのメインの3つの事業部は、同じ顧客リストを使っていました。A事業部は単価が低い商品を高頻度で販売しており、収益性もさほど高くありません。

一方、C事業部はその真逆で単価は極めて高く、収益性も高いものの、客数は少なく、購入頻度が低い商品を販売し、B事業部は2事業の中庸に位置していました。

先ほどのRFM分析を行った際には、効率の悪いA事業部の顧客リストへのカタログ発送が大きく削られていました。

このプロジェクトのメンバーが「見える化」して明らかにしたのは、A、B、C各事業部の製品をそれぞれの顧客がどのように買い廻っているかという、今まで明らかにされていなかった実態でした。

## マーケティングの正しい進め方を習得する

まずわかったのが、この会社の多くの顧客は、A事業部の製品の購入により初めて顧客になっているという事実でした。

この企業が市場において圧倒的なシェアを誇るA事業部が入り口となり顧客リストに追加され、その後に送られてくるカタログを見て、その中から一部の顧客が、より高額である収益性の高いB、C事業部の製品を購入して、上顧客として育っていくケースが多いことでした。

さらにA事業部の製品の購入顧客は、友人に声かけを行う方も多く、A事業部単体での収益性は低いものの、この会社の製品購入の入り口となり、かつ、顧客の定着と顧客層の拡大の役割も果たしていたのです。

結局、会社全体への貢献度が高かったA事業部の顧客をばっさりとリストから大幅に削ったのが、売上低迷が始まった原因になっていることが明らかになりました。

マーケティング施策は、数字などのデータを使って裏付けがなされるため、一見、説得力を持ちます。

マーケティング機能を正しく機能させるためには、市場の因果を見通して、方向性を出す問題解決の修羅場を踏んできたディレクター役に、少なくとも起動の際や新規プロジェクトの際に指導を仰ぎ、学問とは違う、正しい取り組み方を習得した方が賢明です。

**Point**

**市場への攻め方を指し示すマーケティングデータは、事実をベースとするため説得力を持ち、安易に扱うとその副作用がありえるために危険。少なくとも一度は、問題解決の場数を踏んだディレクターの指導を受けるべき。**

Part 4

# そもそも商売は「財布の中にある○○万円を1年後にいくらにできたか?」

Knowledge

ビジネスに携わっていると、必ず、数値責任が伴います。

営業であれば「本年度の目標売上は○○円。前年対比110%を達成のこと」

管理部門でも経費管理をつかさどっている部門であれば、期の後半に「販管費を当初予算に対して95%にまで圧縮するように」などの指示が出るものです。

また、事業部長になると「売上計画は前年対比+10%で立案し、必ず前年より増益させるように」などの指示が出ます。

組織は、大きくなる事業を廻すための分業であり、その数値責任についても分担しています。

しかし、安易にこの数値責任だけを各人の評価に直結してしまうと、全体最適などどうでも良く、自分の評価指標を高めることだけを優先してしまうエゴイズムが蔓延していきます。

これが世に言う**「成果主義指標の導入の弊害」**です。

成果主義が徹底されている外資系企業などでは、「チームワーク」など、定量的には計れないものの重要である評価項目が明文化されていて、できていない場合は上長からの強い指導があります。しかし、成果主義指標を導入した日本企業で、マネジャーがこの指導をしっかりと行えている企業はかなりの少数派です。評価という重要な制度をあまりに安易に導入し、不十分な状態のまま、それを放置してしまっている企業があまりに多いと思います。

## 原価低減の副作用

そもそも、経営の数字をどうとらえるべきかについて、ここで改めて考えてみましょう。

事業に携わっている人たちの多くは、売上高、粗利益、営業利益、そこに営業外収益、納税額などを反映するPL（損益計算書）をいつも見て議論を行い、これに見慣れていきます。

しかし、そもそもビジネスは、例えて言えば、財布の中にある10万円を1年後（あるいは一定期間後）にいくらに増やすことができたかという話です。

ただし事業の規模に応じて、材料、在庫をある程度のロットサイズで仕入れるための資金、店づくりや認知向上のための先行投資などのお金の動きにあたり、財布の中のお金、つまり手元資金が足りるかなどをチェックし、必要ならば、借り入れなどの資金を手当てする必要も出てきます。

よってビジネスの収益状況を見るためのPL（損益計算書）と、財務状況を「見える化」するBS（貸借対照表）の2系統に分けて事業を見るという画期的な発明がなされました。

ところが、薬と同じで、新しい理論の適用は、使い方次第で副作用も引き起こします。

ある数百億円規模の製造業の購買担当課長が、社長から全社に発信された収益性改善の指示を受けて、仕入れ部材の単価の見直しを行いました。その結果、業者と交渉を行い、大幅な単価の低減に成功しました。

ある時、その課長と資材置き場の倉庫に入った時の会話です。

「このナットは単価が○○円なのです。この単価で仕入れることが出来ている企業は、日本中どこにもないと思いますよ」

「なるほど。それにしても、このナット。同じ品番の段ボール箱がかなりの数、積み上げられていますが、これをすべて使いきるのに、どのくらいの期間がかかるのですか？」

「25年くらいでしょうかね」

「………」

25年分の部品を、単価を下げる目的で一度に仕入れる経営判断など、聞いたことがありません。

これは上層部、上長が、現場の実態把握には無関心で、PLだけを見て良し悪しを判断し、かつKPIだけの評価を行っている場合に起きうる話です。

事業規模がある程度大きくなった場合は、ただBSを眺めているだけで材料資材高の変動から、この手の判断の異常に気が付くかどうかは怪しいところです。

だからといって、KPIなどの管理手法を取り入れるのは、本来はマネジメントの精度を高めるのが目的であり、決してマネジメントが楽をするためのものではありません。これはKPIの評価指標を論ずる前に、その上の部長が見て即座に「何を考えているんだ！　すぐに返品交渉を行え」と一喝すべきケースです。

## 10万円の壺と100円のボールペン、儲かるのはどっち？

このようにPL、BSの数字を上辺だけ見ていて、ビジネスの実態や健全性に気が付かないことは、日々の経営の現場管理でも起きます。

例えば、ここに商売を始めようとしている2人がいるとします。

2人とも手元資金は10万円です。

Aさんは、10万円で希少品の壺を仕入れて、それを100万円で売ろうと考えました。

Bさんは、50円のボールペンを2000本仕入れて、1本100円で売ろうと考えました。

Aさんは、粗利率90％で、90万円の粗利益を狙います。

Bさんは、粗利率50％で、10万円の粗利益を目論んでいます。

ここまでを数字だけで見ると、Aさんが高収益率のビジネスを目論んでいるように見えます。

ところがBさんのボールペンは発売後、1か月で、ほぼ在庫がさばけてしまう売上の推移となりました。Bさんは早速、さらに1か月分在庫の追加仕入れを行います。結局1年間で、Bさんは計12回の仕入れ（2万4000本）を行い、ボールペンを売ることができました。

一方、Aさんの壺は、1年かけてやっとひとつを売り切ることができました。

さて、同じ10万円の元手で始めたこの2人のビジネスの1年後のPLはどうなっているでしょうか？

年度で締めると、Aさんは売上100万円、粗利高90万円、粗利益率90％対してBさんは、売上240万円、粗利益高120万円、粗利益率50％

粗利率だけを見ると、Aさんのビジネスは突出しているのですが、年間に1点しか売れなかった、市場が小さく、かつ売りにくい商材のビジネスでした。

一方、Bさんは、粗利率こそ低いものの、Aさんよりも手元資金を高速に回転させて事業を行うことができています。

商品のROI（Return On Investment、投資収益性）で、これら2つの事業の収益性を見ると、Aさんは10万円の仕入れ資金で、粗利益を90万円稼いだのに対して、Bさんは、同じ10万円で、粗利益を120万円稼ぎました。

商品版ROIを計算すると、Aさんは、90万円の粗利益／10万円の仕入れ金額＝900％に対して、Bさんは、120万円／10万円＝1200％と、1・3倍以上の差がつきます。

もしBさんの扱ったボールペンがとても人気があり、2週間で売れてしまう勢いならば、売上金額は480万円、粗利高は240万円、商品版ROIは2400％と、倍になります。商売やビジネスのパフォーマンスの尺度の第一は、手元にある○○万円をある期間内に、どのくらいにまで増やしたかです。

それに則って、2人のビジネスを比較すれば、PLだけを見て比べた印象とはだいぶ異なってきます。

## わかりやすいPLの見え方ばかりに意識が向いている経営者が多い

実はこれは、至極当たり前の話しかしていないのですが、皆さんの会社の中では、上長から、「とりあえず、今期のPLを作ってくれ（利益の帳尻を合わせるように）」という指示が出たりしませんか。

米国の場合は、株主の圧力が執行責任者には強くかかりますが、日本の株主は、世界的に見ても特異な状態とも言える、長期にわたる今の日本企業の低成長を容認しているほどに、おとなしいのが実態です。そのような環境のもとで、経営層がいわば学校の成績表の感覚で、PLの化粧をしに行くことにどれだけの意義があるのかを、もっと真剣に考えるべきです。

当期収益の帳尻を合わせるために、長期的な視点での施策を犠牲にし、挙句の果てに、人員削減にまで手を付けようものなら、仮に、当年度の帳尻合わせや、機関投資家向けの説明はできても、将来に向けた、事業発展の可能性の芽を摘むことになりかねません。

本来は、元手の金額を一定期間中に、どれだけ増やせたかを見ればいいだけのものを、PLとBSという表記の仕方が発明され、広まったおかげで、わかりやすいPLの出来栄えの方ばかりに注力する傾向が強くなっている経営者が多いのが現実です。

さらに付け加えるならば、売上や収益性の改善に従事することの多いコンサルタントたちもBS（貸借対照表）から事業をイメージするセンスについては、案外鍛えられていないものです。

ある上場企業に、銀行から取締役待遇で出向されていた方が、

「企業はまず利益です。利益以外にはありません」と熱弁をふるっていたのを見たことがあります。目くじらを立てて否定をすべき話でもありませんが、企業と事業を正しく捉えて、正しい事業文化を作っていく。これが参謀にとって重要な視点だと言えるでしょう。

## Point

**PLとBSに分けて見るという、わかりやすい表記の仕方が広まったおかげで、PLの出来栄えばかりに注力することが起きている。同様のことはビジネスの様々な局面で起きている。常に、自社の事業の健全性という視点で事業をとらえること。**

Part 5

# 「業務プロセス」の最適化が事業のパフォーマンスを決める

Knowledge

組織と言えば、誰もが組織図をイメージします。

しかし組織図はトップを頂点とした各階層のマネジャーの管掌範囲を表現しただけのものです。新組織の検討の場に呼ばれ、同席することも多々あります。

時間をかけた検討の末に出来上がった組織図を前にして、トップや人事部はたいがい満足げな表情をされ、「よし、これで、うまくいくだろう」と期待を込めて言いますが、組織図を描いただけで事業展開が好転するようなものでもないことは、実は皆がわかっていることです。

日本企業から外資系企業に転職経験のある方はご存じですが、外資系企業に勤めると、いちばんはじめに「あなたのポジションは、レポート・トゥ（Report to）○○さん（『○○さんに報告する』＝『○○さんに評価されます』）です」と、日本企業ではまず使われない表現での説明を受けます。「人治」色の強いマネジメントの前提のもとで、そのレポート・トゥの系統をわかりやすく記したものが組織図の書式なのです。

図表6-1　人の力と業務プロセスの二面から、組織のパフォーマンスは上がる

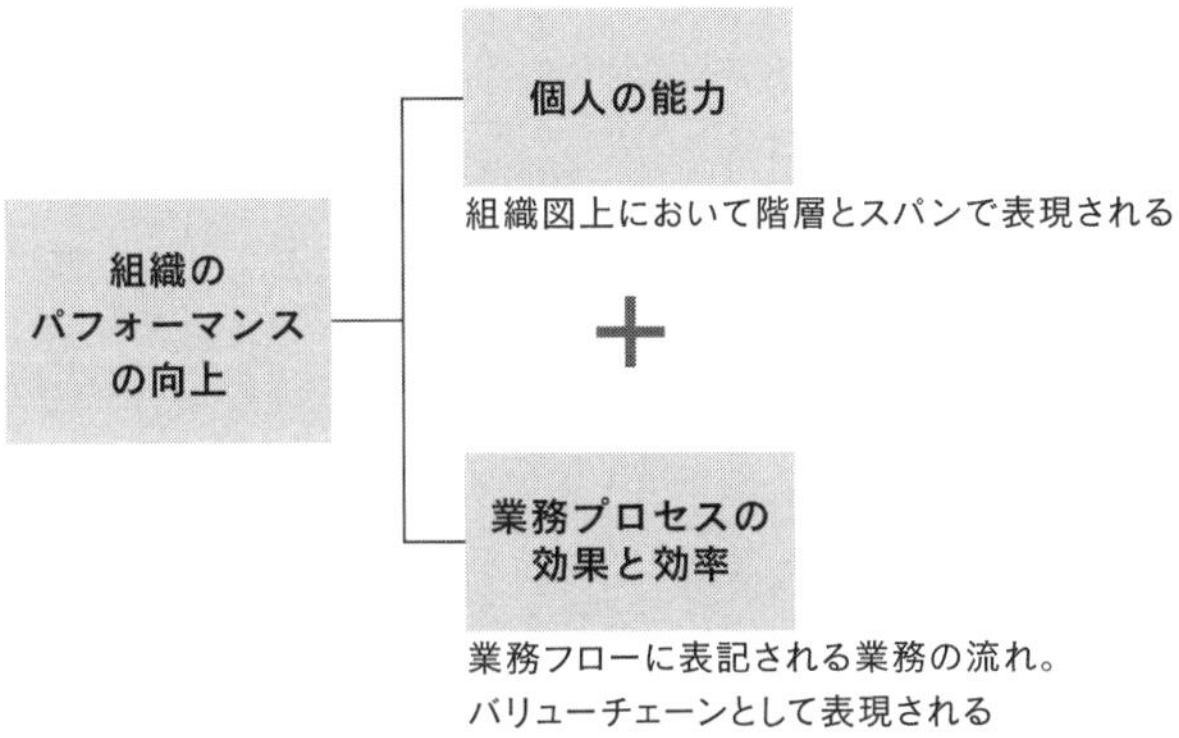


組織図は、腕のいいマネジャーには管掌範囲を広げる、あるいは昇格させるという「人治」の前提で人材配置の最適化案を「見える化」したものと言えます。

「仕事のできる方には、部下をつけ（あるいはもっと増やして）、より大きい責任を担ってもらう」のは組織運営の基本セオリーです。

仕事のできる方には、部下と使える予算を増やして、より大きいアウトプットを期待して仕事をこなしてもらうことで、彼もマネジメント能力を培っていくことができ、これが組織を発展させる基本中の基本の考え方です。

しかし、これはあくまで、「腕のある方」に依存していく「人治」の話であって、組織全体を「業務システム」としてパフォーマンスを上げることとは、また別の話なのです。

たとえば、事業部の中に、製品開発部、製造部、営業部があるとします。

この中では、顧客の要望などの情報を営業部から得て、製品開発に反映させ、製造部、営業部と全体が連動して、市場に製品やサービスなどの「価値」を提供するという流れになります。

組織としての機能は、業務フロー、つまり業務プロセス（ビジネス・プロセスと同義）として機能します。

トヨタには「技術標準」と呼ばれる社内資料があり、そこには業務など事業運営のノウハウが、業務フローなどの形でまとめられています。

トヨタの組織の変遷をこれまで見てきましたが、トヨタでは、組織図の見栄えにはあまり意識がいっていないように感じます。むしろ、業務の流れを重視して、常に最優先に改善に取り組んできたのがトヨタの特徴のように感じています。

業務プロセスは各部署に帳票などによる「情報」、あるいは部品や材料などの「もの」がインプットとして入り、その部署において、何かしらの付加価値が加えられて次の部署にアウトプットされるという流れです。

例えば、事業部内の業務プロセスを管理し、最適化を推進する立場にいるのは事業部長ですが、多くの場合、その事業部長は今、事業部内がどのような業務フローで仕事に付加価値が加わって製品が市場に提供されているのかを追いかけたことはないでしょう。

しかし、この業務プロセスが「理」にかなった形で出来上がっていないと、様々なムダや、合理的ではない動きが生じます。そのような組織では例えば、

図表6-2　業務フローのチャート

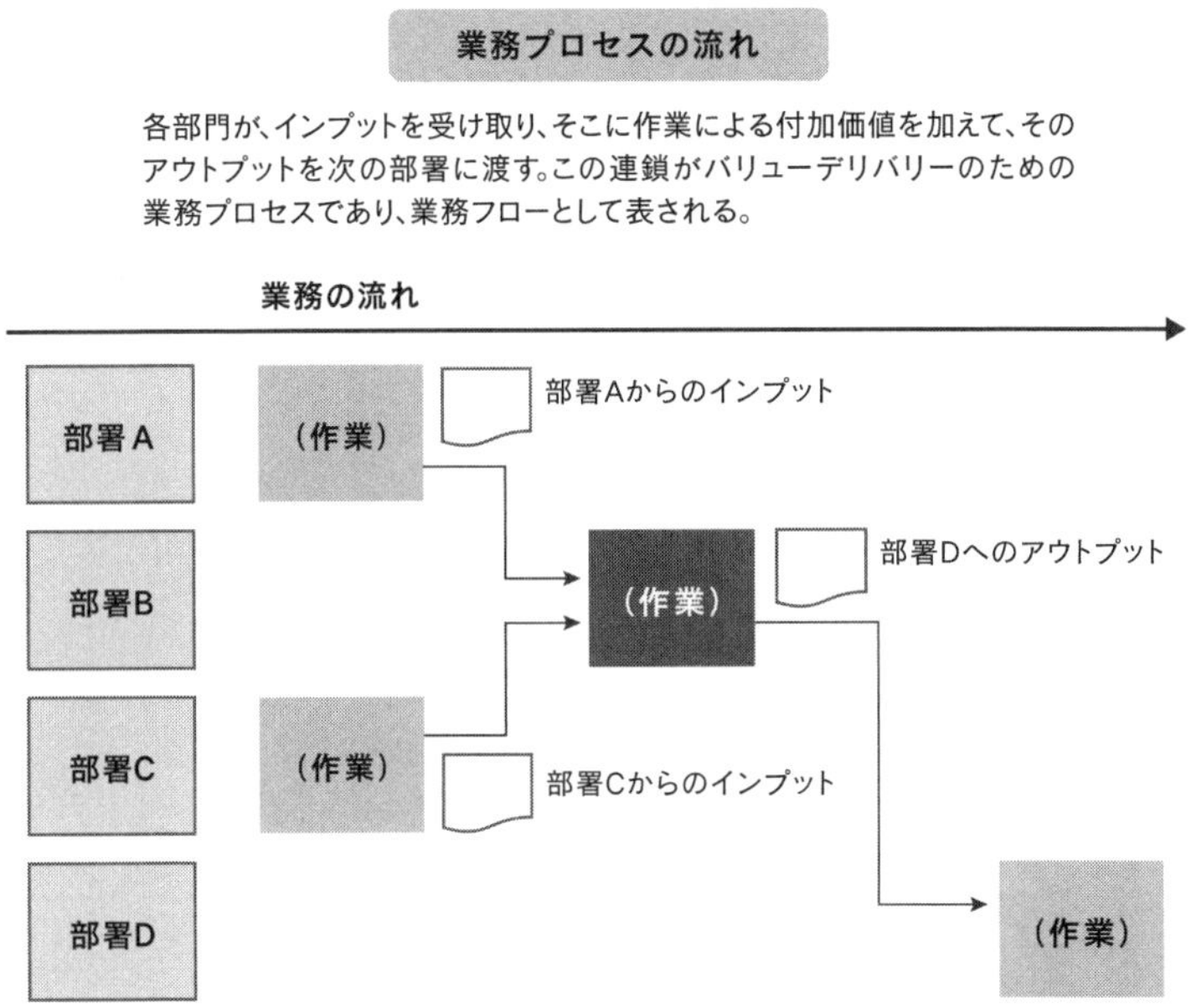
業務プロセスの流れ
各部門が、インプットを受け取り、そこに作業による付加価値を加えて、そのアウトプットを次の部署に渡す。この連鎖がバリューデリバリーのための業務プロセスであり、業務フローとして表される。
業務の流れ
部署A
部署B
部署C
部署D
（作業）
部署Aからのインプット
（作業）
部署Dへのアウトプット
（作業）
部署Cからのインプット
（作業）

「企画の段階でこの情報を織り込んでいてくれたならば、もっと精度のいい製品が、コストがかからずにできたのに」

「事前情報は早ければ早いほどいい。一括ではなく五月雨《さみだれ》式にもらった方がありがたい」

「100%の確定情報ではなくても、事前の内示情報があれば、部品の調達手配を先行させることができ、量産開始までのリードタイムを短縮できたのに」

などの問題提起が、数多くあるものです。

複数のアパレルブランドを有する企業で、ブランドごとの現状の業務プロセスの「見える化」を行ったところ、本来すべて同じ業務プロセスの形になっていて良いはずなのに、すべてが異なった手順をとっており、それぞれに異なる課題が浮かび上がりました。それは主に、

・フィードバック情報が適切なタイミングで入っていないため企画の精度が上がらない
・業務フローの早い段階で、必要以上の精度を上げたデザインワークなどの企画ごとを行っているためにムダなやり直しが発生する

などです。

このように、全体視点で俯瞰して見るだけで、合理的に機能していない様々な業務の流れが明らかになりました。

人の能力に依存しない再現性のある組織のパフォーマンスは、この業務プロセスの良し悪しで決まります。これを業務フローの形で「見える化」し、ＰＤＣＡを廻して改善活動Ａを続けることを文化にできている企業は、まだまだ少数派です。

この業務フローにおいて、さらに適切に組織の階層間に適切な情報が行きわたり、自律的な判断もなされる「神経系統」がしっかりと機能すれば、組織図に描かれた組織は、１つの生きもののようにバランスの取れた動きをすることができます。

Point

**健全な「神経系統」づくりと業務フローの最適化により、事業体を1つのバランスの取れた有機体として動かすことが、参謀役に課せられた組織課題。**

Part 6

# 経費は事業の価値を高めるために、より効果的な使い方に知恵を使うべき経営資源

Knowledge

最近、経営企画室がコスト低減の担当部署化してしまっている企業が増えています。経営層が認識している課題の一部を分業して担当するのが経営企画室の役目ですから、そういう意味では、経営層の意思が反映された動きなのでしょう。

ただ、ここで考えなければならないのは、

「そもそも、経費とは何か」

という点です。

言うまでもなく経費は、帳尻合わせのために単純に下げたり、削ったりする対象ではありません。**経費は、売上や利益、そして事業のブランド力（信用力）を含めた企業の価値を高めるために、より効果的に使い方の工夫を続けて、自社の強みとすべき経営資源**です。

同じ効果、同じ効能を得られることが確認できたうえであれば、より支出の少ないものを選び、機能

的に問題ないかを確認したうえで、それに置き換えて、より経費を下げ、効率を高めることは大切です。

しかし、それよりももっと重要なことは、その使い方について、より売上や粗利のアップにつながるように効果を上げて、結果、効率も上がる手段への挑戦を続けて、より精度の高い経験則を得ることです。

**製造現場においては、経費低減は直接的な利益の源泉となります。しかし事業全体としてとらえれば、利益の源泉は経費低減の前に、お客様の支持によって伸びる売上による粗利であるべきです。**

例えば、販売促進においても、様々な媒体や手法があります。

チラシやDM、SNSを使ったものもあるでしょう。

前年の同時期に使ったやり方よりも、さらに進化したやり方を検討し、媒体をチラシからDMに変えたり、より効果的なコピーに変更したりと工夫を加えて実施し、その結果を検証することが基本です。

事業の特性によっても異なりますが、新規顧客の獲得、既存顧客向けでも自店をひいきにしている顧客と他店も買い廻っている顧客、それぞれをいかに前年同期よりも増やしていくか。毎回ＰＤＣＡを廻すことによって、施策の精度がじょじょに上がっていくものです。

つまり、**より効果と効率の高い経費の使い方を求めるＰＤＣＡを廻すことが、本来の経費管理です。**

今や、多くの企業で取り入れられている**ＥＲＰ（Enterprise Resources Planning、統合基幹業務システム）**は計画主義を前提にしたシステムです。

精度の高い計画を立案できれば、それぞれの権限の範囲で承認を行い、その経費を使うことができます。

しかし現実には、ＥＲＰを導入した企業ではマネジャーが、「来期の予算を減らされないように、今年は利用実績をつくっておこう」となっていく傾向があります。先日も、ある会社の執行役員が「うちもＥＲＰを入れたんですが、それ以来、期の締め月には、事務所の備品が増えていくんですよ」という話をしていました。

そもそもＥＲＰも「経費をこれだけ預けるから、あとは自分の好きなように有効に使って（前年よりも）高いアウトプットを出してくれ」と任せる人治色の強い米国式のマネジメントの前提のもとにつくられたシステムです。

このＥＲＰは仕訳など、管理部門にとっての精度を保つ仕組みにはなっていますが、経費の効果、効率を高める機能があるわけではありません。

これは、ＥＲＰそのものの悪さというよりも、背景にあるマネジメント文化の違いの話です。「米国の大企業である○○社も導入しているから」とその前提と影響をあまり理解せずに、課題や運用体制をしっかり検討することなく導入したために、経費を有効に利用するためのマネジメントのＰＤＣＡがやりにくくなってしまった例と言えるでしょう。

経費を有効に使ってビジネスを伸ばすための知恵を培うＰＤＣＡを廻し続けることが、企業のパフォーマンスを高めるにあたっての大前提にあります。

もちろん、コストを下げるためのアイデアや技術を導入することは、悪いことではありません。

しかし、それよりもはるかに優先順位の高い課題は、限られた手持ちの経営資源である経費を使い、これも限られた貴重な経営資産である人材に、価値のある問題解決に取り組んでもらうことです。

これが全社的に行われている状態を実現する方が、単に納入業者を絞り上げて「もっと安くして」と机を叩く交渉に多大な時間をかけるよりも、自社の生み出す付加価値を高めることにつながります。

## 業務の中に潜んでいる様々なムダは、顕在化していないもの

かつてトヨタは「乾いた雑巾を絞る」と形容されたこともあります。

確かに、付き合いの浅い取引先からすれば「乾いている雑巾を、さらに絞りに来る」ように映るでしょう。さらに全社員がコスト低減に取り組むがゆえに、中にはやりすぎ感のある要求を出した社員もいたと思います。

しかしながら本来、トヨタの考え方は、ムダ取りであって、むやみやたらな値引きの強要や労働強化ではなく、「雑巾はまだ乾いていない」という前提があります。

多くの場合、業務の中に潜んでいるムダは顕在化していません。トヨタの場合は、

・動作のムダ
・運搬のムダ

・在庫のムダ
・加工のムダ
・手持ちのムダ
・つくりすぎのムダ
・不良・手直しのムダ

と、製品の価値向上には寄与しない業務に潜むムダに着目して、それを改善します。

## バリュー・デリバリー・プロセスを最適化する

また、部品の納入先などのコスト低減には、そこの工場に入り込んで、工程改善の指導を行い、トヨタへの納入価格を下げます。

トヨタの考え方は、**バリュー・デリバリー・プロセスの最適化の推進**です。

ただ、値引きを供するだけのコスト低減とはまったく異なりますので、取引先が値引きを強要されてつぶれてしまうということは、まず、ありません。

取引先側の利益幅はしっかりと確保し、あくまでも部品や納入品のつくり方を改善して納入価格を下げるというのが基本です。

結局、自動車のものつくりにおいて、末端の部品生産から自動車に組み上がるまでのツリー状に描かれる、**ものつくりの流れの中に潜むムダを顕在化させ、徹底的に合理化を進めよう**というのがトヨタの考え方です。

取引においては、双方に信頼関係がなければ、自らを守るために様々な取り決めや、契約ごとへの盛り込みが必要になります。そして多くの場合、これが納入先企業との取引上のコスト、品質、納期の最適化を阻む要因になります。

俗に言うバリュー・チェーンは、取引先にまでつながります。

ゆえにこの**信頼関係を取引先と構築することが、本当のコストや原価低減につながる**ことは、もっと理解されるべきでしょう。

そもそも経費は、前年や前回よりも、より有効に使い、より大きい効果を上げるべきものであり、決してむやみに削減するだけの対象ではありません。

経費は、売上や収益性を高めるために、より、効果的、効率的な使い方をＰＤＣＡを廻して追求するべき経営資源であり、その使い方にこそ、組織の知恵を結集させるべきものです。

Point

**大事なことは、ＰＤＣＡを廻し、使う経費の効果と効率を上げ続けること。**

Part 7

# 企業は成長を志向することで、多くの問題が解決する

Knowledge

企業の組織は、ピラミッド型に描かれます。

そして企業は、組織図の底の部分を広げながら成長します。

では、企業の成長が止まった時に、組織はどうなるでしょうか。

組織のピラミッド内にいる方には、それぞれに生活があり、基本的には向上心もあります。自分自身と組織のPDCAを廻し、企業に貢献できる価値を高める努力をします。

企業側もそれを奨励し、腕を上げた人には、より多くの部下をつけ、彼、彼女の発揮できる価値の幅を広げようとします。

しかし肝心の企業の成長が止まっていると、このピラミッドを大きくすることができません。

本来、人事部の第一優先の役割は、社員の士気と能力を高めるための制度の導入と運営を行い、企業としての生産性と成長性を支えることです。

一方、経営管理の観点で人事が担うもうひとつの役割は、人件費率の管理です。

実際、新卒者の採用も行いながらピラミッドの形を維持するためには、前年対比100%+α程度の成長では不十分です。

したがって、企業が成長基調になく、かつ一般株主のいる上場企業の場合は、収益性を維持するために経費管理を意識せざるを得なくなり、人事部は人件費率の上昇を抑えるために、人の代謝を考えざるを得なくなってしまいます。

セカンドキャリア、早期退職などの代謝促進のためのプログラムを持っている企業は、現実的には成長が鈍化している業界に多く、多くの大手都市銀行に至っては40代前半になると、いかに順番に外部の企業に出していくかを決めていくのが通例になっています。

代謝を考えなければならなくなった人事部では、組織が大きくなってくると説明可能な判断基準が欲しくなり、そこで安易に、個人の評価にマイナスポイントがついていることを大義名分にしてしまう傾向が出てきます。

## 成長が止まった企業では、足の引っ張り合いが常態化する

あるメガバンクの大手関連会社の社長と話をする機会がありました。

「弾の飛んでこないところにいる奴らばっかり偉くなってよ」

その方は、そう話されていました。

図表6-3　事業の成長が止まった際に起こる悪循環

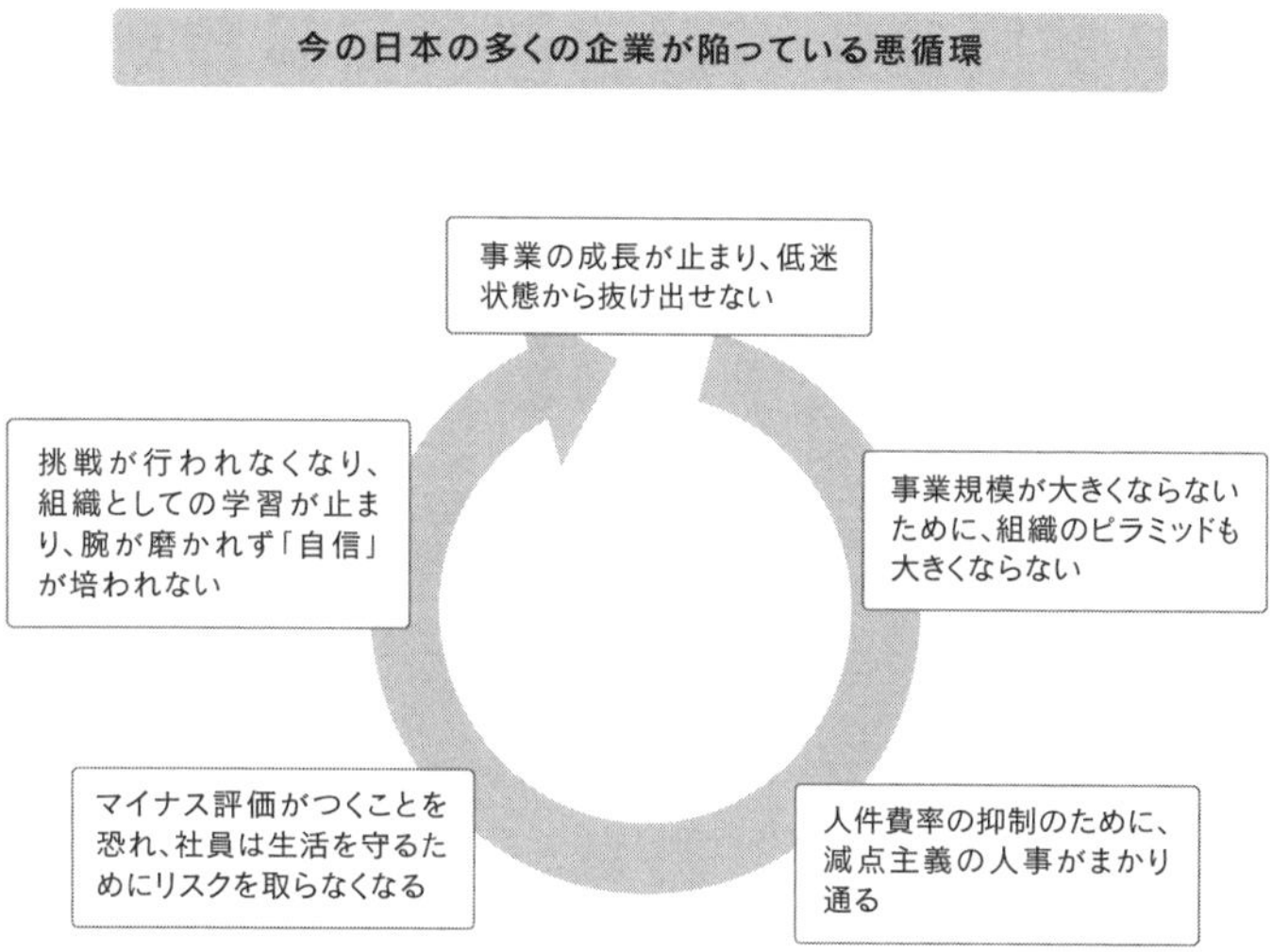
今の日本の多くの企業が陥っている悪循環
事業の成長が止まり、低迷状態から抜け出せない
事業規模が大きくならないために、組織のピラミッドも大きくならない
人件費率の抑制のために、減点主義の人事がまかり通る
マイナス評価がつくことを恐れ、社員は生活を守るためにリスクを取らなくなる
挑戦が行われなくなり、組織としての学習が止まり、腕が磨かれず「自信」が培われない

低迷状態の中、減点主義の評価が行われる企業では、挑戦しないものが昇格していくというなんとも不条理な事態が起きてしまいます。

そしてその環境下では、少しばかり智恵の廻るものは、心がけてリスクを回避するという「賢い選択」を行うようになります。

しかし一方、ビジネスマンとしての成長を考えると実は、前向きな挑戦をして、時にはマイナス評価をもらいながらも、その失敗から学ぶ人の方が、腕を上げるという現実があります。

リスクを取った挑戦を経験せずに、本人にとっての上辺の「賢い選択」を繰り返してきた、あるいは「弾の飛んでこないところ」にいた彼らは、経営幹部として必要な、大きな事業判断をする際の「自信」を培っていません。

そういう経営層では、事業を伸ばす挑戦を行う際の判断に躊躇してしまうことになり、企業にとって成長など「夢のまた夢」となり、この悪循環から抜け出すことができなくなります。

そして事業の成長が止まった状態の組織で、自分がより良いポジションにつき、より良い給与を得るためには自身のポジションを相対的に上げるしかなくなります。

これに加えて上層部のマネジメントが甘く、かつ高収益なままに成長の止まっている企業では、上に上がりさえすれば高給が保証されるため、社内で足の引っ張り合いが常態化してしまっている例さえ見かけることがあります。

## 成長する余地は本当にないのか？

そもそも、企業が成長を志向しなくなる原因を考えると、経営層が自分たちの攻めの経営判断に「自信」を持てていない、判断材料をそろえる能力がないなどの理由で、結果として挑戦が行われていないという、その一点に至ります。

「何を言っているんだ。国内消費が伸びていない今、売上を伸ばすことなど容易ではないことはわかっているだろう。無責任なことを言うな」

このようなお叱りの言葉をいただきそうです。

しかし、それでは同じ事業領域、あるいは関連する事業領域において、成長を果たせている企業は

1つもないのでしょうか?

多くの場合、従来の事業の形に囚われず、ある意味、ゲリラ的に事業展開をしていく企業が現れます。

伸び代がなくなっていると言われるアパレル業界でも、「ユニクロ」を有するファーストリテイリングは、前年に対して伸びが鈍化した時にマスコミに取り上げられるものの、長期スパンでとらえれば、しっかりと成長基調にあり、今はGU(ファーストリテイリングの子会社)も好調です。

彼らは海外進出についても、オープンに報道されている以上に、何度も失敗を重ねて「多大な授業料を払いながら」もグローバル展開を果敢に行っています。年度単位では浮き沈みがあっても中長期の視点で見れば成長基調にあり、事業としての進化、成長を考えれば、同業他社をはるかに凌駕しています。

また、同じアパレル業界で「ジャーナルスタンダード」などを有する株式会社ベイクルーズも、ファッショビジネスにおいて、MDを含めた科学的な経営をどこまでも追求することによって成長を続けています。

小売業のニトリやドン・キホーテなども、そういう中から生まれてきた新しい形の企業です。

そもそも時間の経過と共に、市場のセグメント化は確実に進むため、事業の難易度が上がってくることなど自明の理です。そのため、企業自体が、自社で組織のPDCAを廻して進化を続けている状態を作らねばならないのです。

元CFOの会長ロバート・ゴイゼッタによる財務視点からの様々な施策で事業価値を約15倍まで高

めたものの、その後は、長い低迷状態にあったザ・コカ・コーラ・カンパニー（米国）も、営業畑出身のネビス・イスデルがCEOに就任するや、ふたたび勢いを取り戻し始めました。彼は、世界地図を指さしながら「世界中には、赤くなっていない（コカ・コーラが展開されていない）国がまだこれだけある！」と満面の笑みで語りました。

## 企業の存在意義は、市場への挑戦

成長できない理由など、無限に挙げることはできます。

一方で、他の企業がやっていないことも、山ほどあります。

それらは未開の領域であるがゆえに、挑戦すれば予期せぬことが必ず起きますので、その市場の開拓は容易ではありません。

中長期的視点でとらえれば、**企業の存在意義は、市場への挑戦しかありません**。

果敢な挑戦から学習した企業だけが、他社の持ちえない経営力を高めていきます。様々な困難が待ち構えていても、成長を志向することは多くの問題を解決してくれます。

その際に、ぜひ忘れてほしくないことは、低迷期ではなくできるだけ成長基調にあるうちに、

・「理」にかなった経営判断としての挑戦を行える体制、文化をつくる

・そのために、失敗から謙虚に学ぶ組織のＰＤＣＡの文化を定着させることに取り組むことです。

ただし、人は目の前にぶら下がっている果実には、つい飛びつきに行ってしまうものです。べき論を語るのは簡単。現実には、なかなかできないことではありますが。

Point

「（御社に経営力がないなら）どこかにＭ＆Ａしてもらったらどうですか」このような提案をメインバンクからもらうことのないように、果敢に経営のＰＤＣＡを廻して経営力、事業運営力を高めるべく、Ｃ（学習）とＡ（進化）を重ねる。

Part 8

# 正しく的確な情報が入りさえすれば、トップの意思決定の精度は格段に上がる

Knowledge

トップの側近、あるいは幹部社員と親しくなると、「うちのトップはですねえ……」から始まり、時には愚痴も含めて、実にいろいろなエピソードを聞くことになります。

確かに、事業がうまくいっていない時に、その責任をすべてトップのせいにすることはできます。

かなり前の話ですが、ある会社で『風が吹けば桶屋が儲かる』式に、今起きている問題の理由をたどって、根にある原因を明らかにしましょう」と新任の経営企画室の方に、現状の問題点の因果をたどったチェーン（連鎖、つながり）を描いた資料をつくってもらったことがあります。

数多く起きている問題点から始まる、その方のつくった因果のチェーンは、すべての問題点が「トップに問題あり」に帰結していて、苦笑してしまった記憶があります。

トップの意思決定に問題があるならば、「トップが悪い」で終わらせるのではなく、さらにその先の「そのトップの意思決定の精度がなぜ低いのか」「トップ機能を補佐する参謀役には、何ができるのか」を考えなければなりません。

米国GEのトップを長期間務めたジャック・ウェルチ氏は、数々の名言を残していますが、その1つに、

「そこそこの知的レベルがあれば、あとは同じ情報認識を共有できれば、皆、同じ判断ができる」

があります。私が知っているトップの方々は、基本的に全員が、

「会社を良くしたい」

「会社を大きくしたい」

「株価を上げたい」

と考えています。その基本姿勢としては、

「(なんとか)社員を(より)幸せにしたい」

と思っています。

しかし、いくらトップが企業をそういう理想の状態に持っていくための経営判断をしたいと考えていても、そのために必要であり、かつ信頼できる情報が上がってこない状態では、次の一歩を踏み出す意思決定はできません。

## 低迷している企業の資料の特徴は「わかりにくい」こと

低迷する企業の共通点として、**社内で行き交う資料の内容が一様に「漠《ばく》としている」**ことが挙げら

れます。具体的に言うならば、

「理にかなっていない」

「わかりにくい」

「疑うべき余地がふんだんにある（ありすぎる）」

「よく見ると因果が不明瞭」

「ファクトを押さえているのかどうかが怪しい」

そして結果的に、

「違和感がある」

「ピンとこない」


これらはすべて、ＰＤＣＡを廻すためのＰの作法の基本が押さえられていないがために起こります。この現象は、そこに勤めている方、側近の学歴や出身校の偏差値レベルにかかわらず、どこの企業にも共通して見られます。

うがった見方をすれば「理」をもって指摘されないように、因果や必然性を明らかにする努力がされないままに、思いつきや自分に都合のいいプランを綴っているのかと思われる場合もあります。

こういう状態に置かれたトップの対応は、次のどちらかです。

**・意思決定に「自信」が持てず、大きな案件については決めることができない**

・とりあえず、自分に忠誠を示している（はずの）連中だから、信用しても良かろう

どちらの場合でも、トップが判断できる材料となる的確な資料をつくり上げる文化をいかに醸成するかが経営をうまく舵取りするための鍵となります。

これができれば、経営レベルのＰＤＣＡも廻り始め、トップの判断の精度はどんどん高まっていきます。

## トップが意思決定に「自信」が持てるようにするのも参謀の役割

社長になった方は、まず例外なく「自分の在任中に何とか、成果と言えるものを残したい」と思っています。

優良企業化を推進したトップの方々は、様々な取り組みの中でも、トップの意思決定の精度を上げるための資料レベルの向上や、企業文化づくりを必ず行っています。

重要案件の意思決定ができないトップは、いわば「自信」が持てない状態に置かれているのです。

現実のビジネスの世界は、グローバル化、ネットやＩＴの影響により多元化しており、さらにそこには、多くのプレイヤーが常に次のビジネスチャンスを探してひしめき合っています。

それらに「目をつぶっていれば」怖くはないのですが、現実にそんなことをしていては、市場は

片端から他国や他社に持っていかれてしまいます。

「自信」がないから何も決められないのは、この「目をつぶっている」状態に極めて近いでしょう。

トップが意思決定に「自信」が持てるように、事業の実態や新規ビジネスへの取り組みについて「見える化」できる状態に持っていくのも参謀の役割です。

もし、それでも意思決定をしてくれないトップに仕えている場合は、時を待つか、あるいは、自分の時間を大切に考えて別の道を歩むかという選択になります。

参謀のポジションで行う様々な実際の試みは、すべて自身の血となり、肉となります。

自ら前向きに挑戦してみることをお勧めします。

Point

**トップが大きな判断をするためには、そのための材料が欲しいのは当たり前。適切な情報をタイムリーに整えて、意味合いを抽出して提示するのは参謀の役割。トップはそのうえで、に「エイヤっ」と主観的に判断を行えばいい。**

Part 9

Knowledge

# インタビューのスキルには EQ力、つまり意味合いを察して、読み取る力が不可欠

自分自身、あるいは他人が書いた日本語の文章を英語に訳そうとした際に「英訳しにくいな。この文章は何を言いたいのだろう？」と思った経験はありませんか。

実は日本語は、文が論理的に組み立てられていなくても、なんとなく「それらしく」聞こえる言語です。

前述の加瀬英明氏から、日本語においてはロジック、論理性という概念が希薄か、あるいは、そもそもなかったと伺ったことがあります。

確かに、テレビで観る街頭インタビューや、出演者の発言などを聞いていても、それらしくは響くコメントではあるものの、よく考えてみると論理性という点では不明瞭な発言を耳にすることがよくあります。

とはいえ、企業という組織の中でＰＤＣＡを廻して知恵を共有化していくためには、事の因果を言語化してつなげていくサイエンスが必要になります。

数年前に、阿川佐和子さんの『聞く力』（文藝春秋）という本がベストセラーになりました。

阿川さんは、毎週テレビで放映されている「サワコの朝」でゲストと対話しますが、相手の話に同調することで、「共に（会話という）ダンスを踊る」状態、あるいは音楽のインプロビゼーション（即興演奏）のように話を展開させることができるEQ力をお持ちです。

経営コンサルタントには基本スキルのひとつとして、インタビューのスキルが求められます。キーマンと会話する機会が多くなる仕事ですので、一般的には聞き漏れのないように、何が知りたいのかをリストアップしておき、そのリストを追いながらインタビューをしていきます。

しかし、阿川さんは事前準備をさほどせずに、この番組の収録を行うそうです。プロの技と言えばそれまでなのですが、ご自身のこれまでの経験から、何を知るべきか、どうしたら一瞬で信頼関係を築くことができるのかなどを体得されているのでしょう。

参謀やスタッフ役は、社内課題の重要性を、深刻度、緊急度、得られるインパクトなどから見極める必要があります。

そのためには、経営トップ、役員、幹部、社内のキーマンとの公式、非公式な場での会話を通して、様々なことを知らなければなりません。

## 参謀は社内からの駆け込み先であり、相談先

まだ、私が駆け出しのコンサルタントの頃の話です。

学卒の若いコンサルタントと一緒にある会社で何人かのマネジャーのインタビューを行いました。それぞれの方は真摯にインタビューに答えてくれていましたが、3人ほどが終わったところで、その若いコンサルタントが「同じ話ばっかりですね。もう聞かなくてもいいですね」と言いました。

確かに、彼が用意していた質問リストを埋めた3人からの答えに、もうあまり変わりはありませんでした。そこまでで得られた情報だけでも、ロジックツリーを十分に埋めることはできます。

しかし、インタビューを行う都度、各人の話の中には、悩みや、ご自身の考えている対策など、生々しいネタが毎回満載というのが私の印象でした。当時は、そんなものかなと思っていましたが、今考えると、彼は自分で言語化したロジックツリーのマスを埋めていく、アウトプット志向の聞き方をしていたのです。

一方、私の方は、起きている個々の現象について、その人が何を問題ととらえ、対策はどんなものがありうるのか、それはなぜなのか、この人は何を気にしているのかなど、今手元にあるロジックツリーの外側にある、今の課題を「空気」のように取り巻いて作用している因果を探っていました。

私の聞き方は、それまでの実践から培ってきた、根にある因果を探りに行くアプローチ。

そして彼は、用意していたロジックツリーを埋めて完成させる聞き方の徹底。これについては、どちらが良い、悪いという話ではなく、聞く側のスタンスと目的によって、聴き取る内容のフォーカスが変わってしまうという例だと思います。

事業に関することに必要な知見のほとんどは、社内にあります。

しかしながら、多くの場合、経営層はその社内の知見にしっかりとリーチすることができていませんし、現場に尋ねても的確に言語化して答えてくれるものでもありません。意思決定の精度を上げるためには、これらをたぐり寄せたどり着ける感知力、つまり「読み取る力」。そしてそこでの課題をイメージできる力も、経営には必要になります。

皆が気軽に話しかけられないのがトップという存在です。

したがって、必然的に参謀役は社内からの駆け込み先であり、相談先にもなります。

参謀はトップからの発信事項の解説役となり、トップへの情報のストレイナー（漉し器）として、社内で起きていることの意味合いの翻訳フィルター役でもあります。

そのための資質としては、強い意志はあっても私心がなく、フェアに考えることができる人材であるというのが大前提です。課題の本質部分を探ることのできる人間関係を築けること、話を通じて意味合いを抽出できる聞き出す能力が必要です。

## Point

**現場を五感で知ること。人の話から意味合い、因果を察するスキルを磨き、本質を見出すための、知見、場数、知識、そしてEQ力が必要。**

Part 10

# フェアさを欠くマネジメントは、組織の力を十分に発揮させず、健全な組織文化を阻害する

Knowledge

事業の規模がまだ小さい頃、あるいはまだ企業が若い頃には、トップが自ら人材集めに奔走します。

ところが、事業が発展し、規模も組織も大きくなってくると、それまで貢献してきてくれた人材の能力では、よりレベルの高くなった事業課題への対応が難しくなってくることがあります。

また、トップが良かれと思い採用した人材が、実は能力的に未熟でパフォーマンスを発揮できない場合もあります。

彼らは側近として配置される場合も多いのですが、必要な能力が求めるレベルに達していないと、知恵を働かせてトップだけを見て一所懸命に尻尾を振り、忠誠を誓う姿勢を示し、トップにとっての心地よい状態を創造して、実は自らの保身を図ることがあります。

この状態はトップから見れば、なんとも愛おしいものです。

トップも、自分が連れてきた人材について責任を感じ、なんとかその人材を社内で活用できる方法

を見出そうと、自身の頭と時間を使い、ある意味、自分のプライドにもかけて、彼の活用に尽力する場合もあります。

しかし、この行為は大きな間違いです。

これにより、組織には理にかなった判断がなされていない状態が出来上がってしまいます。

いったん企業に入れば、そこでは個人の能力と実績をもってフェアに評価され、処遇される必要があります。たまたまトップが採用してきた人材だとしても、いったん社員になったからには、他の社員と同じように扱わなければなりません。

これが企業におけるフェアネス（公平さ）というものです。

## 密かに自身のエゴを優先させる幹部が組織を弱体化させる

そもそもトップの貴重な時間は、企業としての優先度合いの高いことから順に配分されて、使われなければなりません。

事業活動を最適にするという「御旗《みはた》」の下にフェアな判断が行われ、社員についてもフェアに扱われることは、当たり前中の当たり前です。

これが、もしトップが社内にいる自分の身内にとって有利な人事や判断をし、それが企業にとって好ましくないこととして社内に理解されると、社内におけるご自身のリーダーシップを大きく毀損することになります。そしてさらにこれが続けば、結局は単なる好き嫌いによる采配がなされる恐怖政治と同じ状態になっていきます。

「部下のことは3か月たってもよくわからないが、上司のことは3日も見ればわかる」とよく言われます。

100人いれば100人全員に当てはまる言葉だとは思いませんが、一般的には、組織図の下の立場から見たほうが、その人物について、その実態は、はるかによくわかります。

取り繕った説明を社内向けに行ったとしても、社員のほとんどは一瞬にして本音を見抜きます。好き嫌いで物事を決めるトップであれば、その側近はトップに好かれることを優先して行うのは当然です。また、

「少々人格や能力などに難があっても、自分に忠誠をつくしてくれる人材で周りを固めておくことは良いことだ」

と考えるトップは大手企業にも結構いますが、これも組織の健全な文化の発達を阻害してしまう大きな間違いです。

## 人には誰でも、本人自身さえ意識していない煩悩がある

さらに質の悪いケースでは、会社のためという大義名分の下に、側近幹部が「俺も少しくらいはいいだろう」と自身の「思惑」を優先させはじめると、上からは見えない部分においてエゴイズムが優先された判断がまかり通るようになっていきます。

そして彼らは、自分の居心地のいい状態をつくろうと、さらに自分の影響力が高くなるように組織を組み立て、企業にとって根深い問題をつくることにもなってしまいます。

これが「人治」式マネジメントを前提にした際に最も避けなければいけない状態です。

2面性があったり、自身のエゴを優先させたりするなどの問題ある幹部は、トップの前では取り繕っていても、自身の影響下にある組織にはトップの権威を盾にして恐怖政治を行い、保身のために理にかなわぬ状態をつくり、結果として組織を弱体化させます。

人には誰でも、本人自身さえも意識していない煩悩があります。

トップの煩悩を上手に刺激しながら、自分への評価を優先させて動いている小狡《ずる》い幹部の横行は、表面上はおだやかに見えていても、その実、リーダーシップが失われた組織をつくりあげます。

参謀役は、トップがフェアな判断が行える環境をつくり、理にかなった意思決定が、その都度、各階層でなされていることが「見える化」されている状態を社内につくること。

参謀役を選ぶ立場のトップは、たとえ側近の一部を敵に回していても、腹が据わっていて、そして善良なる圧倒的多数の社員から信頼を得ている人材を選ぶことです。

**Point**

**トップがフェアな判断が行える環境をつくり、理にかなった意思決定が、その都度、各階層でなされていることが「見える化」されている状態を社内につくる。**

Chapter 7

# 組織のPDCAを正しく起動し、事業運営力を磨き続ける

What is Why required Mindset and To Be
Strategy
Problem Solving
Knowledge
PDCA
Egoism

Part 1

# 多くの日本企業でまかり通る、名ばかりPDCA

PDCA

日本経済は「失われた10年、20年」と称され、これがさらに30年にもなると言われます。

この間日本は、グローバルに経済伸長率を、発展の真っ最中にある国々だけではなく、先進国と比較した時でさえも、同じ水準の発展を果たせていないのが現実です。

PDCAサイクルはマネジメントサイクルとも呼ばれ、事業の企画と運営精度を高め、事業の進化を促すためのマネジメントの基本動作です。

よって、企業がPDCAに真摯に取り組んでいれば、業績に振れ幅はあっても、中長期的には成長が続くはずなのです。

欧米企業や新興国の企業は、この間にもトップが自らPDCAを廻すことを基本にして、果敢に挑戦を重ねて業績を伸ばしてきました。日本企業がそれに追いついていなかったということは、PDCAのあり方が何らかの機能不全を起こしていたということに他なりません。

そもそも本来、日本企業では**組織で廻すPDCAが基本**となりますから、その組織のPDCAに不具合が起きているということです。

## 日本企業で行われているＰＤＣＡの実態とは？

今、実際に日本の企業内で行われているＰＤＣＡを見ていくと、

- 「やっといてね」「どうだった」だけの「**丸投げＰＤＣＡ**」
- Ｐがなく、そのためにＣが粗すぎる「**どんぶりＰＤＣＡ**」
- 野放図な自慢大会と化した「**なーんちゃってＰＤＣＡ**」
- 自己解釈だけで語られている「**我流ＰＤＣＡ**」

とＰＤＣＡの名のもとに、実はＰＤＣＡとは呼べないものがまかり通ってしまっています。

世にある書籍を眺めても、個人の仕事術としてのＰＤＣＡに的を絞ったものが圧倒的多数になっているのが現実です。

確かに、会社に入って最初の新入社員研修で「ＰＤＣＡを廻すように」と教えられます。ＰＤＣＡの考え方が個人レベルのノウハウとしても普及していくこと自体は、とてもいいことです。

しかし、肝心の組織力を強化する、マネジメントサイクルとしてのＰＤＣＡサイクルの廻し方については、企業文化として根付かせることに成功した一部の企業以外では、跡形もなく消えてしまった

のが、多くの日本企業の実態です。

また、ＰＤＣＡのＰの日本語訳が「企画」ではなく「計画」とされた際に、いつの間にか、計画達成のためのＰＤＣＡになってしまった例も見られます。

確かに、営業部門のようなライン系の組織では、計画達成の側面が強くなるのは、うなずける話です。

しかし、理不尽な目標数値をほぼ一方的に押し付けられ、仕事の進め方の改善ＡもなされないままＡ、やたら数字の進捗状況ばかりをチェックＣして、マネジャーから「どうするんだ！　あと2週間で計画が達成できるのか！」と、「理」もなく、ただ圧をかけられるだけ。これでは、名ばかりのＰＤＣＡと言わざるを得ません。

## ＰＤＣＡが、全盛期の日本企業を強化した

そもそも組織で廻すＰＤＣＡは、70～80年代に世界中が注目した日本企業のグローバル市場での大躍進を支えた、企業力の強化のためのマネジメントの方法論だったのです。

このＰＤＣＡ普及の主体となったのが、第1章でもふれたように経営の品質を高めるためのＴＱＣ（全社的品質管理）活動でした。

当時、ＴＱＣ活動の成果が認められた会社に贈られるデミング賞を受賞することが、日本企業の間で流行しました。

しかしながら、方針管理の実践など、当時、この取り組みには、組織としての作法の習得に多大な工数がかかりました。現場の負荷を考え、できるだけ短期的に「受賞」にまで持っていくことを経営側は求めました。ところが企業の現場では、前述のように「受賞」そのものを目的としてしまい、TQC流行の末期には、手段と目的が本末転倒し、資料のねつ造が行われるケースまで出てきました。こうして活動の形骸化が進んだことにより、ブームはやがて終息していきました。

## 日本企業の再活性化には、本来のPDCAが不可欠

現場の責任者が、現場の自律的な判断として「資料をねつ造してでも、現場に余分な負荷をかけたくない、点取りだけできれば文句はないだろう」というのは、いかにも日本企業で起きそうな話です。しかしまさにこの状態が、すでにマネジメントのコミットのもと、組織の頂点からの「経営のPDCA」が廻っていなかったことを象徴しています。

TQCを導入する企業が増加するにつれ、そのブームの後期には、指導に当たる大学の先生たちの絶対数が足りなくなり、その初期にはほとんど起きることのなかった、ねつ造資料がそのまま通ってしまうケースも出ました。そしてそれが原因となり「あんなもの、やっても意味がない」という口コミも一部で広がっていきました。

ただし、このTQC活動の意義とパワフルさは、当時、日本企業のグローバル規模の躍進の奇跡に

学べという気運の中、欧米企業にも広く知れ渡りました。

日本企業の導入実態を視察に来た欧州企業もあり、私もそのメリットと本格導入の際の大変さ、そして本腰を入れて実施する時のマネジメントの心構えの話をしたことがあります。

TQC活動の普及に伴い、多くの企業でマネジャーレベルでもPDCAについての正しい理解が浸透し、当時は社内で熱弁をふるっている光景をよく見かけたものです。


今でも優良企業のトップと話をしていると、「そんな難しいことじゃない」と、正しいPDCAを廻す躾《しつけ》の仕方については、当たり前のことのように話をされます。

しかし、文化にすることができなかったその他の多くの企業において、当時のパワフルなPDCAの本当の進め方、押さえどころを体感していたマネジャー層は、すでに60歳以上の年齢です。

彼らは定年、あるいは嘱託扱いとなり、当時の方法論を用いて指導のできる立場ではなくなっているのも、世のPDCAの理解の劣化に至っている原因と言えるでしょう。

Point

**企業や事業の再活性化のためには、まずは組織で廻すPDCAの正しい理解が不可欠。**

## Part 2

# 低迷状態から抜けられないのは、正しい作法で「組織のPDCA」を廻していないから

PDCA

「今の日本企業におけるPDCAの実態は、『PDCAプロフェッショナル』（拙著、東洋経済新報社刊）で描かれているPDCAとは、あまりに異なります」以前、内閣府から官民交流で大手企業に出向されている方と話をする機会があり、その方が企業における「あるあるPDCA」を、次のように話されました。

**P**（プラン）：**会社の利益機会を毀損し、損害を与えてでも、自分だけが出世・昇進できるシナリオを「妄想」する。**

**D**（ドゥ）：**具体的な目標や手順を全く示さずに、部下に「お前、やれ」と丸投げする。**

**C**（チェック）：**そんな調子なのでうまくいくわけがなく、次に失敗は自分のせいではないという「言い逃れ」を目的に、いかに部下のせいや他の部署のせいにできるかどうかをチェックする。**

**A**（アクション）：**上記のPDCを通して自分は仕事をしているふりをして、ひたすら自分の昇進のために上司にゴマをする……。**

これを聞いて私が、

「現実にはそのような企業は、結構あると思いますよ。それを正しい形に戻すことが、日本企業にとっての大きな課題だと思っています」

と返答したところ、

「そんなのは一部の企業の話であって、多くの企業はそうではないと断固否定してほしかったんですが……」

その方は、実に情けなさそうな表情をされました。

「だから、この本を書いたんですよ」

この「あるあるPDCA」があまりに面白かったので、ご本人の承諾のもとに、その翌日の講演で紹介したところ、講演終了後に複数の会社の方が私のところに来られて、

「うちもまったくその通りなんです！」

と、奇しくもこの「あるあるPDCA」が本当に世に蔓延していることが裏付けられてしまいました。

企業がそのような状態であれば、どんなに素晴らしい戦略シナリオを手にしたとしても、その価値や実効性を発揮できるはずがありません。

そもそものような状態であれば、経営の舵取りさえも十分に機能しないと考えていいでしょう。ただ、日本企業の多くがこのような状態となってしまった原因を「日本企業のトップのリーダーシップがないから」と結論付けるのは、あまりに短絡的すぎます。

「創業時の企業文化が引き継がれていない」

「サラリーマンの成れの果ての（ような）社長ばかり」

など、現象面への指摘は数多くあります。


そうなった理由、原因を考えてみると、低迷状態にある企業、特に日本の大手企業の場合には、その多くに共通する次のような背景があります。

- 高度成長期、あるいは市場の「勢い」に乗ることで成長を果たした「波乗り経営」だったため、必要な精度で実態を把握し、「理」にかなった判断をしながら舵取りを行う力を組織内に培ってこなかった
- いったん業績が躓くと、成功のための道筋を見失い、自ら「理」にかなった形で突破口を見出すことができず、時には「魔法」のように響くコンサルタントからの提案を買い、あるいは思いつきのような施策で失敗をし、検証が不十分なままに放置し「自信」を失っていった
- かつてのような勢いに乗った成長は止まり、そこに単年度の決算を重視する風潮が強まった結果、当座の利益の確保を優先するあまりに、経費節減を実質的な優先施策にしてしまった。結局、実質的な成長が止まっているほとんどの企業で、前述のように人事部も人件費の抑制を優先させ、減点主義のふるい落とし人事がまかり通るようになった

・社内には保身を優先する文化が強まり、リスクを避けることにより、多くのビジネスマンとしての「腕」が磨かれなくなった

・リスクのない仕事に就き、マイナスポイントがつかなかったものが昇進しやすい環境が長期間にわたって続き、本来、経営判断にとって必須となる「挑戦」から学んだ経験には乏しい経営層が形成されてしまった

・優秀なトップであっても「神輿に乗る」マネジメントスタイルのトップが多い日本では、トップとしても組織が萎縮状態になっている原因をつかめず、とりあえずの期末の帳尻合わせを繰り返す。結局、成長のための方向性や施策については、ただ唱えるだけで「笛吹けど、(組織は)踊らず」状態のままとなる

この一連の経緯を考えると、この低迷状態にはまっていった企業では、世の中の波や、流行りに流され、組織のPDCAによる「学び」や、先読みによる対応ができていないことがわかります。

## 堅実に成長する会社は、市場起点のPDCAを「組織で廻して」いる

その一方で、堅実に成長を実現できている企業も数多くあります。

それらの企業に共通しているのは、**市場起点のＰＤＣＡが組織で廻っている**ことです。

これは市場、現場と経営の間で、組織の各階層間のＰＤＣＡが健全に廻っている状態のことを言います。

経営層も事業運営の実態が「見える化」されたうえで意思決定ができますので、その視界は１００％ではなくとも、何が見えていて、どのあたりが見えていないのかがわかっている状態での経営の舵取りができています。

まずは、このことを素直に受け止め、いかに組織として真摯なＰＤＣＡを廻すことに取り組むかと、そしてその意志をトップや参謀が持つことから、すべてが始まります。

**Point**

**「組織のＰＤＣＡ」が機能している企業だけが永続性のある成長を実現できる。経営の基本動作として変わることのない基本、これが組織で廻す市場起点のＰＤＣＡ。**

Part 3

# 「PDCAが廻っていない」は、マネジメントができていないのと同じ

PDCA

「うちの会社は、PDCAが廻っていないので……」

こう言われる社長や企業の幹部は、実に多いものです。

実際、PDCAが重要であること自体は理解しているものの、日々の売上づくりなどに意識が向き、社内のPDCAが精度高く廻る体制づくりへの取り組みは、残念ながら二の次、三の次になっているようです。

前述のPDCAが機能していない例を、もう少し詳細に解説します。

**◎「丸投げPDCA」**

マネジメント、マネジャーがPDCAを「掛け声」として唱えるものの、あとは現場や担当者に丸投げして、「やっといてね」「どうだった?」だけの状態。

言い換えると、マネジメント、マネジャーが、自分たちは「やっとけ」と言えばいい特権階級であ

ると勘違いしている状態。これは、正しいPDCAを徹底していて、すでに組織の能力が高い状態の場合でのみ成り立つこと。

そもそも新しいプロジェクトというものは、上長が、健全に機能しているかをしっかりと見て、必要な指示や手助けをすることで、さらに磨かれて成功確率が上がっていくもの。それが正しいPDCAの姿だということを、これっぽっちも理解していない困った状態。

◎「どんぶりPDCA」
PとCの精度が低いままに、ただPDCAを廻しているつもりになっている状態。

例えば、ある商品カテゴリーの売上が悪かった場合に、その仕入れ担当バイヤーを「あいつの仕入れの腕は良くない」と、ただやみくもに配置転換をしてしまうケース。

もし、腕の良いバイヤー人材が余っているような特殊事情の下では、ムダの発生を承知で組織を鍛える意味で、そのような組織運営もあり得るが、本来は、売上が悪かった原因、要因を掘り下げ、明らかにしていくCが必須。

- 与えられた仕入れ方針に無理がなかったか
- バイヤー本人のMD分析や判断の仕方に思い込みや手順の間違いがなかったか
- バイヤーに指導がなされない丸投げ状態ではなかったか

など、真の理由を押さえていなければ、次のPに修正点を反映することもできず、また、業務手順や確認帳票の改善Aもなく、「彼の仕入れの腕がよくない」という、あまりに大雑把な「どんぶり」学習だけというお粗末なPDCA。

### ◎「なーんちゃってPDCA」

フレームワークなども使い、体裁を整えて一見「らしく」つくられた、見栄えのする報告資料が大量に積み上げられる。見せたい部分だけをアピールする「自慢合戦」と化した御前会議で発表され、もっとも重要な「読み違い」からの学びには、ほとんど触れられない、形骸化しているPDCA。

各担当幹部は自分に不都合な部分は隠し、トップからは、あたかもそれぞれの担当分野のPDCAがうまく廻っているように見える資料づくりの「腕」が磨かれる。

したがってトップは「自社ではPDCAが廻っている」(正確には「私の信頼すべき部下たちは皆、ちゃんとPDCAを廻してくれているはず」)と思っているが、なぜか業績は低迷状態のまま。

トップは、「皆、一所懸命にPDCAを廻してくれているのに、業績は上がらない(実は、社長が正しいPDCAが廻る土俵を用意していないのが原因なのだが)。PDCAなんて、業績向上には貢献するものではないのだな……」と思い込んでいる。

結局、いいところだけを見せて、読み違いの部分については隠ぺいが起きている、トップにPDCAが機能していないという自覚がない、質《たち》が悪くやっかいな「なーんちゃってPDCA」。

◎「**我流PDCA**」

PDCA自体が、なまじわかりやすい概念であるために起きる、自己解釈、我流のPDCAが行われている状態。仕事のできる人の説くPDCAには、確かに有効なノウハウ、というよりはテクニックが編み出されて含まれているものである。

しかし、プラン・ドゥ・シーとPDCAの区別がつかない、あるいは根拠が希薄なままに無理強いされた計画達成のための手段に特化していることも多く、挙句の果てに押し付けられた数値目標を達成するための、「ごり押しPDCA」と化していることもある。

## 組織で廻すPDCAには、作法に則ったPが必須

そもそも、組織のPDCAの精度を高め、スピードを上げ、進化をさせる責任者はマネジメントであり、廻っているそれぞれのPDCAサイクルでは、その上位にいるマネジャーにパフォーマンスを向上させる責任があります。

単に「PDCAを廻してね」程度の指示で「丸投げ」をしてしまえば、本当に改善が必要な部分は隠ぺいされ、「私のはすごいでしょ（だから、取締役にしてください）」レベルのバカバカしい自慢合戦が繰り広げられるプレゼンテーション大会になるのが関の山です。

これはセブン&アイ・ホールディングスの鈴木敏文元会長が、かつてイトーヨーカドーの業務改革

に着手した時の話です。

店長やゼネラルマネジャーを順番に指名して、彼らが行っているＰＤＣＡを発表させる業革会議を行うにあたり、鈴木元会長が社長時代の長い間にわたり、その室長を兼任していた経営政策室のスタッフを、発表の3か月くらい前から店長やゼネラルマネジャーのもとに出向かせました。

これにより報告の作法を指導し、恣意的な隠ぺいや、良いところだけについて一方的にプレゼンテーションされることを防ぎ、経営視点で「見るべき形」での報告がなされるようにするためです。これはマネジメントレベルの「仮説と検証」（ＰとＣ）の精度を高めるための工夫Ａと言えます。

実際に、企業の経営会議などに出席していてよく直面するのは、これで社長に決裁しろと迫るのは、あまりに酷《こく》だと思えるレベルの企画Ｐの資料が提出され、続いて、理にかなっているかさえも不明瞭な説明がなされる場面です。

この時の社長の頭の中は、おそらく、

「事業の内容について、本来、知りたい形での情報の把握はできてはいない。このように上程される資料は、知りたい部分や実態が的確に描かれているわけではない。しかし『このデータを集め、こういうグラフにし、あるいは比較対照してまとめ、その意味合いまでまとめて持ってきてくれ』という指示を、自分では細部まで行えないし、今の経営企画室に指示しても、かゆいところに手の届く資料に磨き上げられるとも思えない。本件についてのリスクは限定的のようだし、起案してきた本人たちは、やるべきと言っているから、その案を通してやるか……」

という感じでしょう。

しかしPDCAの企画Pがしっかりと理にかなった形でまとまっていないと、検証Cのしようがなく「海外進出については失敗しました」「やはり海外のビジネスは難しいです」と「どんぶり」総括で終わります。

読み違いがどこにあったのかを事後に追いかけるのは手間がかかりますし、事後の検証では、後出しであるがゆえに作為的に操作することも可能になります。

さらに、そもそもPDCAが正しく文化になっていない企業では、「読み違っていた」部分を表面化させて、周りから叩かれるネタを公にしようなどとは、誰も思いません。

多くの場合は、そのまま放置され、そこに恣意的な意向も入り混じって、因果の実態からは歪められた「一見、振り返りCのようには見える、言わば『Cモドキ』」により、「偏った学習」だけが残ります。組織で廻すPDCAにおいては、作法に則ったPが必須なのです。

## PDCAの精度とスピードを高める階層的な分業

私自身が参謀役のポジションにあり、かつ意思決定のプロセスに関与できる会議の場では、「その企画については、内容の検証も含めてこちらで一度預からせていただき、再度、上程させていただきます」

と口を挟むことがあります。

精度の低い資料や報告でも許されるのは唯一、創業者に多く見られる、トップ自身が社内の誰よりも、事業の押さえどころや市場の機微を理解し、自分の頭の中で事業像をイメージし、自身でPDCAを廻している場合だけでしょう。

この場合であれば、トップが自分の頭の中の企画の検証のために「この情報を持ってこい」、あるいは「この情報を集めろ」と指示を出します。

これは、ジグソーパズルの欠損しているピースを求めるようなもので、その情報さえ入手できれば、トップ自らが頭の中でPをまとめ、実践に移すことができます。

しかし、事業、組織の規模があるレベルを超え、あるいは競合状況が激しくなってくると、経験により蓄積されたトップの知恵と、五感から取り込まれる情報だけでは、市場の変化を把握し続けることが難しくなります。

ワンマントップが率いる企業が、ある時から急に伸びなくなるのは、だいたい、こういう状況の時です。

仮にワンマントップの頭の中にある世界からはみ出ることもなく、うまく事業の運営ができたとしても、事業運営のノウハウは、そのトップの頭の中だけにある状態です。

よってそのままでは、重要な経験則が組織内に十分共有できているわけではなく、将来、確実に訪れるトップの代替わり、次世代への事業承継の際に、次代のトップには十分なノウハウが伝わっていかない状態になってしまいます。

**ＰＤＣＡサイクルは、マネジメントサイクルであり、そもそも組織を正しく動かすためのもの。ＰＤＣＡが廻っていないということは、マネジメントができていないことと同義となります。**

マネジメントの最高レベルは経営ですから、社長自ら「うちの会社はＰＤＣＡが廻っていない」と言うのは「私は、経営を（本来、必要な精度で）行えていないのだ」と言っているのと同じです。

そしてＰＤＣＡが健全に機能していないのに「うちはＰＤＣＡが廻っている」と思い込むのは、自分が経営ができていないことにさえも気が付いていない、極めて深刻な状態と言えます。

事業がある規模を超えた時、もしくは市場での競争でさらなる精度を求められるようになった時には「あ、うん」の呼吸だけでは図体の大きくなった事業を、１つの人格のごとく運営することは、まず不可能です。市場を起点とした組織のＰＤＣＡが機能しなくなった企業は、じょじょに「市場とのかい離」を起こします。

トップ自らが市場の機微を把握して打ち手を決めるＰＤＣＡを廻せるうちは、それで構いません。

しかし、そのレベルを超えて事業規模が大きくなった時のソリューションが、ＰＤＣＡの階層的な分業なのです。

Point

**自社のＰＤＣＡが、形ばかりで、「丸投げＰＤＣＡ」「どんぶりＰＤＣＡ」「なーんちゃってＰＤＣＡ」「我流ＰＤＣＡ」状態になっていないか。**

Part 4

# 組織のＰＤＣＡは、まずマネジャー層への理解の浸透から始める

PDCA

組織のＰＤＣＡを廻すためには、帳票や会議運営手順の「エンジン（手順、メカニズムの意）」の設計が重視されます。

しかし、それ以上に重要なのは、組織の中でＰＤＣＡの質と精度の向上に責任を持って、当事者としてＰＤＣＡを廻し、廻させる主体となるマネジャー、経営者自身のＰＤＣＡの「ドライバー（舵取りを行う運転者、アクセルをふかすものの意）」としての基本的な考え方を理解し、作法を習得することです。

昨今、「ＰＤＣＡとは何か」の理解については、企業によって、そして人によって、大きくバラツキができてしまっています。

今から20年ほど前、日本のある大手メーカーにおいて新社長が就任した際に、

「ＰＤＣＡはもう古い。ＰＤＣＡの次はなんだ」

と言ってコンサルティング会社を使い、新たに戦略論、組織論を取り入れ始めました。

当時を知る、その会社の執行役員から、

「マネジメントが、その基本動作であるPDCAを進化させるのではなく、古いと言い切ってしまったことが、その後のマネジメントの迷走につながったのだと思う」

という話を伺いました。

PDCAの本来の目的は、CからPの流れにおけるプラニングの精度向上、そしてビジネスモデルの進化Aを促すことです。

組織を強化するためのマネジメント、マネジャー視点でのPDCAのあるべき姿。そして長期間にわたり成長を実現する企業の中では、一体、どのようなPDCAが実践されているのか？

このテーマの書籍が世になかったため、まとめたのが拙著『PDCAプロフェッショナル』（東洋経済新報社）です。この本は、自動車にたとえれば、そもそも自動車の運転とはという解説と、その運転の仕方に重点を置き、最終章に高性能な車両の設計手順を具体的に記載する構成にしました。

1人の人格の中であれば当たり前に行えることでも、これを組織で行うには、それをしっかりと理解したうえで、操縦することが必要になります。

組織で廻すPDCAの最適化において、その鍵となる役割を果たすのはマネジャーです。

「性善なれど、性怠惰」なる人に、正しいPDCAを廻させるドライバーの役割です。

彼ら、彼女らが、上長として自分の組織にPDCAを廻させるための方法論の話ですから、まず、部下を持つマネジャー、マネジメント層が理解して、自分の言葉で指導ができるように、実践すべきPDCAとは何かについての理解が最優先です。

また、ルーチン系の業務におけるＰＤＣＡというと、帳票や会議体の設計を頭に思い浮かべる方が多いようです。しかし、現実には、そもそもその業務は、いかに行い、どのような問題解決に取り組むべきかを的確に定める**「業務定義」**が先行する話になり、ここが最も大切で頭と時間を使わなければならない準備作業なのです。

この「業務定義」があるから、その業務をより良いものに進化、すなわちＰＤＣＡのＡ（Action, 改善）を行うことができるのです。

## Point

**自分の担当している組織で廻っているＰＤＣＡの精度を高める責任者はマネジャー。彼らが、担当部署の業務、問題解決の方向性を正しく示し、担当者のＰＤＣＡが正しく廻っている状態をつくっていくこと。**

# Part 5

# PDCAは企業を進化、成長させるためのマネジメントの基本動作

PDCA

ＰＤＣＡは、すでに広く知られているように、企画(Plan)、実行(Do)、検証(Check)、改善(Action)の頭文字をとったものです。

「企画したものを実行し、その結果を検証して得られた『学び』を次回の企画に活かす」というプラン・ドゥ・シー、あるいは「仮説と検証」ともいわれるサイクルに、さらに業務の仕方への改善Ａを盛り込み、ＰＤＣＡの廻し方も含めた、業務プロセスの精度を高め続けるステップを加えたものです。

先述したように、もともとＰＤＣＡサイクルは、統計的品質管理を研究していたエドワード・デミング博士が日本に持ち込み、彼の名前をとってデミング・サイクルとも呼ばれていました。

当初、製造業の工程改善、品質管理に取り組んでいたデミング博士ですが、ものつくりのプロセスを、価値を提供する事業活動、つまりバリュー・デリバリー・チェーンにまで広げ、その考え方を経営そのものの品質を高めるというスパンにまで進化させました。マネジメントの原則を「経営理念の

導入」「教育・訓練の重要性」「組織間の壁を崩す」などの13の項目にまとめ、その実践について述べる最後の14項目「変革を達成せよ」において、その手段としてＰＤＣＡサイクルの考え方を位置付けました。

日本では、ＴＱＣ活動のもとに「経営品質」という表現が使われて浸透し、エズラ・ボーゲル博士の『ジャパン・アズ・ナンバーワン』という本が世界的なベストセラーとなるほど日本企業は世界中に大躍進を果たし、80〜90年代には「日本に学べ」という風潮が世界中に広がりました。日本企業を発展させ、その成果を認められたデミング博士は、その後、逆輸入の形で米国でも取り上げられました。

そのマネジメント哲学を米国の企業や政府に広めた大きな功績により、米国では技術分野の最高の栄誉であり、個人ではスティーブ・ジョブズ、ビル・ゲイツなどのごく一握りの功労者のみが得られるアメリカ国家技術賞（National Medal of Technology and Innovation）を受賞しました。

デミング博士は、米国ではＰＤＣＡのＣをStudy のＳに替え、ＰＤＳＡとして普及を進めました。そして、多くの企業では、社内の課題への取り組みに小さなチームで自律的に取り組むＰＤＣＡの分業が、「小集団活動」という形で広がっていきました。

またデミング博士の考え方については、ピーター・センゲがこれをさらに進化させ、モデル化をして、『学習する組織（Fifth discipline）』として発表しました。この書のオリジナル版にはピーター・センゲの依頼に応じたデミング博士からの寄稿も掲載されています。

ＰＤＣＡサイクルは、経営の基本動作とされてきましたが、前述のように形骸化し、名ばかりのＰＤＣＡ状態になり、今では、ＰＤＣＡそのものを批判する文章を目にすることもあります。

しかしその内容を見ると、例えば、

**Plan　:現状を踏まえない無理な計画**
**Do　　:嘘つき、受け身体質を生むマイクロマネジメント**
**Check :視野狭窄を生む短期的なチェック**
**Action :検証をしないままの前年計画の繰り返し**

（出典：『米軍式　人を動かすマネジメント』田中靖浩著、日本経済新聞出版社）

と、ＰＤＣＡの枠組みにはめて、本来の作法とはまったく異なる、不適切な活動が行われていることについて、問題視をしていることがわかります。

これは、現実に日本企業に横行している、無茶な計画の達成を無理強いして、一方的に現場に押し付けるための「名ばかりＰＤＣＡ」のひとつです。

さらにこれについては、ＰＤＣＡのＰを計画と訳したことから始まった悲劇と言えます。

プランニング（Planning）を辞書で調べると、企画、計画という訳が出てきます。

ところが、計画という言葉は、多くの日本企業では予算（Budget）の意味で使われます。したがって、いつの間にか、Budget である計画（予算）目標の達成状況を確認し（C）、マネジャーが発破をかける（A）のがPDCAであるという解釈が一部の企業で広がってしまいました。

ここでも大切なのは、その手の問題の発生によってPDCAそのものを否定してしまう「どんぶりPDCA」を行ってしまうのではなく、その間違った進め方を修正Aすることが、「経営手法としてのPDCA」に対する、正しいPDCAです。

## 経営手法としてのPDCAとは

以下に、正しい作法でのPDCAのあり方を簡単にまとめておきます。


**P（企画）：**組織で廻すPDCAにおいては、組織内共有のための言語化やチャート化は必須であり、事実から意味合いを抽出してまとめられたPでなければなりません。

また「理」にかなったPになっていない限り、検証Cは後付けのものになります。

実行プランPは、勝手にやりたいことや願望を描くのではなく、前述のロジカルシンキングの作法に則ったうえで、挑戦的に策定します。

ただの数値目標だけがPとなっているケースを見かけることがあります。

しかしそれだけでは無理な目標数値の押し付けも始まり、「やり方を考えろ」と迫るマネジャーの「丸投げ」につながってしまいます。

確かに、販売部門のように数値目標の進捗管理が大切な部門は存在します。

ただし、本来のPは、単なる数値目標ではなく、**実行すると決めた施策が、なぜ正しいかを「理」をもって裏付ける思考の流れを「見える化」したうえで作られるもの**です。

この前提にあるのは、売上は気合だけで上げるのではなく、段取り、手順などの方法論の改善による工夫で達成するものという考え方です。

Pの正しい作法の指導、徹底は、全社最適化を図るトップの意思であり、一般的には、参謀役のサポートのもとで推進することになります。

**D（実行）：**一方的な「Do This（やれ！）」は、現場や担当者を、考えることを止めた「ロボット」にしてしまいます。

また「やっといて」というだけの丸投げでは、現場は勝手に想像しながら実行するしかありません。すべての企画ごとに、Ｗｈｙ（なぜ）は必須です。このＷｈｙが現場と共有されているために、現場は想定外の事態に対応して、完全な実施をすることができます。そしてDを担当者と担うマネジャーは、担当者が安心して業務や問題解決に取り組める環境づくりを行わねばなりません。実際に動く担当者が、跳んだり跳ねたり、存分に技や芸を披露できる舞台づくりは、マネジャーの役割です。

**C（検証）：**このCを「どんぶり」にせず、読み違いをした点の特定化につなげるためにも、Pは後述する作法に則り「理」にかなっている必要があります。

Cは一般的に検証と言われます。ここでは事実から得られる意味あいが言語化されるがゆえに、組織にとって共有できる「学習」が得られ、次のPに反映されます。

**A（改善）：**プラン・ドゥー・シー（仮説と検証）からPDCAへの進化の際に付け加えられたAは、業務プロセスを改善し、進化させるためのステップです。

例えば、結果の検証Cのための帳票の設計や会議の行い方は、PDCAの精度を上げるために、常に改善の余地があります。

特に、本格的なPDCAを起動させた後、「主力の商品の在庫消化状況は、帳票上に週次の推移を折れ線で『見える化』した方がいい」などの改善Aを重ねることによって、Cと次のPの精度を高めることができます。

そして、PDCAがものづくりのプロセスの最適化活動に由来していることも踏まえると、帳票や会議の仕方の改善のみならず、業務プロセスの改善、次のレベルへの進化、Advanceと捉えるのが改善Aの実態に合致していると言えます。

Point

**PDCAのP、プランを「計画」と訳したことにより始まった、根拠の希薄な計画（＝予算、Budget）の達成のための手段としてのPDCAという誤解。**

Part 6

# PDCAが健全に廻っている限り、失敗は価値を創出する

PDCA

IBMの中興の祖、トーマス・J・ワトソンは多くの名言を残していますが、そのうちの1つに、

「**成功の確率を増やしたいならば、失敗の確率を2倍にすることだ**」

(If you want to increase your success rate, double your failure rate.)

があります。

「失敗の数を2倍にせよ」ではなく、同じ期間の想定のもと、失敗の確率を2倍にするということは、

- **未知の分野への挑戦のスピードを上げる**
- **施策の選択に当たり、安全側へ振るよりも、人がやっていない挑戦を果敢に行うことで、失敗の確率を2倍にする**

という意味合いになるでしょう。

**「人は失敗からしか学べない」**と言われます。

確かに、自分の企画の「読み」通りに物事が進めば、「やっぱり自分は正しかった。自分は偉い（以上、おわり）」です。

ところが、結果が「失敗」となった場合は、どこかに修正の余地、つまり「読み違い」があったということであり、当初描いていた因果のどこかに不備があったことになります。

そうすると、正しい因果を明らかにすべく、当初の事実認識や描いていた選択肢の正当性などを、改めて見直していくことが求められます。

「失敗してもやり続ければ、必ず成功する」は、「宝くじも買い続ければ、いずれ、当たりくじを引く」というような、運を天に任せる単なる確率の話ではありません。

PDCAを廻して、失敗、すなわち「読み違い」の原因を明らかにして「学習」を続けることにより、視界は広がり、成功への道のりがじょじょに明らかになり、足元も照らされていくことを意味します。

## PDCAの正しい習慣をつくる

ここで問題になるのは、組織がトップの押さえの利いていない状態にあり、さらに企業の成長が長期間にわたり停滞している場合です。

この場合、社内には「思惑」が蔓延し、人の足を引っ張って自分が優位に立とうとする「小悪党」

が徘徊していることがあり、さらに多くの場合、トップは社内におけるその手の輩《やから》の「悪行」に気が付いていません。

図表7-1 成功確率を高める PDCAサイクル

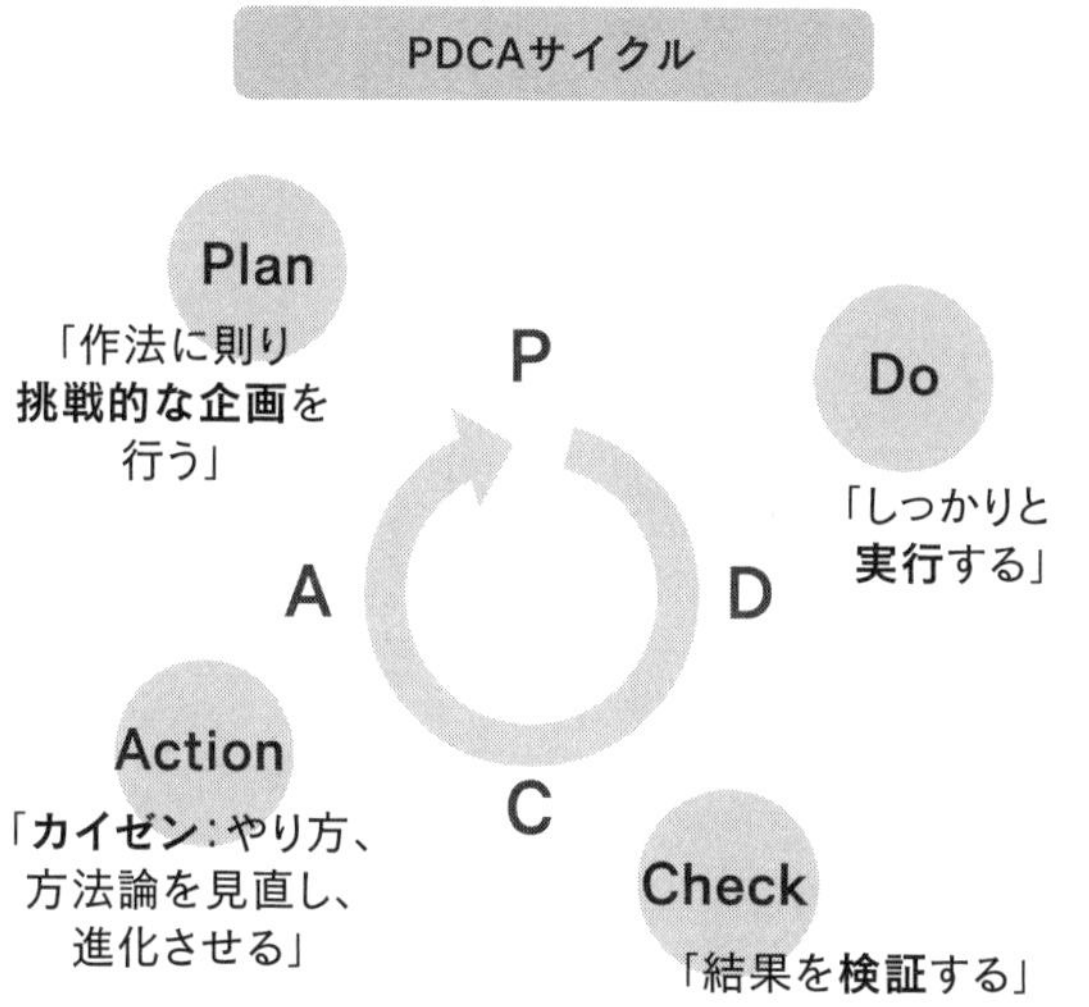


「成功の確率を増やしたいならば、失敗の確率を2倍にすることだ」
という言葉があります。
「失敗の数を2倍にせよ」ではなく、同じ期間の想定のもと、
失敗の確率を2倍にするということは、

- 未知の分野への挑戦のスピードを上げる
- 施策の選択に当たり、安全側へ振るよりも、人がやっていない挑戦を果敢に行うことで、失敗の確率を2倍にするという意味合いになるでしょう。

さらに「責任の所在を明確にする」という大義名分のもとに、人の失敗の責任を追及することばかりを優先させる幹部や側近が、幅を利かせていることがあります。

このような状態の企業では、社員たちは、仮に前向きな気持ちを持っていたとしても、まず自身の身の保全を優先せざるを得なくなります。

したがって、まず「失敗」のリスクを負わないようにする思考が働いてしまいます。

また、よく同じ間違いを何度も繰り返す、困った人が上層部にいることがあります。

絶対的な存在であるトップから、何らかの理由で寵愛されている場合もあり、中には、失敗を人のせいにする腕ばかりに長けた方も見かけます。この場合、その方はトップから自分が怒られないためのPDCAを廻して、その技術を体得しています。

興味深いのは、そういう方は、ビジネスにおいて金と人手をかけたせっかくの失敗からは全く学ばないという点です。

それがゆえに毎回うまくいかない。

しかし、失敗の責任は他人に押し付け、自分は怒られない。そして次のプロジェクトに向かう。また失敗する。かくして、金ばかり使い人材も駆逐し、誰も何も得ていない。その状態をばかばかしいと思った人材は、社を離れていく……。

これでは、企業体としては、たまったものではありません。

本来、「失敗」時の自身のキャリアのリスクを心配させることなく、「挑戦」できる土俵を整えるのは経営側、マネジメント側の役割です。

これも、現状把握や振り返りにおけるプロセスに、様々な「見える化」の文化をつくることで、この因果を明らかにすることができ「思惑」が入り込む余地を減らしていくことができます。

企業のキャッシュが枯渇して、息の根が止まってしまっては元も子もありませんが、そこまで切羽詰まった状況でないならば、「時間と金をかけた失敗は、企業にとっての財産」にすることができます。

これを皆が納得できる状態までにつくるには、ＰＤＣＡの正しい習慣づくりから着手することが必要です。まずは、この一歩から始めましょう。

**Point**

**「失敗」の隠ぺいは、せっかくの企業としての学びの機会を逸失させる大罪とも言える行為。社員が保身のためにそのようなことを考えなくてよい環境づくりがマネジメントの役割。**

Part 7

# 施策の失敗は、個人の責任に帰してはいけない

PDCA

「うちの会社はＰＤ、ＰＤばかりで、検証Ｃがないんですよ」

こう言われる社長や幹部にも、よくお目にかかります。

イケイケどんどんの状態で成長を実現してきた元気のいい会社が行き詰まり状態になった時に、この発言がよく聞かれます。

やったことの検証がなければ、うまくいったら、

「見ろ、俺はすごかった」

失敗したら、

「過ぎたことをつべこべ言うな」

これでは、せっかく金と手間をかけた試みからの「学習」が得られません。

ひどい場合には、声の大きい方の独断と偏見に満ちた私見のＣが、結果として、組織の「学習」にされてしまうことがまかり通ってしまいます。

これは、人類の歴史の中の「学習」においても、頻繁に起き、そして今でも起きがちなことです。失敗をすべて個人に帰結させて、責任をとらせて終結させる企業や組織は現実に多いのですが、基本的には、それだけで終わらせるのは間違いであると考えるべきです。

## PDCAのPで押さえるべき4つのポイント

「失敗」には理由があります。

その「失敗」においては、意思決定段階における「読み」のどこに間違いがあったのかを明らかにし、原因を帰結させる必要があります。

PDCAがしっかり廻るためには、企画Pにおいて、押さえるべき作法があります。

- 現状把握
- 意味合いの抽出、方向性の明確化
- 考えられる複数の施策の評価、そして選択
- 実行計画の策定

企画Pには、本来この作法が踏襲されている必要があり、これらが手順通りになされているがゆえに、失敗の時や調整の際に、どこに読み違いがあったのかを特定することが可能になります。

それによって、企業であっても行政であっても、組織としてやっていいこと、悪いことが的確に学習されて、組織のレベルが向上します。

言い方を変えると**「企業であろうと、行政であろうと、本来組織は人と同様に学習するために存在している」**ということです。

一般的に「できる人」は、それまでの経験から、多くのDo's and Don'ts「やっていいこと、悪いこと」や、成功則を持っています。組織としては、このような「できる人」を増やしたいところです。

そのためには、新規事業の立ち上げや、長期不振状態にある事業の立て直しなど、難易度の高いプロジェクトがうまく成功しなかった場合に、そのプロジェクトの責任者を単純に失敗者として扱うのは、百害あって一利なしです。

経営側は、プロジェクトの難易度を正当に、かつフェアに評価ができなければなりません。難しいプロジェクトの担当になった者が、「あいつは貧乏くじを引いた」と組織から思われる状態は健全とは言えません。

戦略のシナリオに無理があるものや、改革プランの初期設計がおかしい場合は、はなから担当者が「いかに、失敗は自分のせいじゃないという言い訳を用意するか」を考えざるを得なくなります。

新規の取り組みがうまくいかない企業は、なぜうまくいかなかったのかについて、経営視点で、プロジェクトを進める環境づくりや、人選方法に問題がないかのPDCAを廻し、自社の方法論に問題があるかどうかをチェックする必要があります。

もちろん、そのプロジェクトに適さない人材の問題解決、舵取り能力の不足が原因で失敗してしまうことも現実的にはあります。この場合は、その人材の能力開発課題もさることながら、**なぜその方が選ばれたのかということ自体、つまりその方が選ばれた根拠、過程などの意思決定のなされ方が問題**です。

人事決定権を持つ人の評価方法に問題がある場合もあるでしょう。単に人の好き嫌いや、えこひいきなどで決まってしまう人事決定のあり方に問題がある場合もあります。

これはまだ、「人治」色が強く、かつ未熟な段階にある企業によく見られます。

発言力のある誰かの意見が強くて、問題のある人材が登用されてしまうことも起きます。

人事に対して強い影響力を持つ方の基準に問題があるのは、つまり、その方の判断の手順や仕方についてPDCAのAが機能していないので、改善Aが必要という見方をすべきです。

参謀役としては、基準や手順の課題として問題点の「見える化」を進める際に、客観的な視点や書き方で、「しゃあしゃあ」と手順の改善Aの話に持っていった方がいいでしょう。

「いや、うちは人材がいないから、しょうがなくてね（その人材を登用せざるを得なかったという言い訳）」

もし本当にそうならば、そもそもプロジェクトのスタートは、その時点では見合わせるべきです。

組織に能力がないのに、十分な見通しの立っていないプロジェクトをスタートさせるのは、初心者をいきなり大観衆の前のステージに立たせて、演技をさせるようなものです。

組織に能力がないなら、まずその能力をつけることから着手するべきです。

「我々にそんな時間はないよ」

そう言って、準備不足でスタートさせる新規プロジェクトが、ことごとくうまくいかなくなってから、一体何年たっていますか？

能力をつけるための育成の意味合いもかねて、段階的にレベルを上げてプロジェクトを立ち上げる。

「人を見る」能力に「自信」があるならば、能力のある人間を外部から採用する。

あるいは社内の優秀な人材に業務を兼任させるべく組織運営で工夫をする。

場合によっては、人材の能力の「見える化」を徹底して、実質的には、社長が自身の眼ですべての判断をするなど、成功確率を上げる、ある程度は読める状態をつくることは必須です。

## Point

**失敗時、読み違いがあった時には、企画の作法に沿って、どこに読み違いがあったのかを明らかにし(C)、手順の改善Aあるいは次のPの精度アップにつなげる。**

# Part 8

# PDCAは、挑戦する勇気の源泉となる「自信」を培う

PDCA

言われたことを、ただ指示通りにやるだけの人が、大きなプロジェクトを成功させた話など、聞いたことがありません。

プロジェクトを成功に導く人は、必ず自身がパッション（熱意、情熱）をもって「額に汗し」、ことに臨みます。

成功時に得られる評価や報酬も、頭のどこかにはあるのでしょうが、そのプロジェクトに没頭している人は、それを達成すること自体に意義を見出しているはずです。

たとえ困難なことが待ち構えていても、事業を健全に成長させることができれば、間違いなく多くの人が幸せになります。

以前、フルコミッション・セールス（完全歩合制）の世界であるブリタニカ国際大百科事典の販売で、世界ナンバー1の売上を長期間に渡り達成した方からお話を伺ったことがあります。

「ダメなセールスマンは、自分自身が売れなくて困っているもの。一方、良いセールスマンは、相手

（顧客）が困っていると思っているので、相手のために売らねばならないと思っている」ということでした。

この「人のためにやる」という動機の行為は、オキシトシンという前向きな幸せを感じさせるホルモンを分泌させるそうです。この状態になると、すべてのことを前向きに受け入れて、挑戦をすることを辞さなくなるそうです。

また**「うまくいっている企業は、例外なく社員が成長をしている」**と言われます。

PDCAが組織にしっかりと根付いている企業は、まさにその状態に達していると言えるでしょう。

企業の発展には、挑戦がつきものです。

そして挑戦には、読みちがいがつきものです。

もし、挑戦という言葉に恐怖を感じるならば「実験」という言葉に置き換えてもいいでしょう。

根拠が希薄であっても挑戦を辞さない人は、自分を信じることができている、つまり何とか自分のPDCA力で乗り切れるであろうという「自信」がある状態です。

しかし、その「自信」を持てていないプロジェクトメンバーや担当者が新しいことに挑戦しようと思うためには、何とか達成できそうだという見込みが、ある程度、立つようにする必要があります。

未知の分野や、事業が市場とのかい離を起こしている状態では、初めはロジカルシンキングによる仮想の「空間」を描き、シナリオを作成せざるを得ません。

そして実践に入ってから、振り返りを行いPDCAが廻り始めれば、机上の空論ではなくDo's and Don'ts、が明らかになっていきます。

これによって、おのずと自身の体験を通し、言語化された経験則が蓄積されて「自信」となっていきます。

つまり、挑戦する自分たちを信じることのできる「自信」を、「理」をもって積み重ねるのがPDCAなのです。

## Point

**トリガーは、パッションでも、必然性でも何でもいい。まずは本人の腹落ちからスタートしてPDCAを廻し、個人と組織の「自信」を醸成するサイクルをスタートさせる。**

Part 9

# 未知の領域を進む際に、PDCAが足元に明かりを灯していく

PDCA

未知の領域に踏み込むのは、誰でも勇気がいるものです。

人間は、他の哺乳類から秀でた、その優れた知能ゆえに発展をしました。まず危険を察知し、回避して生存確率を高めることにつながる「先読み力」を持っています。

ところが、この「先読み力」は、未知のものに対する恐怖心も引き起こし、変革を起こす際の心理的な抵抗が起きる原因ともなります。

では、ただのおっちょこちょいではない、「理」をもって考えることのできる人がまったく新しいプロジェクトに踏み出す際には、この恐怖心をどう克服したらいいのでしょうか?

一般的にはまず、PDCAのPとして、現状の実態把握から始め、「理」にかなったプランニングを行います。

その際、「理」にかなった考え方、つまり前述のロジカルシンキングにより、「現場主義に基づき、事実をもとにした現状把握、現状分析を行ったうえで得られた方向性において

は、この施策がもっともいいはず」

と「読み」の精度をできるだけ高めたシナリオをつくります。

そして次の実践段階に入ったところでは、精度高く、高速にＰＤＣＡを廻して、結果の検証から学習を続けていきます。

「この数字の差異の原因は別のところにあった」

「意味合いの抽出が不十分だ」

という分析の不備な部分の修正。

「この分析ではなく、別の切り口から見た方が良かった」

というロジックツリーそのものの見直し。そして、

「施策の難易度の評価が間違っていた」

という代替案の評価、選択をする。これらのことを繰り返すことで、この新しいプランが取り組んでいる市場、事業などの構造や実態がどうなっているのかが明らかになっていきます。

ビジネスの世界では、一般的に経験を積めば積むほど、自身の能力は高まります。

「ここまでは踏み込んでも大丈夫」

「そこから先は、やめといた方がいい（はず）」

これは、前述のDo's and Don'tsを得るだけではなく、当初、見通せていなかった、その事業分野における土地勘のようなものを体得し、より精度の高い先読みができるようになるからです。

これによって、足元を、徐々に、見通せるようになっていきます。

これは同時に、仮に読みが外れたとしても、その場合のリスクも大したことがないということも読めているために「恐れるに足らず」と「自信」を持って踏み出せることも意味します。

PDCAが廻ってさえいれば、必ず結果の検証から学びがあり、その領域についての「学習」がなされます。

当初は、雲の中、闇の中を進む感じであったプロジェクトにおいて「やっていいこと、悪いこと」が徐々に明らかになっていく状態です。

言ってみれば、足元が徐々に照らされ、あるいは視界が広がっていくようなものです。

結果の検証であるPDCAのCを必ず行い、組織においては、「理」にかなった形で因果を明確にして言語化するようにするだけで、「道の進み方」という貴重な知恵が蓄積されていくのです。

Point

**しっかりとしたロジカルシンキングの作法に則ったPDCAのPを行うことでマップを描く。そして結果の検証Cを行うことで、「足元」を照らし、「先」を見通すことができるようになる。**

# Part 10

# PDCAを正しく機能させるために必要な「エンジンとドライバー」

PDCA

立案したプランPのPDCAを廻すためには、検証Cを効果的に行うための「実践設計」を行います。

ここではまず、

❶報告のための帳票づくり
❷会議体そのものの設計
❸そして、ルーチン系の定例業務の場合はPDCAを廻す業務の定義、業務フローへの組み込みと、その業務手順の明確化

を事業責任者、あるいは上席者の意志として行う必要があります。

これらがPDCAを廻すための準備であり、言ってみれば、「エンジン」設計にあたります。

この「エンジン」の設計の巧拙によってPDCAの精度が変わります。

まず、❶報告帳票においては、何に着目して「見える化」をするのか、そこからどういう意味合いを抽出するのか、つまりCから次のPへの思考プロセスを、明確に描けるようにする必要があります。

❷の会議体は、❸の業務フローの中に位置付けられます。

しかし「エンジン」の設計を精度高く行えば、それだけでPDCAが理想通り機能してくれると考えるのは、大きな間違いです。

どんなに高性能の自動車、例えば、ポルシェやフェラーリであっても、その車の持つ能力を発揮させて乗りこなすためには、運転する腕（技術）が必要です。

比較的、運転の簡単な乗用車であっても、最低限の知識と練習は必須です。

ましてやPDCAを精度高く廻すということに挑戦するPDCAの起動の段階では、PDCAのエンジンを起動させる原動力となる意志とエネルギー、パッションを持ったドライバー役の存在が必須となります。

結局、❶の報告帳票そのものが「ドライバー」たる上長、あるいは上席者の意志を反映させたものでなくてはならず、❷の会議の場は、帳票には十分表現されていない「ドライバー」の意志を示し、担当者の動きを整える場でもあります。

これらを正しく機能させるためには、まず、❸の業務そのものを「ドライバー」自身が明確に示さなければならず、必要なレベルの精度で「業務定義」を行い、そしてそれをさらに進化させていくことになります。

社内の組織へのPDCAの定着のプロジェクトを請け負うケースも多いのですが、そのプロジェクトで使う時間のほとんどが、❶帳票づくりや、❷会議体設計ではなく、❸業務定義にかかるものです。これは、各主要部署の取り組むべき問題、課題、そしてアプローチが明らかになっていないいま、組織図だけ描かれて業務の「丸投げ」が行われている企業が圧倒的に多いことを意味しています。

それも、低迷している企業に共通しているのは、マネジャーによるマネジメントのうち、特に、躾がなっていない、あるいは、なされていない点です。

各担当者が自分の業務を好きなようにこなすのではなく、「営業の仕方」「商品の売れ筋の見極め方」など、本来「丸投げ」「任せっぱなし」にしてはいけない業務の手順、進め方を明らかにし、どこが担当者の裁量範囲として自由に決めていい部分なのかを明らかにして、正しく問題解決に取り組んでいる状態に躾をする必要があります。

❶から❸はすべて、全体観をもってPDCAを最適化する責任を負った上長、あるいは上席者の意志の表現。そして「性怠惰な人」の背中を押し、業務の問題解決に取り組ませ、業務の精度を上げ続けるカイゼンAを続けることが、「ドライバー」たる上長のミッションです。

**Point**

**PDCAを廻すために必要な2つの要素はエンジンとドライバー。手間とパワーのかかる組織のPDCAの起動時には、トップの意志のもと、細部まで見て修正を行うことのできる立場の参謀役が「スターター」役を担う。**

Part 11

# PDCAの醍醐味は、業務、事業プロセスの改善、進化を示すA

PDCA

PDCAが提唱される前は、日本ではプラン・ドゥー・シーが一般的でした。

先頃セブン&アイ・ホールディングスの会長を退かれた鈴木敏文氏も、イトーヨーカドーの業革の際に、プラン・ドゥー・シーと同義の「仮説と検証」を徹底させ、グループを収益性の高い事業体に育て上げました。

PDCAを、この「仮説と検証」と同義に使う方も結構多いのですが、PDCAサイクルには、日本では改善と訳されるActionのAが加えられています。

PDCAサイクルは、もともと「ものつくり」の世界でつくられた考え方に端を発しています。ものつくりにおいては、そのプロセスに常に改善を加えて、進化をさせることが求められます。

品質、コスト、そしてリードタイム（納期）の3軸がものつくりの指標であり、これらを常に改善し続けることで、

「よりコストが安く、より品質の高いものを、より短期間で市場に提供」できる競争力のある状態を

作ろうというものです。

そしてこの改善と訳されるAは、ものつくりのプロセスをさらに良い状態に「進化」させるカイゼンActionを意味しており、「PDCAをスパイラルアップさせる」という表現も使われます。

もともとは、「ものつくり」から始まったPDCAは、日本では80年代に盛んになったTQC活動の中では、ものつくりのプロセスの改善から、価値を提供する企業経営のプロセスへと広がったことはすでに説明しました。

ここではPDCAのAによって、バリュー・デリバリー・プロセス、つまり世の中に価値を提供して、その対価を得る事業活動であるビジネス・プロセス（バリュー・チェーンとも同義）を進化させることになります。

よってPDCAのAはビジネス・プロセスにおける、品質、コスト、リードタイムを上げるための様々な手順の進化を意味し、さらには、PDCAそのものの精度とスピードを向上させることまでも含みます。

- 帳票
- 会議の仕方（事前準備、当日の進め方など）
- 業務そのもの、そして業務フローの手順、業務の進め方がこのカイゼンの対象となり、必要に応じてこれらを支えるＩＴシステムも含まれます。
これは、事業体の機能、パフォーマンスを進化、向上させることを意味しますので、まさにこのＡがＰＤＣＡの醍醐味ということになります。

Point

**優良企業の持つ、強さ、しなやかさ、謙虚さ。これらによって優良企業は、波が高かろうが嵐が来ようが、他社よりも着実な航行ができる強さを実現する。組織力の強化を推進するための「ステップ」として、ＰＤＣＡのＡは位置付けられる。**

Chapter 8

# 人間の「業」に対処する

What is Why required Mindset and To Be Strategy Problem Solving Knowledge PDCA Egoism

Part 1

# 「摩擦を恐れるな」と言う人は、本当の企業改革を経験したことがない

Egoism

「摩擦など恐れるな。思い切ってやれ」

創業者トップが直属の上司の頃に、よく言われましたが、日本企業で「摩擦などを恐れず」に改革を通せるのは、一代で事業を築き上げた絶対的な権力者である創業者、ご本人くらいのものです。

企業の中で絶対的な力を持つワンマントップは、社内では「神」のごとき存在となり、自分の意志がすべてであり「俺の意に添えないものは去れ」という、恐怖政治も辞さぬマネジメントが可能です。

これができてしまう理由の1つは上場企業でも、業績の大幅悪化でも招かない限り前年対比＋－0％のまま長年変化もなく、あるいは売上の微減傾向が続いている状態であっても、トップの交代を要求しない日本の株主のおおらかさにあります。

本来、企業において、組織のピラミッドの形をある程度、健全に維持しようとすると前年対比10～15％程度の成長は必要になります。

それが実現できない状態は、前向きな挑戦とそこからの学習、つまりＰＤＣＡを怠っている、ある

いは機能しているつもりで、実は機能していない状態です。

そのような状態が長く続くと、ご本人たちは日々忙しく仕事に取り組んでいるつもりでも、知らず知らずのうちにその事業運営は、思考停止を起こして変化のない惰性状態に陥っています。

企業で「改革」が求められるのは、このような状態の時です。

## 企業が低迷したり、改革が成功しないのはトップや経営体制に、その根となる問題がある

一般企業において変革、改革をしかけると、自分たちにとって不都合な状態を、あるいは不都合な状態になる可能性のある変化を食い止めるために蠢《うごめ》き始める輩がいます。

仮に先ほどの「思い切ってやれ」が言外に「俺が守る」を含んでいたとしても、このワンマントップも、改革に反対して蠢くものたちの動きを正しくイメージできているわけではありません。

中国の漢の末期、霊帝の傍に仕えていた、悪名高い宦官の「十常侍《じゅうじょうじ》」のように、企業の進化を阻むややこしい輩は、絶対的な権力を持つトップの側に必ずと言っていいくらいに巣くってしまいます。

彼ら、彼女らは「フェアさ」を欠くトップの「理」にかなわぬ判断、ある意味「甘さ」が投射されてできてしまった「影」のような存在です。

企業が停滞状態に陥ったり、改革が成就しない根本には、間違いなくトップの持っている価値観やその立ち居振る舞いのあり方が原因にあります。

そもそも企業や事業の姿そのものが、良くも悪くもトップ自身から映し出される「像」のようなものです。

考え方や物事への判断が部分最適の連続で、統一感に欠けるトップが展開する事業は、まるでモザイクのようになります。

また、組織全体をフェアに見て采配しようという意識と具体的な努力に欠けるトップが率いる組織は、一見、穏やかな組織に見えていても、その舞台裏は「思惑」の渦巻く野放図な状態にもなりえます。

とりわけ、側近として配置される人材は、良くも悪くもトップの思考スタイル、好み、癖や考え方の偏りさえも反映された者になります。

同族経営の色が強く、側近が親族の企業も多々あり、創業からトップの指示を受け手足として動き、一緒にやってきたメンバーの場合もあります。

いずれにせよ、トップからは不変の忠誠を示しているとみなされ、たとえご本人たちにはその地位に必要な能力やフェアさが欠けているとしても、トップからの寵愛を受けて、その地位にいる存在です。

彼ら、彼女らは、現状の「おいしい」ポジションを維持したいと考え、そして組織側から見れば、会社にとって大なり小なり「難あり」人材が交ざっているのも現実です。

私の経験から、一般的には組織の中にどうしようもないほどの大きな「不条理」が巣くっているケースは、そう多いわけではありません。

ただし、トップが絶対的な力を持っているほど、その周りに強い「思惑」を持った者が「憑き物」のように巣くいがちであり、企業の永続性のある繁栄を阻む作用をする「巨悪」、つまり大いなるエゴイズムにまで成長してしまっている場合も、まれにあります。

「人治」前提の米国企業では、上場している場合、事業低迷状態が続けばそういう経営はトップもろともリセットされるのですが、株主がおとなしい日本の場合は、「思惑」組が居座ることを可能にしてしまいます。

## 組織における「悪」は、こうして生まれる

この人たちは、トップが自身の意志として「現状を打破するために、改革を推進する」と宣言すれば、表面上は「その通り。改革が必要です」と100%トップにとって心地良く賛同します。

しかし現実には、彼ら、彼女らは自分にとっての損得を何最優先にします。

そして、結果として面従腹背《めんじゅうふくはい》を文字通りに実践しますが、そのことに気付かないのが、残念ながらワンマントップなのです。

実際に改革が始まると、当初、彼ら、彼女らは「どうせうまくいかないだろう」「お手並み拝見」と高《たか》をくって高みの見物を決め込みます。

ところがまれに、本当に「腕」のある中途入社の幹部人材や、外部のコンサルタントが登場することがあります。その人たちが動き、社内に変化が起こり始めると、彼ら、彼女らはそれを脅威と感じ、動きを阻むべく行動を開始します。

変革が本物であるほど、彼ら、彼女らは、自分の今のポジションへの影響をまず考え、ありとあら

ゆる知恵と手段を使い、映画やテレビドラマで見るレベルをはるかに超える手を考え、改革を「とん挫」させるべく、裏で動き出します。

現実には、企業を進化させる改革が成功した方が、彼ら、彼女らにも大きなメリットがあるのは間違いないのですが、人というものは、起きうる変化により、自分の得ているものを失う可能性に恐怖を感じるものです。彼ら、彼女らも改革によって、自分が得ている特権を失う事態を避けたいと考えるのです。


「改革」の際の取り組み課題は、企業にとっては新しい試みばかりです。

場数の少ない、改革初心者が推進する場合には、必然的にいくつもの読み違いが生じます。

腕を磨いた人は、先読みの精度も高く、かつ読み違いを克服しながら取り組みを推進していきますが、それでも改革阻止派は、重箱の隅をつつくように、それらを大問題のごとく取り上げて、トップの耳元でささやき始めます。

「現場からは、このような改革は望まれていません」

「成果につながらない、ムダな費用を発生させました」

「現場にストレスを与えていて、悲鳴が上がっています」

「現場では、昔のやり方の方が良かったと、やはりトップの再登場を望む声が多いです」

このようにトップの耳に、改革に対してネガティブな印象を与える情報を入れ続けます。

自身の「利」のみを優先させている彼ら、彼女らの「知恵」は、純粋にエゴイズムに基づく動機から生まれます。

自分たちにとっての「利」を優先させ、その他の大多数が迷惑をこうむる考え方、行動をとる存在をエゴイストと呼ぶことができ、組織、集団においては、これを「悪」と呼ぶことができます。

かくして彼ら、彼女らは「悪」知恵を巡らせ、自分たちのビジネスにおける能力などは、完全にさておいて自らの存在場所の確保のための熾烈な攻撃を、トップからは見えない舞台の裏で繰り広げます。

## 「思惑」が放置されている企業では、エゴイズムが蔓延する

優良企業においては、意思決定の「見える化」がうまくなされる文化が出来上がっていて、エゴイズムに対しても、けん制が働く「空気感」があります。

しかし、属人的な統治がなされるファミリー企業や、仮に一見ワンマン体制のように見えていても、その実、上からの健全な押さえが利いておらず、社内では「思惑」が放置状態の企業では、このエゴイズムはいともたやすく「繁殖」します。

もし今、皆さんが働いている企業にはそのような「思惑」がさほどはびこっていないならば、それは先達が残してくれた偉大なる正の遺産であることに、心から感謝するべきです。

「思惑」の蠢いている企業での改革局面では、改革の推進者に対して「女性社員に手を出した」などのゴシップ話を流されたケースなど、それが事実か否かなど別にして、腐るほどあります。

改革時の心構えを「悪魔のように細心に、天使のように大胆に」と表現した方がいます。

計画段階は「細心に」、動き出す時には「大胆に」仕掛けることは正しいのですが、それでもトップの

周りで何が起きているのかについては、特に当初は、「細心に」アンテナを働かせておく必要があります。

いったん起きて表面化した摩擦は、放置しておいても鎮静化することはありません。

改革を推進する際は、何よりも改革のプラットフォームたるトップとの信頼関係が必須です。

- 経営状態の「見える化」と現状の課題の共有にはしっかりと時間をかけ、ファクトベースで様々な角度から行う
- その改革の必要性については、十分な腹落ちをしてもらう
- さらに、さまざまな読み違いも起きる中で、トップには、しっかりと現状と見通しについての説明を行う

トップの正義感に過大な期待をする前に、スタッフ、参謀役としては、何よりも改革における摩擦をできるだけ起こさないようにする姿勢と社内のアンテナを稼働させることが必須です。

## Point

**企業は本来、常に健全な変化を起こして、挑戦を続けていくべきもの。しかし、その間隙を縫ってはびこったエゴイズムは、変化に対して恐怖心を抱く。「改革」においては、準備段階だけではなく、進行中も「悪魔のように細心に。天使のように大胆に」**

Part 2

# 改革のスタート時には、リスペクト(敬意)をもって臨む

Egoism

仮に、道を歩いていて、悪気がなくても肩やカバン、傘などが相手に当たった時に、「すみません」の一言があるだけで、その場の雰囲気は大きく変わります。

たまたまぶつかった相手が、万が一「荒ぶる武闘派」だった時などは、その場のさばき方次第では、大変な事態にもなりかねません。

世界の歴史を紐解いてみても、戦争も相手国側への恐怖心や警戒心から必要以上に軍備を拡張し、万人にとって幸せな事態にならないことがわかっていながらも、最後は野心や面子《メンツ》で、その引き金を引いてしまった事例が多いことがわかります。

第二次世界大戦において、日独で核兵器の開発が進行しているかもしれないという恐怖心から、米国は多大なる予算をつけてこの大量破壊兵器の開発を推進しました。しかしその後、日独には核兵器がないことが判明し、科学者たちは「もはや核兵器の開発は不要」と主張しました。

しかし、すでに投入されてしまった予算ゆえに、その先にある原子力エネルギーの利権が絡み、出資者たちの未来の「利」を実現するための「圧」がかかり、さらにそこに覇権を志向するものの「思惑」が絡み、大統領の承認もあいまいなまま、日本には、出資元が異なる2つのタイプの原子爆弾が投下され、それまでの人類史に例のない規模の大きな悲劇を招きました。

国は生き物のような存在であり、常に変化を続けて動いています。

時には、大した思慮深さもなく、純粋な領土拡張欲のもとに侵略を行う国もあったはずですが、一方で、単に相手側の「思惑」をはかることができず、不十分な情報、偏った情報により、保身や恐怖心のために始まった戦いもあったことでしょう。

こうして考えると、いくつもの人類の悲劇の前提には、相手に対する理解の不十分さと、一方的な恐怖心が募ったことが原因となっていたものが多く、さらにそこに「欲」に基づく動機が絡んだときに、その引き金が引かれていることに気が付きます。

もし、もう一歩踏み込んで相手の事情を理解でき、相手の立場に立った相互理解がなされれば、動きも違ったものになっていたでしょう。

- 肩がぶつからないように気をつける
- もしぶつかったら「失礼しました」とはっきり伝えて頭を下げる
- そもそも、自分の歩き方が、他の通行者へのリスペクトを欠いていたのではないかと「振り返り」をして行動を修正する

## 人、性善なれど、性怠惰なり

我々にとって身近な企業の変革にも、これと似たような側面があります。

自分たちにとっての今の安寧を脅かす動きは、現体制側にとっては不愉快なものです。

企業にとって、進化、市場変化への対応は不可欠なものとはわかっていても、それを企業文化にできている企業は、残念ながら極めて少数派です。

大多数の企業では、今の状態に悪気なく安穏としている幹部層が存在しています。

**「人、性善なれど、性怠惰なり」**なものです。

中には、自分の属する企業にとっての不利益などはどこ吹く風で、自分の昇進のみに興味を持つ人もいるでしょう。

米国企業のトップの場合は、株主から事業を成長させるための全権を委任されます。

そのうえで、自ら事業の業績向上のためのPDCAを廻します。

先述のように、例えば米インテルでは、トップは自身が開催した会議については、自身でその議事録を作成します。これにより自身の責任のもとに行った決定事項とその論拠を、自分の意志のもとに発信します。トップの意志のもとに進化を推進するというのは、例えば、こういう状態ですが、多くの日本企業は、いまだにかつての高度成長期のような「神輿に乗る」マネジメントの仕方のままです。

その状態では「和」を前提にして、不要なハレーションをできるだけ抑えて改革を推進する作法が必要になります。

上の押さえ、マネジメントの甘い企業の場合、改革に着手してみると、極端な場合は取引高への上乗せにより、私腹を肥やしていた事実を隠ぺいしようとする例など、エゴイズムが、もはや「頑《かたく》な」な状態になっていることもあります。こうなるともう、トップの大鉈《おおなた》による対応しかなく、トップにそれができない状態であるならば、この事業の価値を求める市場のため、そしてそこに勤める社員のためにも、さっさとどこかの優良企業にM&Aでもしてもらうしか、手の打ちようはなくなるでしょう。

## 改革の際には、初めに相手へのリスペクトありきで動く

しかし、今までの私の経験上、世の企業のすべてとは言えなくても、その多くの場合、抵抗勢力は、本質的にはリスペクト、すなわち礼の足りなさに怒っているのであって、本当の大義名分の部分に反対しているわけではありません。

本来、大義のある改革が、「あいつは気に食わない」「俺のメンツをつぶした」と感じた社内に力を持つ人の些細な動機によって、いつの間にか「改悪」というレッテルを貼られ、そこから満身の力を込めた改革つぶしが始まります。

改革において、初めに気をつけるべき点、それは**リスペクトありきで動く**という点です。

私の携わってきた企業改革も、100%すべてが成功してきたわけではありません。

その成就しなかった改革や、V字回復のプロジェクトがとん挫した原因は、すべてがトップの側近にいる一部の現状維持派の動きによるものです。

後から思うと各局面、あるいは事前に十分なリスペクトに基づく配慮をしていたならば、彼らの動きのうちのほとんどは明らかに防げたものでした。

「人、性善なれど、性怠惰なり」であることは間違いありません。

そして単純に「人、性悪なり」とは、言い切れるものではありません。

確かに、一部の企業には「完璧なるエゴイスト」化している人が存在します。

この人たちには身勝手な保身や野心が動機にあり、自分にとってのメリットの有無だけでことを判断します。そして多くの場合、正しいＰＤＣＡを廻してきていないために、再現性のあるビジネス能力が伴っておらず、組織の要職に置いてはいけない人材です。

しかしながら彼らを除けば、改革反対派の大多数は、

**・今のポジションを追われる可能性を恐れている**
**・自分のやってきたことを否定されるのは不愉快**

というネガティブな感情を抱いているだけで、これは、変化に対する恐怖心なのです。

リスペクトをもって、早い段階から変革の必然性を理解していただくとか、頻繁に相談などを行

い、変化に対して抱く恐怖心を軽減させることは十分、可能です。

また明確な大義に基づく「想い」と方向性を、事実に基づき明確に伝えることで、核にいる頑なな1人を動かすことはできなくても、社内の多くの賛同者の共感を得ることは可能であり、それによって大勢《たいせい》を動かすこともできます。

このように、改革推進側がすべきこと、知恵を絞るべきところは、分析をして資料を作ること以外に、数多くあります。

忘れてはいけない基本中の基本は、皆、別に悪気があってやっているのではないということです。**問題のある行動の多くは人の弱さの部分に起因する**ものであるということを認めることが、人に対するリスペクトです。

Point

**本来、理解さえすれば聞き分けが良いのが日本人の特徴。それに向かい合わずに避けたり、頭ごなしにやるから話がこじれる。**

Part 3

# 人の「業」を抑えるＰＤＣＡサイクル

Egoism

**組織で廻すＰＤＣＡの基本は、結果や現状のＣから次のＰへのブリッジにおけるファクトと因果の「見える化」です。**プライベートにしろ、仕事にしろ、個人で廻す際のＰＤＣＡは自分自身の学習であり、結果として目標を達成するための方法論です。このＰＤＣＡを組織で行う場合には、少なくとも上下の階層、つまり部下は自分の業務に関して上長に、

「過去、そして現状はどうなっているのか」
「何が問題なのか」
「なぜそれが課題となるのか」
「なぜ、その施策を選択すべきなのか」
「費用対効果や、進捗状況の確認はどう行うのか」

を「理」にかなった形で明示して説明する必要が出てきます。

組織で廻すPDCAは、すべての活動が「理」にかなった形で行われていることを言語とグラフ、チャートなどにより「見える化」する行為を伴います。

本来、前向きな問題解決が中心であるはずのマネジャー層の仕事として、

・全体観をもって正しい現状把握のもとに
・適切な仮説を立て
・「理」にかなった施策を選択し展開する
・その進捗状況を見るべき角度から見る

という、よく考えれば、しごく当たり前の基本動作がなされる状態を作るのが、組織で廻すPDCAなのです。

残念ながら、PDCAが日本で浸透していったのは80年代であり、その作法を知る当時のマネジャー層は、すでにその多くが社内にはいなくなっています。結局、そのPDCAを基本動作として文化にできた企業のみが、市場起点で的確な手を打つことができています。

そこでは、事業運営の実態が「見える化」され、言語化されて語られ、恣意的な「企み」が通用しにくい意思決定と事業運営ができる環境がつくられます。

一方で、経営理論や方法論の中の普遍的な部分までも「それは古いから、もっと新しいものを」と、とぼけたことを言い出して、その重要さを理解せずにやめてしまい、業績を悪化させて低迷していっ

てしまった企業もあります。

そういう企業では、もはや経営の基本動作のはずのPDCAを正しく指導する人もすでにその立場にはいなくなっており、

「PDCAが万能であるなど、幻想である」

など、PDCAという4文字の言葉だけを見て、勝手に我流のイメージを語る人に対し、それを正して諭す人がいなくなってしまっています。

このPDCAの基本動作が根付いていない、あるいは守られていない企業では、事業運営において様々な問題が起きやすく、かつそれらの問題が放置されやすくなります。

PDCAのPにおいて「なぜその課題に優先的に取り組むのか」（課題定義）と「なぜ、その具体的な施策を選択して実行するのか」（施策の評価）がしっかりと「見える化」されていれば、企業目線でその投資、施策が正当であるかどうかが、誰の眼にも明らかになります。

このPDCAをうまく廻すにあたって、参謀役が知っておくべきテクニカルな話は確かに、いくつかあります。

しかしながらPDCAがうまく機能していない理由のほとんどが、上席者側がPDCAを最適化する責任者、ドライバー役としての「あるべき振る舞い」を実践できていない点、つまりマネジメントにおける、部下とのコミュニケーションが不足していることに集約されます。

現実的にトップや上席者が行うべきことは、実はさほど難しくはありません。Cの際に、

❶「今の課題は何か？」

❷『理』にかなった形で、わかるように、事実をもとに、グラフ化、チャート化などで『見える化』し、意味合いを抽出して、対策の説明をしてほしい。〇日〇時までに、よろしく」

❸「まだ、わからない」（その場合は、❷に戻る。もし良ければ、❹に進む）

❹「よし、わかった。ありがとう」

❹が言えるまで、これを繰り返せばいいだけです。

トップは自分が安心できる状態にまで、事業の運営状況の「見える化」を進め、ＰＤＣＡが廻っている状態を作る必要があります。そのために参謀役が動き、文化として組織のＰＤＣＡの定着の努力をする。参謀役は、上からも組織からも信頼を得る。これがトップと参謀役の役割分担と言えるでしょう。

Point

ＰＤＣＡが適切に廻って、必要なことが的確に「見える化」されている事業運営においては、恣意的な、一部の「利」に誘導する判断は行いにくくなる。

# Part 4 不埒な輩が「ズルさ」の腕を磨く「悪のPDCA」を封じる

Egoism

「CCでお知らせしてあったはずですが……。読まれていないのですか？」

日々届く大量のメールの中に、CCの情報共有として届き、表現がわかりにくいために、そのまま膨大なメールの山の中に埋もれて放置してしまうものもあります。

そのメールが重要な連絡事項であったために対応が後手になり、自身や自部門に不利な状態が起こる……。

これは「思惑」が蔓延している企業や、KPI、数値責任の達成のみがすべてとなってエゴイスト集団化が進んでいる企業で散見される、軽微なレベルの「はめ」技です。

ただし、数字の達成のみで評価を行いがちな企業では、往々にしてそのような行為を取り締まることにマネジメント側が興味を示さないことがあります。

こうしてマネジメントが部下の行状をしっかりと把握することなく、結果だけを見て評価する、まさしく「マネジメント不在」状態にある企業では、手段を選ばずに「相対的に」自身の位置を向上させ、自分がより良いポジションに上がるように動く動機を持つ人材が現れやすい土壌ができてしまいます。

またマネジメントが性善説のみで行われているために、社内に「思惑」が蔓延し、せっかくの事業をダメにしてしまった企業もあります。

「それでも、事業が伸びていればいい」と言うトップもいます。

まっとうな仕事をしている人の足を引っ張るような行為が横行している企業では、事業活動に何ら寄与しない行為が常態化し、貴重な時間が使われていることになります。

彼らは、市場価値を創造することを忘れてしまっていて、そういう輩の真の問題は、企業として何ら価値のない行為に自身の知恵と時間を使い、自身の不埒な「ズルさ」の腕を磨くＰＤＣＡを廻してしまっている点です。

ある企業にとても頭の廻る女性役員がいました。

話をしていると彼女の頭の回転の良さはとてもよくわかるのですが、いかんせん、社内を動かす際の指示は極めてディレクティブであり、よくよく調べると、これまで責任者となったプロジェクトをほとんど成功させていないことがわかりました。

彼女は、新しいプロジェクトの話があると必ず自ら責任者の役を、かってでます。

しかし上手くいきそうになくなると、すかさず担当者の能力のなさのせいにして、自分はさっさと、他の仕事に忙しいからというアピールを発します。結局、彼女は延々とこれを繰り返すことで、失敗を人のせいにする腕ばかりを磨いてきたようです。

また、自身の地位を上げるにあたっての脅威を排除するために、自分と競う位置にある人材については、様々な手を駆使して社外に追い出そうと手を尽くします。

事実であってもなくても、事実の一部分の話だけをつなぎ合わせていくことで、嘘ではないものの、ある人を悪者に仕立ててトップに説明することは可能です。

これも政治力の1つにはちがいないのですが、その動機は一点の曇りもない「エゴイズム」です。

## 現場でPDCAを廻して学んだ者だけが、ビジネスの腕を磨ける

組織の意志をまとめていくための「政治力」は、前向きなものであれば企業にとっては有効です。しかし、個人にとっての「利」のみを優先させた行為は、企業にとっては「悪」以外の何ものでもなくなります。

現実には、企業にとってマイナスの価値しか持たない、人を陥れる行為に長けた人材が上席に上がっていく事例は、決してないわけではありません。

勢いの良かった、ある上場している小売チェーンの成長が急に鈍化し、市場視点からも行っていることが明らかにおかしくなっていました。

その企業の元執行役員、そして関連企業の役員と話をした際に、その裏事情として、このような話であったことを知りました。

その会社の中枢近くにいた銀行出身のある役員は、人の足を引っ張ることに長けていました。会社の改革を推進していた当時の社長にハニートラップを仕掛けて失脚させ、またさらにトップの次点候補人材についても同様のトラップを仕掛け、見事に自身がトップの座につきました。

しかし、そのタイミングあたりから、その会社は低迷状態に陥ってしまいます。おそらく、今トップの座にいる現社長は、この会社の事業が安泰だと読んでいたのではないでしょうか。かつての高度成長期とは違い、今は腕のないものがトップをはっても、事業が伸びていってくれる、そのような甘い時代ではありません。

失脚して社外に出ていった前社長は今、自身の腕で別のビジネスを発展させています。

そして、2人を失脚させてトップの座に就いた現社長は、業績の悪化への適切な対応ができないままに、矢面に立たされています。

**ビジネスの腕は、自分がPDCAの中心にいて、場数から学んだ方のみが磨くことができます。**

当たり前のことですが、人は、自身が五感を使って情報を得、知恵を使って考え、実際に行ったことの結果の振り返りから学ぶのです。

・商品開発に真剣に取り組んだ方は、商品開発の腕を上げます

・営業に長けた方は、お客様の問題解決となる提案を行うことで信頼を得、数字を上げます

・店舗の立地開発に取り組んできた方は、立地開発のエキスパートになります

人はいちばん時間を使い、いちばん考えて実行し、振り返りを行ったその対象において、自身の得意分野が時間と共に開発されるのです。

若い頃から経営視点での課題に取り組んできた方は、経営者としての考え方を習得し、困難への克服の仕方にも長けた方へと成長します。

## 「ずるさ」の腕だけを磨いた人材がトップになった企業は成長が止まる

一方、人を失脚させること、失敗を他人のせいにすることなど、「ずるさ」によって生き残り、のし上がってきた人は、その「ずるさ」を抜け目なく発揮する能力ばかりを磨き上げます。

このような策略だけでその地位についたトップは、企業、株主、従業員、そして市場にとっての迷惑以外の何ものでもありません。

ちなみに成長が止まったがゆえに、減点主義がはびこる企業では、マイナスポイントが付かなかった人ばかりが生き残り、腕を磨いていない人材による経営幹部層が出来上がるという、なんともいただけない状態になることもあります。

実際、真摯な努力により伸びた企業の中には、組織のPDCAを廻して「思惑」を防ぐ企業文化をつくらず、無防備な状態のまま大きくなることがあります。そこに「ずるさ」の腕を磨いた人材が幹

部として入り込み、その者がトップになった時、その企業の成長は、ピタリと止まってしまいます。

これは一般企業だけではなく、コンサルティングファームのような問題解決を生業とするプロフェッショナル組織でも同様です。

むしろ信頼関係に依存して日々、問題解決にいそしむ、プロフェッショナルな組織ほど「思惑」を持ったものに対しては、無防備になってしまう側面もあります。結果として、コンサルティング会社における組織問題という、まさに「紺屋の白袴」状態も現実には起きています。

## 「ずるさ」のPDCAを廻させない環境をつくる

「ずるさ」の腕を磨いてしまった人材は、失敗は他人のせいにし、本質的な事業能力以外の部分で事業の帳尻を合わせ、見た目の化粧を行う技をいくつも持っているため、外見《そとみ》にはなかなか馬脚を現さないようにする術を心得ています。

製造業が、様々な有形無形のインセンティブを駆使して販売会社への押し込み販売により売上をつくることなども、きわめて典型的な事例です。

数字はつくれていても、事業を伸ばす力を持ち合わせていないため、多くのつけを後に残すだけで、その事後処理には優秀な人材の多くの手間や労力がかかるだけではなく、企業のための様々な負の遺産を積み上げてしまうものです。

一見、才長《た》けているように見えても、そのような人材は決して登用しないこと。

そして、現在のメンバーがそのような余分なスキルの習得を考える余地ができないように、組織のPDCAを徹底させること。

本来は、中途採用などで外部からそのような人材が社内に入らないようにするべきですが、なかなか採用の段階での見極めは難しいものです。

そもそも前述の彼女も、はじめから「ずるさ」の腕を有していたわけではありません。

初めは少しだけ「ずるい」ことを試し、それが咎められなかったので、その次はもう少し大胆にと、これを繰り返し、結果的にその腕を磨きあげてしまったのです。もちろん、本人にも問題はありますが、その根は、その気配や片鱗に気が付いても、見て見ぬふりをしていたトップにあります。

素早く本人に向かって警告を発し、「ずるさ」の腕を磨くPDCAを廻させない環境をつくること。

そういう輩が社内で、「いいか、自分の評価を上げるためには、こういう手を使えばいいんだ……」などの講釈を始めることなく、まず前向きな活動に時間を使うように、業務課題を明確にする、組織として健全なPDCAを廻している状態をつくることです。

もし、改善の余地のない人材であることが明確になった場合は、経営レベルが素早く人事対応を行うこと。

これらが企業文化を健全に保つためのマネジメントサイドのミッションです。

Point

**「思惑」に無防備な会社は、低迷状態に陥り、「死」にさえも至る。**

Part 5

# 金、権力、自身の評価など「利」を優先させる組織文化は、やがて企業を破壊していく

Egoism

成果主義の導入が一時ブームになった結果として、各人が自身の評価指標であるKPIばかりを優先させておかしくなり、あわてて修正を行った企業の話を、数多く聞きます。

KPIをクリアできれば自身の評価も上がり、それが給与や昇進にもダイレクトにつながるという人事制度の運営を行えば、「それだけではないだろうに」「それだけだとおかしいことになるはず」と思いつつも、そのKPIを上げることに皆、専念します。

理屈のうえでは、KPIをうまく組織の階層の上に組み立てれば、全体最適のシステムが出来上がることになります。しかし、現実には、よほどのプロであっても、そう上手くKPIの体系を組み立てられるものではありません。

各担当者の年度のKPIをマネジャーが承認する運営になっている企業もありますが、そのマネジャーが、副作用や死角のない完璧なKPI体系を組み上げることができるのかについては、かなり疑わしいものがあります。

また仮に、理想的な体系が組めたとしても、ＫＰＩは通常、単年度内の評価指標として設定されます。単年度の数字だけで評価を行うということは、裏返せば、長期的な視点での施策は評価がなされないという意味になります。

## 不適切なＫＰＩの運用が企業を破壊する

これは、ある数千億円規模の企業の話です。

この会社は、もともとは人を大事にする「浪花節」の企業文化を持っていました。

しかし、単年度評価の成果主義指標のＫＰＩを導入してからほどなく、事業部内で人材教育に時間を割いていると、人件費も含めた収益責任を負わされ、ただでさえ忙しいのに、仕入れ担当者や営業担当者の作業の効率がますます落ちると、マネジャーたちが考え始めました。

その後、戦略面での事業拡大シナリオが功を奏し、中途採用者の入社も含めて、組織が大きくなっていきました。そしていつの間にか、人材は育てるものではなく、社内公募制というルールを使って、実は事前に当人と話を決めておき、他の部署から引っぱってくるものになってしまいました。

もともとは、会社全体で人を育てたおかげで、優秀な幹部人材の多い会社だったのですが、この単年度評価のＫＰＩに基づいて、昇格、昇給がすべてなされるようにしてしまってから、人を育てるという、評価上はムダなことを、誰も行わなくなってしまいました。

この会社は、関わった外部の人たちからは「冷たい会社」「空気の薄い会社」と呼ばれるようになりました。かつて業界では比類のない優秀な会社でしたが、結局、今はその文化に嫌気がさした中核の幹部人材が去ってしまい、業績も低迷しています。

なお、この会社で成果主義の導入を推進した社長の参謀役は、ある段階でこの問題に気が付いていたようですが、その責を指摘される前に会社を去り、好条件のうちに別の組織に移っています。

KPIも含めた成果主義の人事評価制度の導入の際は、本来、数値化されていない部分をマネジャーが判断しなければならず、それを運用するマネジャー側の能力の向上が伴わねばならないことが、案外軽視されがちです。

仕事の報酬として相応の金、権力（地位）を提示することは重要ですが、それだけがすべてになってしまうならば、その上位のマネジャーの役割とは、一体何なのかという話になります。

「（借入の資金は）金利の高きから低きに流れ、（貸付、預入の資金）は金利の低きから高きに動く」にならい、金を含む自分にとっての「利」という損得は、誰にでもわかりやすい判断基準です。金が、大事なものであるという点については、疑問の余地はありません。

しかし重要なのは、それがすべてに優先するものなのかどうかという点です。

お金を元手に「利」を稼ぐ金融の世界では、金には色がないために、マネジメントがKPIの追求を強くしていくと、倫理をさておいても、自分の数字ばかりを追求することばかりが横行し始めます。

## トップは、菩薩と不動明王の顔の2つを使い分けよ

金融以外の一般企業でも、同じように「利」のみを優先させる感覚が蔓延すると、モラルを徹底する文化が弱い場合は、彼らは金や自身への評価のみで事業としての筋を変えることさえもいとわなくなります。そうなると、金や評価のみで道理も変え、自分の身が安全と思えば、体制を裏切り、崩壊させることにも何ら罪悪感を持たなくなります。

さらには、文書化された決まりごとの間隙をついて、自分にとって有利になるようにふるまう輩も現れ、その悪知恵が通用するようになると、本来避けることのできたエゴイズムの蔓延を助長してしまうことにもなります。結局、ここで重要になるのが、自らが慈悲の菩薩と、煩悩に睨みを利かせる不動明王の顔の2つを使い分ける、トップをはじめとするマネジメントのしきりです。

マネジメントの役目は、それを個々の担当や部門の数値で判断できる以外の要素、つまり、その上位視点での最適化であり、さらに今期だけではなく、事業の先行きも見据えた判断を行うことです。KPIを導入するならば、KPIに反映されない長期視点の課題となる、ブランド価値の向上、人の指導などの組織開発は、マネジャーがしっかり見て、評価や指導をしなければなりません。

もし、あなたの会社の人事制度が今、とにかくKPIをすべてに優先し、事業展開上、おかしなことが起きていると感じたら、その修正に取り掛かるのが参謀の役目です。

## まっとうに働いている人が報われるしくみづくりも参謀の役目

ある、中央に勤めている方から、こう問われたことがあります。

「危機感を感じていない組織は腐っていきます。危機感を感じていない、中央や金がふんだんにある都の役所や教育機関は、そうなっていると私は思っています。自分はずっと、日本経済を支えているのは、日本企業だと思っていました。しかし、今の日本の大企業の実態を見ると、やはり腐っているように見えます。一体、何が日本経済を支えているのですか？」

それに対して、私は即答しました。

「いわゆる『現場』だと思います。顧客やものづくりに真面目に向き合って取り組んでいる営業や製造現場の人たちや、世の中をよりよくするものを提供したい、貢献したいという動機で働いている製品開発の技術者たちは、目の前の問題に真摯に取り組んでいます。ただ、いろいろな意味で、彼らが正当に報われているとは思いませんが」

「私利」を満たす余地の探求などに走らず、真面目に、価値の提供に取り組む人たちが報われるような事業運営を行うシステム（＝自然にそうなる状態）づくりの推進。

これが、トップの使命を補完する位置付けにある参謀が行わなければならないことです。

Point

**仕事に没頭している数多くの社員は、自分のやれることの中に意義を見出している。社員の目の前に「にんじん」をぶら下げるよりも、皆の努力の方向性を自らの手でそろえるのがマネジメントの役割。**

Part 6

# 真に気をつけるべきは「卑怯者」の存在

Egoism

映画や小説などで、ヒーローは相対する敵と戦います。

現実の世界では、敵には敵なりの自らを正当化できる理屈がありますが、ストーリーとして見ている側からすれば、ヒーローには正義を守るという大義名分があり、敵役は倒すべき相手として描かれます。

さて、そのヒーローが敗れる時、それは敵の「強さ」に負けていましたか？

皆さんが好きな、ヒーローものの話を思い返してください。

シンプルな子供向けのストーリーを除くと、ヒーローが危機的状況に陥り、場合によっては敗北の原因になるのは、多くの場合、味方の裏切りなど、「卑怯者」の存在です。

企業の改革も、抵抗勢力との戦いの様相を呈することがあります。

この時に、最後の決め手となって勝敗を分けるのは、味方だと思っていたにもかかわらず、実は相手側に寝返っていた「小兵」の存在です。

彼らは自分の身を守るため、あるいは自身にとっての「利」を考え、自分にとって有利な側に動くことを、自覚の弱さゆえに正当化してしまいます。

前述のように改革に際しては、とにかく抵抗勢力をつくらないようにリスペクトをもって臨むのがまず基本中の基本です。

しかし、結果として抵抗勢力が現れ、戦いの様相を呈してしまった場合は、この「卑怯者」の動きに注意が必要です。

多くの場合、ヒーローは人を愛するために、そういう「小兵」に対して油断をします。気を許すがゆえに相手側に知られたくない、些細なことでも足元をすくわれる材料を、相手側に伝えられてしまいます。

この「小兵」に相手側の動きを探る役目を与えている、いわゆるスパイ役を担わせている場合などは、このリスクは各段に高まります。

この「小兵」本人は、自分がただ人よりも賢くふるまっているつもりなのです。

両方にいい顔をしながら、最後に勝ちそうな側につこうとしており、そこには大義はなく、自身のサバイブ（生存、存続）か、自分にとっての「利」しかありません。

## 「卑怯者」は自分への「信頼」を自分の「利」に利用する

ここで、日本の現代史における大事件の影にいた存在に触れます。

高橋是清は、世界恐慌の影響、そして大凶作による、日本経済の危機的状況のもと1932年、日銀への全額引き受け前提の国債発行を決め、これを主軸とする経済施策により、世界に先駆けて日本経済を復活させました。

ただし、これは民間からの買いがあって成立する話であり、かつての部下であり、当時の日銀総裁の深井英五と話し合い、民間の国債の購入力の限界が見えてきたため、インフレの発生を抑えるためにも、是清は自らも認めていたこの「禁じ手」を終息させる判断をします。

ところが、当時の軍部は軍費拡張を求め、赤字国債の継続を主張しました。

当時、貧富の格差が最も顕著であった地方からの出身者が多かった青年将校を中心に、日本の現政権に対する不満が高まり、1936年（昭和11年）、ついに決起に至り、2・26事件が起きます。岡田首相は難を逃れて脱出したものの、高橋是清以下、多くの重鎮が、自らを正義と信じて疑わぬ彼らの手によって暗殺されました。

これにより、日本は赤字国債の発行を止めるイニシアティブを唱えるするものがいなくなり、軍部は政治に影響力を持ち、太平洋戦争にまで突入していきます。

結局、純粋に正義のため、天皇陛下のためと思い込んで起こしたこの事件の首謀者たちは、全員、銃殺刑になりました。

彼らが自分たちは正義であると確信した背景には、「天皇陛下も君たちの行動を支持するはず」と彼らの正当性をたたえ続ける軍部の上官の存在がありました。

日本経済を健全にするための策を実行した高橋是清。

今こそ世界における日本の地位を確立すべき時というロマンを追い、強硬に動いた軍部。

結果的にその「思惑」の上に乗り、地方の悲惨さの実態を目の当たりにし、行動に移した純粋な青年将校たち。

そして表舞台には現れないものの、その青年将校たちに「天皇陛下も君たちを……」と事実とは異なる、恣意的な意向が混ざった情報を入れていた上官。

この史実は、ヒーロー、悪者という単純な対立の構図で説明すべきものではありませんが、「思惑」が絡み、そこに2つの顔を使い分け、「正義は我らにあり」と信じるものたちを動かしていた存在があったことになります。

「卑怯者」は、自分への「信頼」を自分の「利」のために利用します。

この「卑怯者」は、企業を新しいステージに向けて改革を進める際の、ある意味最も厄介な存在になることがあります。

Point

**あなたの傍にいる「小兵」は、2つの顔を使い分けていないか。何事も自分に「利」のある方向性に導こうとする輩ではないかをよく見極めること。**

# Part 7

# トップの押さえの利いていない組織では「縄張り」意識が蔓延する

Egoism

「なぜ、わが社では成長に向けた改革が行われないのか？」

そう、疑問に思われたことはありませんか？

私なりに、その理由を構造的に解説してみたいと思います。

企業内には、営業、商品、販促などのライン系業務、そして管理系のスタッフ業務があり、さらに事業によっては、営業企画などのラインスタッフ業務があります。

これらは企業における一般的な執行系の組織です。

これらの各部門を束ねるのが、課長、部長の上位に位置する事業部長や執行役員であり、営業系の総責任者が最高執行責任者（COO）、そして財務担当役員（CFO）や情報システム担当役員（CIO）などが組織図の横や下に並び、すべてを束ねる最高位に位置するのが最高経営責任者（CEO）になります。

執行役員の上には取締役会があります。執行体制の上位に位置するという点は間違いないものの、本来、取締役会は株主の代表です。

株主は、その企業の理念や、提供している価値に共感していることが一応前提にはなりますが、その求めるものは**「事業価値の向上」**というリターンです。


この事業価値は、株価という形で表現され、その株価は、その企業の将来性の見通しと、配当の源泉である当期の営業利益から決まります。

この将来性は、現事業の成長性、新規製品や新規ビジネスで期待できる事業拡大と売上増、あるいは、新規施策への評価から算出されます。この現状の収益性として、わかりやすい指標として使われるのが営業利益です。


さて、その事業が低迷状態に陥ってしまい、将来性が見えず、営業利益が伸びないと、その企業は健全な発展状態にはないということになります。

経済環境などにも左右されますが、その低迷状態が自社に起因する内的な理由だとすると、事業の方向性や、執行のあり方についての検討を行い、場合によっては見直しを行います。

この判断を行うのが本来は取締役会であり、実態を把握して適切な打ち手を施すべき立場にあるのが、取締役会から選任されているＣＥＯです。

執行役員は、日々の事業運営をそれぞれが分担して受け持っていますが、その最上位にいるCEOが、全社の事業の状況を共有し、上手に各部門の事情の情報共有を含む全社視点でのPDCAを廻すマネジメントをしていない限り、各執行役は自分の担当範囲のパフォーマンスを上げることにのみに意識が向かいます。

もし、その状態でCEOが全社レベルの視点で事業活動について口出しをしていると、「いつも上に振り回されるから、仕事に集中できない。業績が伸びないのは、そのせいだ」となります。

実際、企業によってはワンマントップが、市場と「かい離」を起こしている実態の理解も不十分なまま、焦りにまかせて会社を振り回しすぎて、どんどん墓穴を掘っている例もあります。

## 成長が止まっているのは、謙虚なPDCAが廻っていないから

また、各執行役員の立場からすれば、その想いは多くの場合「俺の持ち場に口出しをしたり、触らないでほしい。頼むから放っておいて、好きにやらせてくれ」です。

この傾向は、執行役員が視野狭窄な場合だけではなく、ご本人の当事者意識が強く、自力で低迷状態を何とかしようと努力をしている時にも強くなります。

結局、今の状況が現体制の努力の範囲でうまく持ち直せる状態なのかを判断するのは、取締役会の役割になります。

ところが日本においてはまだ、取締役のトップが執行責任者である社長であり、取締役も管掌部門

を持っていたり、執行役を兼ねていたりするケースが多く見られます。

社内に対して十分な押さえができていない状態の社長が、もし、執行役を兼任している取締役が多数を占める取締役会で改革プランを起案しても、自部門を触られたくない執行役にとっては「自己否定」となる案件になってしまい、別の大義名分となる理由を挙げて改革に反対することになってしまいます。

「成功した創業者」がカリスマ性を伴って引っ張っている時の取締役会メンバーは、皆、経営トップと苦楽を共にし、共に悩み、想いを共有できています。そしてレベルの差はあれ、皆がトップの参謀役も担っているため、信頼関係も根底にあり、経営目線での合意は比較的容易です。

しかし、トップの代が替わり、その想いや意識が共有できていないままに、執行役を取締役がかねているのは、言うなれば、ピッチャーとキャッチャーを同じ人物がやっているようなもので、「縄張り意識」が根を張ってしまった状態です。

客観的に各部門の実態が、参謀役たるスタッフ部門などによって「見える化」されていない状態では、誰かが言い張れば、議論はいとも簡単に膠着状態に陥ります。

かくして「和をもって貴しと為す」が精神として根付いている多くの日本企業では、改革が進まなくなる大きな原因になるのです。

また、現実にはとても多く、そして厄介なのが、創業者が会長などの院政を敷いた状態のもとで、社長を立てて低迷している事業の立て直しを担わせようとするケースです。

今、事業が低迷している理由は、偉大なる創業者である現会長が示してきた方向性ややり方が、今の市場との競合状況の中で勝ち続けることができなくなっているのが原因です。

これは成功者としてのプライドと、成功則を言語化するための「組織のＰＤＣＡ」を廻さずに、「思い込み」に固執している状態だからに他なりません。

本来、腕が良くスキルの高い経営者に、すっきりと任せることができれば良いのですが、創業者の頭の中は、次のようなことで占められています。

・自分がオーナーでもある事業を、いくら優秀だとはいえ、自分ほどにはこの事業については経験則がない新社長に完全に任せ切って大丈夫か
・自分が培ってきた事業を、自分の意に沿わない方向性に持っていかれるのは嫌だ
・自分が理解できない事業運営をされるのも嫌だ
・さらに本音として、いざ自分が采配を振れない状態になってみると、とても寂しい

その結果、とってしまう彼らの行動は、こうです。

・市場との実態とのかい離状態を明らかにするための調査などの費用の出費やビジネスの実態把握のためのＩＴ投資などに「そんなことに金を使うより、もっと現場に立て」と取締役会の会長として異を唱える
・市場の現状が事実として上がってきても認めようとしない（認めたくない）。そしてそれが「理」に

かなっているという説明も聞きたくない

・かつての自分のやり方と違うことが行われているのが嫌なために、ケチをつける

・昔からいる役員には、新社長の改革の方向性のままに進めると、一部に「自分たちにとって不利な状況になる」「面白くない」「定年の前に役員職を解かれる」と考えるものが現れ、それが会長のカムバックを煽り、取り巻きからそれを言われた創業者である会長はとても嬉しくなる

・様々な理由を立てるものの、最終的には大株主としての影響力を盾に、新社長の更迭、解任を迫る

という、「思惑」の錯綜のうえに、これもやはりある意味での「縄張り意識」丸出しとなる事例が、至るところで起きています。

そして、かつての株式会社ダイエーの中内功氏に代表されるように、多くの場合、創業者がカムバックしても結局、ビジネスのステージが変わってしまっているにも関わらず、以前と同じやり方を踏襲してしまいます。

仮にM&Aなどによって事業規模を大きくすることはできても、事業そのものの変革を進めることはできずに、良くて横ばい、ほとんどの場合は再び下降基調に入っていき、将来的には、事業体は解体や、売りに出される場合が多く見られます。

なお、この例外となっているのが、株式会社ファーストリテイリングの柳井正社長でしょう。いったん引いた形をとった後に復帰となりましたが、柳井氏の場合は、ご本人を中心に「理」にかなった

PDCAを廻しているのが特徴で、事業を低迷させても権力の甘い蜜に浸ってしらばっくれて居座っているトップたちと大きく違います。

この方にとっては、他の人に社長役をやらせるのも事業成長のための実験としてのPのひとつであり、Dの後の「理」にかなったCのうえで、自社の事業の持つポテンシャルを実現化させ、業態を進化させるためには自分がやった方がよいという結論に至ったのでしょう。

結局、**企業の成長を阻害しているのは、経営レベルでの部門責任者とのコミュニケーションや正しい現状認識が不十分なために謙虚なPDCAが廻らない状態**です。

組織を動かし、企業を維持、発展していかせるためには、「理」にかなった経営判断を行い、それを素直に振り返ることのできる状態をつくること。そのうえで、トップは自身の想いや強みを活かして、主観的に判断をする。これにつきると言っても過言ではありません。

### Point

**PDCAの作法に則っていない、経営レベルでのコミュニケーションの悪さが「縄張り」意識や企業の進化の停止の原因になる。**

Part

8

# 前向きな正論が通り、優秀な人材が腕を磨くことのできる状態をつくる

Egoism

ある大手の相互生命保険会社の部長が言っていた話です。

「今、プルデンシャルなどの外資系の生命保険会社が日本市場で上顧客をどんどんとって伸びてきているが、やはり圧倒的に商品力が違う。顧客がフェアに比べれば、向こうを選ぶのは当たり前。本当は俺たちも、対抗できる商品を出すことは可能なのだが、新商品を企画して、いくつもの部署を廻して承認印をもらう過程で、それぞれが自部門に都合の悪いところには修正を入れてくるから、印をもらう回覧が終わって戻ってくると、まったく競争力のない商品になってしまう」

この会社の他の部長は、こうも言っていました。

「うちの会社、上から下まで、誰も会社のことなんか考えていないんだな……」

彼らの発言には、主観的な偏りも含まれているでしょう。

ただ、現場のマネジャーの肌感覚は、企業の実態をとらえている場合が多いものです。

個人や部門の「思惑」が放置されて全体最適の形にまとめることができない企業では、本来行うべ

き前向きな競合企業への対抗策が打ち出せず、前向きな提案がつぶされていきます。

現に、この会社も御多分にもれず、実質的に成長が止まっていると言っていい状態になってから大分たちます。おそらく保険やメガバンクを含む金融業界の日本企業が、今後大きく成長していくと考えている人は、ほとんどいないのではないのでしょうか。

この大手の相互生命保険会社は「入れたことで嬉しい。給与水準も良いし、あとは途中で出されることなく最後まで生き残れるように、あわよくば役員になれる確率を高め、かつリスクを冒すことはしない」

と考える人が多くなってしまった企業の典型的な例と言えます。

## 若手社員が管理職になりたくない理由を考える

それでビジネス人生を全うできれば幸せなのかもしれませんが、現実を見ると役員になれるのは、同期入社の中でも極めて限られた、ごく一握りです。

この会社では、たとえ年収1000万円台の部長待遇職についていても、定年の60歳になると年収が一律300万円で売上のノルマも伴い、そして65歳で会社勤めの人生が終わります。

これでは、せっかくビジネスにおけるノウハウを培ってきたはずの人材を、ただの人件費としてしか見なしていない状態です。

さらにメガバンクの場合は、事業の成長が前提にはないため、40代前半から出向や転籍で、いかに事業会社に出していくかが人事部の重要な役割になるというのが現実であり、他の多くの企業でも、50代半ばで役職定年となり、実質的に給与レベルは大幅に下がります。

一所懸命勉強して良い大学に行き、世の中に名の通った大手企業に入社することができたところまでは、自身のブランディングという意味から良しとしましょう。

しかし、仕事が始まるとその多くの会社では、社内の組織の壁の制約があり、自身の評価指標となるＫＰＩにも追われ、貴重な人生の時間を使って、ビジネス人生を過ごすことになります。

そして、新入社員として入ってきた若者が、上層部で起きていること、すなわち、

- 成長を志向するどころか、攻めの施策案はリスクを考えて止め、ＰＬの帳尻合わせばかりの指示を出す
- 自分の点取りばかりを優先して、評価を得ることばかりを優先する中間管理職
- 現場を見ているマネジャーは、会社としての仕込みもないのに、当期の無理な数値目標ばかりを押し付けられ、顧客の満足度や笑顔に反することをせざるを得なくなり、精神的に病んでいく

そのような姿を見ていれば「課長職になど、つきたくない」と考えるのは当たり前です。若い彼らを十把一絡げにして、安易に「草食」と呼ぶのも、少し違うように思います。

## 前向きな想いを持っている人材の活躍は、周りにも良い影響を与える

ヘッドハンター業界の縄文アソシエイツの古田英明氏も、近著『プロ経営者の仕事術』（新潮社）の中で、企業の中で腕を磨きプロ経営者に育ちうるポテンシャルを身につけた、上位の「5％ビジネスマン」が見つけにくくなっていることを述べています。

腕を磨いた強者人材が圧倒的に減ってしまっていて、かつて5％程度はいた古田氏の言う上級ビジネスマンが、どうも限りなく0％に近くなってきているようです。

このままでは、優秀な人材を企業に紹介するヘッドハンターの仕事そのものさえ、危うくなってきてしまうと危機感をあらわにしています。

「思惑」に囚われた企業は、例外なく人と事業の成長が止まり、自分で道を切り開く自信のある有能な人材（と、おっちょこちょい）は、外に出て行ってしまいます。

トップが自分勝手な想いだけであがきながら、それでも自分が行った結果から反省さえしていれば、まだ精度は悪くとも企業のPDCAは廻っていきます。

しかし、それさえもなくなり、PDCAが完全に形骸化してしまっている企業においては、市場に侵攻してくる競合に立ち向かうことなどできず、市場はおいしいところから順に持っていかれます。

そうなれば、ますます事業の成長など望める状態ではなくなります。

どのようなポテンシャルを持った人材でも、自らイニシアティブをとった企画と実践でしか、自分

の腕を磨くことはできません。

もし「俺はまだ本気出していないだけ」と思って安全な場所に身を置き、人生の貴重な時間を使っていると、その人は永久に腕を磨かずに終わります。

昔の高度成長期ならいざ知らず、腕を磨いていない人材は、万一、大洋に船を出すことになった時には、自分で力強く泳いでいくことができません。

こう書くと絶望感にさいなまれる話のようになりますが、これまで私が見てきた企業の中には、必ず一定比率は真摯に業務に取り組み、ズルさに走ることなく問題解決を行い、企業をよくすることに意義を感じる人材がいます。

「近頃の若者は、欲がない」という嘆きの声を耳にすることがありますが、少々、お門違いのような気もします。

彼らの多くは、自身の土俵としての企業のあり方に失望しているだけなのです。

また、コンプライアンスの名のもとに「あれはダメ」「これもやらない」と、本来のコンプライアンスとは似て非なる、自分たちを縛って、やらない理由を正当化する、おかしなコンプライアンス運用をしている多くの企業。だいたい海外での事業展開においては、その当該国のコンプライアンスの基準や常識に従うのが一般的ですが、日本企業の場合は、わざわざそこにも日本の基準を当てはめて、自らの自由度を縛っています。

米国企業では、トップが「コンプライアンスをクリアしたうえで、本件についての攻めのプランを考えて持ってくるように」と法務部を能力の限界にまで追い詰めていきますが、日本企業では、法務部の「弁護士の見解では、このリスクがあるとのこと。今回は、止めておいた方が……」に「そうか、わかった」と言ってしまうトップが多いようです。

その根底にあるのは、市場への挑戦を行う「自信」を持っていないがゆえに、企業の成長が止まってしまっている中、ＰＬを自分への成績表と思い込んで、在任期間中は5段階評価における及第点の4あたりを安全に維持しようとしている経営者の存在です。

若手を活かすだけでも、改革や進化は無理なく進み始めます。

当たり前ですが、一般的に健全に成長している企業は、皆がのびのびと前向きなことに取り組んでいる状態を実現できています。

前向きな想いを持っている人材の活躍は、周りにも良い影響を与えます。

前向きな正論が通り、良い人材、優秀な人材が腕を磨くことのできる会社をつくることが実現できれば、勤める者たちだけではなく、世の中にとっても価値のある企業になるはずです。

## Point

**健全に成長している企業は、皆がのびのびと前向きなことに取り組んでいる状態を実現、あるいは志向している。**

## Part 9

# 参謀は「攻める術」と同時に、「身を守る術」を体得すべき

Egoism

現実の企業の中には、頭の切れる方、要領のある方、度胸のよい方など様々いますが、**参謀に向いている人は、その中でもやはり大義を意識し、筋論に真っ向から挑める人**です。

改革プロジェクトのメンバーを選ぶ際、あるいはトップの参謀役としてどういう人選が好ましいかと聞かれることはよくあります。

経営側からすると、良い大学を出て、分析力があり、経営理論の勉強をした方を参謀役としてイメージするようです。

ところがこういう人たちは、何も悪気なく、理屈を先行させて、経営を「勉強」してきています。エクセルを使いこなし、パワーポイントで上手に資料をつくることができ、経営層からは重宝されます。

しかし学問としての経営学、経営理論という狭い「海」で泳ぐことを楽しんでしまうと、学歴や、その知識量ゆえに一目置かれてはいるものの、実務的な話となると社内では「まあ、彼らは実務のこ

とはわかっていないから」という扱いになっていきます。

本で読んだ知識や、座学からの「戦略」を語りますが、やはり、議論のための議論の枠を出ることはできません。

ましてや、改革の修羅場をくぐってきた本物の改革ディレクターたちと話す場になると、理論や座学ではまったく通用せず、相手にもされません。

経営学、経営理論には有用なものは数多いのですが、化学、物理学などと同じように、それぞれが現象の一部から法則性を導いているものであり、決して1つの経営理論ですべてを語ることはできませんし、そういうものでもありません。

## 経営目線で最も的確な仮説を思いつくことができるか？

そもそもサイエンスとは、言語化されていないことへの挑戦が、その存在意義でもあります。結局、その事業の実態を自身の五感をもって理解していない限りは、V字回復のための戦略立案にあたって、現状の問題点は何かを仮説を立てながら探っていくことなどは不可能です。

仮にプロジェクトマネジメントはできたとしても、時間との戦いになる解の方向性探しにおいては、かえって足手まといになることもあります。

トップの参謀役に求められるのは、**五感をとおして現場を知り、問題があった時に「誰よりも早く、経営目線で最も的確な仮説を思いつくことができる」能力**です。

そして、改革の現場を率いなければなりませんので、ライン系の責任者たちからも信頼され、人望がある人材でなければなりません。そういう人材が、組織の壁を超えた改革に取り組むがゆえに、参謀役は、経営者としての腕を磨くことができるのです。

ところが、こういう方は、概して「泥をかぶる」ことも厭わないタイプであるために、場合によっては、抵抗勢力側からの罠には、いとも簡単にはめられる可能性も高くなります。

改革が必要な局面は、トップが市場や事業の現状、組織内での「思惑」の実態などを把握できていない場合です。したがって、トップが様々なノイズにも惑わされないように、改革課題については、こまめな進捗状況の報告、共有は必須です。

そもそも、改革のための現状の課題特定は、本来、トップの仕事であるところを、スピードと精度を高め、機動性を上げるために参謀役が代行して動いているわけです。

いくらトップが忙しくても、遠慮せずに時間を確保して、ミーティングの時間を取らなければなりません。トップ直轄の課題であり、かつ、その中でも企業改革は、優先順位が最も高いテーマに他なりません。

参謀役は、遠慮なく臆することなく、敬意を払ったうえで自身はトップと同格のつもりで臨んでください。

理想的な「参謀」タイプの方は、侠気《おとこ》もあるため、「もういい」と自分の身を挺しても会社のために動きがちです。もちろん、そういう人であるがゆえに社内からの信望もあるわけですが、参謀のミッションからすると、完遂の難しい改革が途中で「とん挫」してしまうことの方が、企業にとってのダメージは大きくなります。

あらゆる企業は、常に改革のための課題を抱えています。その改革課題を、次々とこなしながら、実績と腕を上げていくことが経営トップへの道を歩む参謀役には求められるのです。

- 必要以上に抵抗する人材をつくらぬように、常にリスペクトをもって、謙虚な姿勢で丁寧に関係部署と接する
- 必ず、ファクトベースの議論に持っていき、論点や積み残し課題をあいまいにしない
- トップには、本件には最優先の時間をとってもらい、情報共有を行う

その中で企業の事業活動を正常化、すなわち市場志向に戻すことは、簡単なことではありません。それができる能力を、実践を通して身に着けたものだけが、多くの企業から引く手あまたとなるプロフェッショナルな能力を持った経営者として育っていくのです。

Point

**正論だけで押せばいいというものではない。自分の価値を理解し、自分を大事にすることも大切。**

Part 10

# 万が一、権力闘争が起きてしまった時はどうするか？

Egoism

これは、ある歴史好きの社長がよく口にしていた話です。

「古代からの世界の歴史を振り返っても、トップというのは、一所懸命、ナンバー2を育てようとするんだ。ところが、それでナンバー2が力をつけてくるだろ。もし自分よりも力がつき、組織の人望を得てしまうと、今度は脅威に感じて、そのナンバー2を殺しにいくんだ」

人間は、自分が得た権力の甘い蜜の味を知ると、権力を手放したくない、それに固執したくなる誘惑には、なかなか勝てません。

トップの座に上り詰めるまで、あるいは、自分がトップとして大きな企業に育てるまでには、人には言えない様々な苦労があったのは、間違いありません。健康状態が良くなってきている現代では、創業者トップは年齢を重ねても多くの方が元気そのものですから、まだまだやれる、やりたいとも思います。

読者の皆さんが今後、参謀役として、あるいはナンバー2として力をつけていくと、トップに脅威を与える存在になってしまうことがあるかもしれません。

トップが偉大な功績をなした方であることは、間違いはありません。

ただし、皆さんが真剣になればなるほど、若気の至りでトップとぶつかってしまうこともあるでしょう。現実には世代交代の時期に、トップの権力の周りにいる「思惑」人間が蠢き、トップに対してナンバー2を台頭させないように、囁《ささや》き、巧妙な工作をしはじめると、事態はどんどんややこしくなります。

純粋な想いで企業を引っ張ってきたトップも、「思惑」を持つ、周りの甘言に引っ張られてしまうこともあります。その場合、ナンバー2であるあなたのポジションは大変、居心地の悪いものになっていきます。

ではもし、あなたがそうなってしまったら、どうしたらいいのか？

この話で、この本を締めくくりたいと思います。

実際には、そのようなややこしい状態に直面せずに、ビジネスマンとしてのキャリアを重ねることのできる方の方が圧倒的に多いのは間違いありません。

ただし、健全な企業文化づくりがまだできておらずに、トップに属人的に権力が集中している場合には、一所懸命に会社のためにやってきたナンバー2であるあなたが不遇な目にあう場合も、なきにしも非ずです。

しかし、ちょっと考えてみてください。

もしあなたが、そこにまで至っているならば、すでにあなたは他の多くの人が経験していない難しい場数を多数踏み、そこから稀有な学習をしています。間違いなく、ビジネスマンとして最も重要な「強さ」も身につけているはずです。

## 自分の人生の設計図は、自分自身で描く

あなたは自分が自覚している以上に、一般のビジネスマンが得ている以上のことを体得し、すでに何百人に1人か、あるいはそれよりも稀有な存在となり、すでにビジネスマンとして「上出来」である域に達しています。

今の状態に嫌気がさすこともあるでしょう。

まず重要なことはやはり、リスペクト。

謙虚な姿勢をもっての筋論を基本とすべきです。

ただし「理」にかなわないストレスが長期にわたって続く状態は健康に良くありません。

本当に話が極限までややこしくなった場合は、やれることをやった後に、自ら「引く」選択も現実にはありうると思います。

実際に、そのレベルまで至った方を存じ上げていますが、仮に若干の充電期間があったとしても、そのあとのキャリアではさらに大活躍されています。

世の中は、前向きで優秀な方を常に必要としています。

あなたがやってきたことは、自信を持って強い口調で話すことができ、あなたの実際になしてきた

ことは、事実として世間に伝わるものです。

やはり世の中においても**「お天道様は見ている」**のは、間違いありません。

前述のように、現代は企業内の改革に挫折したとしても、何度も繰り返し述べてきたように命まで取られることはありませんし、社会的に葬られるようなことも、まずないでしょう。


自分の人生の設計図は、自分自身で描くものです。

道の開拓など、はなから簡単であるわけはないのですが、進んでみた後に、自身のやってきたことを振り返ると、「なるほど、そういうことか」と思われるでしょう。

「賢い選択」という名のエクスキューズのもと、自身の腕を「挑戦」によって磨かずに上層部に上がっても、そのポジションを活かすために必要な腕は磨かれていないという、企業にとっては甚だ迷惑な状態になり、名も残せないことになってしまいます。

ご自身の満足のいく人生を歩める選択をしてみてください。

ここから踏み出す一歩が、あなただけではなく、あなたの企業が変わり始め、ひいては日本企業にとって次のステージに向けた進化の始まりとなるのです。

Point

**「人事を尽くして天命を待つ」。物事は、なるようになる。なるようにしかならないが、なるようにはなる。**

[著者]
**稲田将人**（いなだ・まさと）
株式会社RE-Engineering Partners代表／経営コンサルタント

早稲田大学大学院理工学研究科修了。豊田自動織機製作所より企業派遣で米国コロンビア大学大学院コンピューターサイエンス科にて修士号を取得後、マッキンゼー・アンド・カンパニーに入社。

マッキンゼー退職後は、企業側の依頼にもとづき、大手企業の代表取締役、役員、事業・営業責任者として売上V字回復、収益性強化などの企業改革を行う。

これまで経営改革に携わったおもな企業には、アオキインターナショナル（現AOKI HD)、ロック・フィールド、日本コカ・コーラ、三城、ワールド、卑弥呼などがある。ワールドでは、低迷していた大型ブランドを再活性化し、ふたたび成長軌道入れを実現した。

2008年８月にRE-Engineering Partnersを設立。成長軌道入れのための企業変革を外部スタッフや役員などの役目で請け負う。戦略構築だけにとどまらず、企業が永続的に発展するための社内の習慣づけ、文化づくりを行い、事業の着実な成長軌道入れまでを行えるのが強み。

著書に、『戦略参謀』『経営参謀』(以上、ダイヤモンド社)、『PDCAプロフェッショナル』（東洋経済新報社）等がある。

**戦略参謀の仕事**――プロフェッショナル人材になる79のアドバイス

2018年２月15日　第１刷発行

著　者――稲田将人
発行所――ダイヤモンド社
〒150-8409　東京都渋谷区神宮前6-12-17
http://www.diamond.co.jp/
電話／03･5778･7234（編集）　03･5778･7240（販売）
装丁・本文デザイン・DTP――根本佐知子（梔図案室）
製作進行――ダイヤモンド・グラフィック社
印刷――八光印刷（本文）・共栄メディア（カバー）
製本――ブックアート
編集担当――高野倉俊勝


ISBN 978-4-478-02970-1